ジュビロ磐田、

挑戦の血統

［サックスブルー］

時見宗和

Munekazu Tokimi

幻冬舎

ジュビロ磐田、挑戦の血統

［サックスブルー］

JUBILO IWATA SINCE 1992

取材協力／ジュビロ磐田

編集協力／久保暁生（くまふメディア制作事務所）
カバー写真／©JUBILO IWATA
DTP／中村文（tt-office）
装幀／結城亨（SelfScript）

…プロローグ…

2013年11月10日

2013年11月10日、日曜日。佐賀県鳥栖市、ベストアメニティスタジアム。

試合終了を告げる笛が残照に響き渡った。

[●ジュビロ磐田0－1サガン鳥栖○]

Jリーグの歴史において、もっとも美しく、強く、記録と記憶に深々とその名をきざんだジュビロ磐田のJ2への降格が、リーグ戦3試合を残して決定した。Jリーグに参入してから20年目の結末だった。

1994年、1年遠まわりしてJリーグに参入したジュビロ磐田は、遅れを取りもどそうとするかのように勝利を積み重ね、頂点に向かって駆け上がっていった。

年間リーグ優勝3回、ステージ優勝6回、天皇杯全日本サッカー選手権大会優勝1回、JリーグヤマザキナビスコカップスGO優勝2回、フジゼロックススーパーカップ優勝3回、アジアクラブ選手権優勝。アジアスーパーカップ優勝。

黄金期と呼ばれた1998年からの6年間、勝利は目標ではなく前提だった。めざしたのはより精度の高い絵を描くことだった。人もボールもめまぐるしく動き、どんなに固く閉ざされたディフェンスもパスでこじ開けるサッカーだった。対戦相手のビデオに興味を示す選手はほとんどいなかった。

1998年の1試合9得点、シーズン34試合107得点は不滅の記録に位置づけられた。

1999年には12万人余りに埋め尽くされ、石、コイン、爆竹、発煙筒、青いペンキで塗られ、縛り上げられた鳩が投げこまれるアザジスタジアム（イラン）でアジアクラブ選手権を制覇。

2001年は1stステージ、2ndステージ合わせてわずか3敗。2002年も年間3敗で、Jリーグ史上初めて1st、2nd両ステージを制する完全制覇を果たした。


情けない。ジュビロ磐田の礎を築き上げた杉山隆一はため息をついた。うまいのに弱いのはなぜなのか、プロとしてサッカーをするということがどういうことなのか、この機会によく考えてほしい。

明治大学在学中の1964年、杉山はオリンピック東京大会に出場し、ベスト8入りに貢献。破れたアルゼンチンがその左足につけた評価額は〝20万ドル〟。つづくオリンピック・メキシコシティ大会で5アシストを記録し、銅メダルを獲得。オリンピック・メキシコシティ大会で2大会連続の銅メダル。入社した三菱重工では日本リーグ優勝2回、天皇杯全日本サッカー選手権大会優勝2回。

引退後、ヤマハ発動機㈱サッカー部監督に就任。7年間でチームを静岡県2部リーグから日本サッカーリーグ（JSL）1部に引き上げ、1982年の第62回天皇杯全日本サッカー選手権大会を制覇。

それにしても。杉山は思った。伝統をつなぐために、育て、バトンを渡したOBたちは、どうして姿を消してしまったのだろう。


「次代を担う若手を育てられませんでした」。ジュビロ磐田の黄金時代を築き上げた㈱ヤマハフットボールクラブ（ヤマハFC、現㈱ジュビロ）第2代代表取締役、荒田忠典は顔なじみの新聞記者に言った。「補強ぐらいではどうにもなりません。小手先の修正ではなく、ゼロからチームをつくり直さなければ」

まさか。志田文則は驚きを通り越して茫然とした。苦しんでいることは感じていたが、まさか降格するとは。

1983年1月1日、第62回天皇杯全日本サッカー選手権大会決勝はヤマハ発動機サッカー部とフジタ工業クラブの対戦となった。

前後半を通して両チームともに無得点。試合は延長戦に入った。

延長前半4分。新人内山篤のセンタリングを受けた新人の志田文則がここしかないという場所にボールを落とし、吉田光範がボレーシュートでゴール。監督杉山隆一が徹底した〝アタッキング・ディフェンス（攻撃的防御）〟で残る16分間を戦い抜き、ノータイム。

［◯ヤマハ発動機1－0フジタ工業●］

1970年に磐田工場サッカー同好会から始まったヤマハ発動機サッカー部が手に入れた、初のビッグタイトルだった。

1988年のシーズンを最後に引退した志田は、仕事のかたわらサッカースクールで指導に没頭。ディーゼルエンジンの発電機で照らされたグラウンドに毎日のように足を運んだ。

1997年6月、ヤマハFC第2代代表取締役、荒田忠典に呼ばれ、言われた。

「強いだけではなく、地元に貢献し、地元に愛されるチームをめざしたい。広報部に来て選手たちの面倒を見てやってほしい。頼む」

中山雅史をはじめとする中心選手と若手を組み合わせ、学校、サッカー大会、祭りをめぐった。選手たちのふるまいに、王者になる準備が整いつつあることを実感した。

飛行機が苦手だったので1999年のアジアクラブ選手権大会は留守番部隊となったが、黄金期の国内の栄光のすべてに立ち会ったのち、ふたたび裾野にもどり、指導をつづけていた。

サッカースクールに通う子どもたちの保護者に言われた。

「だいじょうぶかね、志田さん。また上がれるかね」

悲しい顔をしてはいけない。こういう時期もある。ふだんどおりにしようと自分に言い聞かせた。


尾畑正人が新設の部署へ異動になったのは約2年前のことだった。海外研修を命じられ、22年間のマネージャー生活で培ったネットワークを頼ってひとりブラジルに渡り、サッカーに浸りきった。

半年後に帰国。待ち受けていたのは、ヤマハ発動機サッカー部の時代からチームを知る尾畑にとって、想像したこともない現実だった。

まさか、J2に落ちてしまうとは。

見守るよりほかにできることがないまま迎えたこの日だった。


フォトグラファーの久保暁生は、カメラのレンズを、座りこみ、うなだれ、タオルで顔を覆っている選手たちに向け、シャッターを押しつづけた。

久保が初めてジュビロ磐田を公式に撮影したのは、1993年4月29日、Jリーグ入りをめざすヤマハFC

が、新チーム名〝ジュビロ磐田〟を発表した日だった。

それから20年余り、足取りのすべてをファインダー越しに見つめつづけてきた久保は思った。なにが選手たちをこんな目に遭わせたのか。あんなにすばらしかったクラブが、どうしてこんなことになってしまったのか。怒りにも似た感情で胸がいっぱいになった。

降格のニュースを耳にしたフィジカルコーチの菅野淳《かんのあつし》は、携帯電話を手に取った。

日本海の向こうで尾畑正人が言った。

「本当なんだ、落ちちゃったんだよ」

山形大学で高校サッカーの指導者をめざしていた菅野の人生設計を狂わせたのは、長谷川健太、井原正巳、中山雅史を擁する筑波大学サッカー部だった。どんなに練習しても、戦術を練り上げても歯が立たなかった。どうすれば、あんなに強いチームをつくることができるのだろう。筑波大学大学院に進学し、体育研究科でコーチ学を専攻。運動生理学や運動心理学をはじめ、サッカーに必要な知識を片端から学び、1992年、山本昌邦に誘われて、ヤマハ発動機サッカー部にフィジカルコーチとして入団。

当時の日本のサッカー界にフィジカルコーチという存在はないに等しかった。どこの馬の骨だかわからない人間のアドバイスが聞き入れられるはずもなく、けんか腰で理を説く日々がつづいた。

選手たちに目標を高く持ってもらいたかった。やらせるのではなく、いっしょに目標に向かっていきたかった。倒れそうになった選手を支え、足をくじいた選手を背負い、同じ方向に進んでいくチームになりたいと思った。ジュビロの旗が掲げられるだけで、町の雰囲気が変わるようなチームでありたいと思った。

トレーニングの積み重ねは目標を引き寄せ、達成感がさらにトレーニングの強度を引き上げた。継続的に実施した15項目の体力テストの結果は、黄金期と呼ばれた１９９８年から２００３年にかけて、日本代表と肩を並べるまでになった。

２００６シーズンを最後に、ジュビロ磐田を離れた菅野は、ヴィッセル神戸を経て２０１１年にＦＣソウルに入団。チームのリーグ優勝を支えていた。

真の強さがなければ、ジュビロとしての魅力はない。ぎりぎりのところで生き残ったら、問題の本質はわからない。電話を切った菅野は思った。本当の復活はここからだ。

シーズンはまだ終わっていない。チーフアスレティックトレーナー、佐々木達也は、沸き上がる思いを押さえこんだ。ここからが勝負だ。ぜったいに腐ってはいけない。ぜったいに投げ出してはいけない。

高校卒業後、鍼灸マッサージの専門学校を経て、スポーツ界に名を知られる整形外科に勤務。さまざまな現場で経験を積んでいたある日、Ｊリーグ昇格を決めたジュビロ磐田がトレーナーを募集しているというニュースが飛びこんできた。

こんな寂しいところでやっていけるのかな。東海道本線を降りると、磐田駅の周りは真っ暗で、木枯らしが我が物顔で吹き抜けていた。

研修期間を経て、１９９４年、23歳の春、藤田俊哉、服部年宏、奥大介とともにジュビロ磐田に入団。サッカーに人生を賭けている選手を診る喜びを感じ、責任とプレッシャーに向き合いながらやっていこうと心に誓った。

ベストアメニティスタジアムの片隅にメディカルスタッフを集め、佐々木は言った。

「やるべきことをやるというプライドを見せよう。残り3試合、選手たちが、サポーターの方々、ここまで応援してくれた方々に恥ずかしくないような試合ができるよう、最後までがんばろう」

試合終了の瞬間の光景を佐々木は覚えていなかった。ひとりになって思った。甘かった。


ジュビロ磐田U―18監督、鈴木秀人は、J2降格という現実を一歩引いたところで受けとめた。

高校を卒業したら、就職して、休みの日は大好きなサッカーをしよう。20年前、無名のサッカー少年が思い浮かべた未来は、サッカー部の顧問のひと言で180度変わった。

「ヤマハ発動機の練習に参加してみないか」

レベルの違いを思い知らされるだけの3日間が終わり、高校生活にもどろうとすると引き止められた。「もう少し、様子を見たい」。12月、思いがけず内定を告げられた。

1993年春、静岡県立浜松商業高等学校を卒業し、ヤマハ発動機に入社。翌年、ジュビロ磐田はJ1リーグに昇格。マリウス・ヨハン・オフトが監督に招聘された。

首になったら路頭に迷うと、危機感に追われて走った。サテライトチーム監督の鈴木政一に鍛えられ、午前、午後の2部練習が終わると誠和寮にまっすぐもどり、ベッドに倒れこんだ。

練習試合で順天堂大学と対戦。あれが名波か。清水商業高校に在学していたときから〝名波〟は全国区だった。言葉をかけることなど、思いもよらなかった。翌1995年、その遠い存在がジュビロ磐田に入団した。

誠和寮の鈴木の部屋は、選手たちの溜まり場だった。部屋はいつもきれいに掃除され、名波が好きなコカ・

コーラの赤い缶が、冷蔵庫にいつも10缶以上並べられた。

2年目に同室になった田中誠や服部たちと毎日のように連れだって食事に行った。コースターや爪楊枝やナイフをテーブルに並べ、サッカーの話に夢中になった。勘定はいつも名波持ちだった。

入団から3年後、トップチームに引き上げられ、10試合余りベンチを温めたあと、ディフェンダーとしてデビュー。一気にレギュラーに定着し、翌年、オリンピック・アトランタ大会に田中、服部と出場。グループリーグ初戦でブラジルのスピードスターを押さえこみ、完封。〝マイアミの奇跡〟を日本のサッカー史にきざんだ。

17年間で322試合に出場し、2009年に引退。黄金期の選手のなかでサックスブルーのユニフォームだけを着つづけたただひとりの選手となった。

2009年、ジュビロ磐田はジュニアユースの募集を中止。その翌年、U―15のコーチになった。

経営危機に追いつめられ、フロントの意識はトップチームに集中していた。ユースチームの選手たちはトップチームの試合を見るためにチケットを買わなければならなかった。日を追うごとに、トップチームが遠くのできごとのように思えるようになっていった。

2013年11月10日、ジュビロ磐田対サガン鳥栖の試合とJ2のFC岐阜対愛媛FCの試合は、ともに16時4分に始まった。

第40節。［△FC岐阜1－1愛媛FC△］

こんなことが本当に起こってしまうのか。試合を終えてまもなく、FC岐阜のキャプテン服部年宏はジュビロ磐田の降格を知った。

1994年、東海大学2年生のとき、チームが2部に降格。ヤマハリゾートつま恋で行われたオリンピック・アトランタ大会の候補合宿で、服部はジュビロ磐田のコーチのひとりに相談した。「大学をやめてプロをめざそうと思うんです」。「そうか。それじゃ、うちの練習に来いよ」。サテライトチームとトップチームの練習に合わせて1週間参加し、3月、プロ契約を結んだ。

1年目から左サイドバックとしてレギュラーに定着。黄金期の担い手のひとりとして、3度のリーグ制覇を含めて、数々のタイトル獲得に貢献。2001年、2002年は、1シーズンに3回も負けたことが悔しくて仕方がなかった。

10代で年代別日本代表に選ばれ、1996年のオリンピック・アトランタ大会、1998年のワールドカップ・フランス大会、2002年のワールドカップ日韓大会など、国際Aマッチ44試合に出場。ジュビロ磐田で350試合に出場し、1999年から7年間キャプテンを務めた。

2006年に〝世代交代〟という言葉に押し出されてから7年が経っていた。服部は思った。ジュビロとは対戦したくない。こっちがJ1に上がって挑むのならかまわないが、降格してきたジュビロとは戦いたくない。

名波浩は思った。ゴールデンウィークに入る前、24試合を残していたあのとき、監督をやらせてもらえていたら、選手たちのあのクオリティなら、きっと軌道を修正できた。

まさかジュビロが。田中誠は自宅で降格を知った。まずいとは思っていたが、本当に落ちるとは。

1994年に清水市立商業高等学校からジュビロ磐田に入団し、ディフェンスの要として黄金期の一角を担い、14年間で353試合に出場。戦力外通告を受けて2009年にJ2アビスパ福岡に移籍し、2011年に引退。サッカー解説と指導を主な活動の場としていた。

名波がジュビロ磐田を思う気持ちを田中はよく知っていた。ジュビロで育った人間に監督になってほしいと思ったが、根強い反対の声があるという話も聞こえていた。

ヤマハFC広報部の松森亮《あきら》はボールを目で追いながら、試合後にやらなければならないことを頭のなかでチェックした。降格は目を背けることのできない現実なのだと覚悟を決めていた。

松森にとってのどん底は半年前だった。試合後、スタンドにあいさつに行くと、サポーターから罵声を浴びせられた。「松森、おまえのせいだ」。「のんきに牛丼なんか食っているからこうなるんだよ」

1996年、船橋市立船橋高等学校からジュビロ磐田に入団。直後、テレビ放映、観客数が激減し、〝Jリーグバブル〟が崩壊。翌年、鹿島アントラーズとのチャンピオンシップ目前、契約更改を伝える封書が誠和寮の松森のポストに投函された。提示された年俸は『0円』。解雇だった。

ビジネス情報学校で学んだのち、2002年、ウェブクリエイターとしてジュビロ磐田のホームページの制作を担当。仕事の範囲は広がっていき、2008年、ヤマハFCに入社、広報部に配属された。

「こういうときこそ、ちゃんとしよう」。松森はピッチに崩れ落ちた選手を立ち上がらせ、サポーターへのあいさつを促した。久保のシャッター音がいつもより熱を帯びて耳に響いた。

ヤマハFC代表取締役の高比良慶朗、監督の関塚隆の記者会見をセットし、選手へのインタビューをコントロールし、チームを福岡空港から中部国際空港に向かう飛行機に乗せ、それから公式フェイスブックに試合の結果と久保の写真をアップした。松森は思った。現実に向き合わなければ、将来はない。

「ジュビロ、あぶないんじゃないか？」

周囲の人間に言われるたびに川口信男は言い張った。

「いや、ぜったいにだいじょうぶ」

離れてから6年経っていたが大好きなチームだった。ジュビロに行かなかったらいまの自分はないと、いつも思っていた。なんとかがんばってほしい。落ちないでほしい。祈るような気持ちで戦いを見守っていた。

1993年、県立新潟工業高等学校を卒業し、順天堂大学に入学。4年生だった名波浩のプレイを見た瞬間、尊敬を超えて一ファンになった。

名波はサッカーがうまいだけではなかった。やさしくて気配りが細やかで、1年生から4年生まで、約140人の部員全員と同じように接していた。名波がフリーキックの練習に向かうと、だれもが喜んで壁になった。

1998年、名波のあとを追って、ジュビロ磐田に入団。恵まれたスピードで黄金期を走り抜け、2006年にFC東京に移籍。2008年に引退し、2013年からFC東京のトップチームのコーチを務めていた。

降格を避けるチャンスはあったはずだと思ったが、それがどこだったのかはわからなかった。なにもできなかったことが、悔しくて仕方がなかった。きっといつか名波さんがジュビロにもどり、監督になる。そのときはぜったいにいっしょに働きたいと思った。

落ちた？　本当に？　浜松駅前のパブリックビューイングに集まった約７００人のサポーターの多くは、目の前の現実をうまく受けとめられないでいるようだった。

ジュビロ磐田サポーターズマガジンの編集スタッフ、藤原志織は、いっしょに観戦したジュビロの社員、記者と連れだって居酒屋の暖簾をくぐった。ひとり暮らしの部屋にまっすぐ帰る気にはなれなかった。

前年の９月、京都・鴨川沿いを会社に向かう日々に区切りをつけ、かねてから望んでいた編集の世界に飛びこんだとき、リーグ４位だったジュビロ磐田は、その直後から坂道を転がり落ちるように下降。最終戦を終えたとき、12位になっていた。

このシーズンも下降は止まらず、開幕から７戦未勝利。５月３日、第９節終了後、クラブは森下仁志監督を解任。長澤徹暫定監督を経て、第14節から経験豊かな関塚隆に再建を託したが、一度も降格圏から脱出することができず、この日を迎えていた。

グラスをテーブルに置き、ジュビロの社員が携帯電話を手に取った。

「名波さんにもどってきてもらうしかないのよ」

いまにも電話をかけそうな手を押しとどめ、記者がぽろぽろ涙をこぼしながら言った。

「本人が、一番そのことをわかっていると思う」

…第1章…

始まり

～1993

「すっぱり、サッカーをやめるか」

1968年10月24日。オリンピック・メキシコシティ大会11日目。サッカー競技3位決定戦、日本対メキシコ。7万人を収容するアステカスタジアムは、地元メキシコの人々で埋め尽くされていた。

標高2000メートルの地で、すべて中1日の6試合目を迎えた日本代表チーム。疲労の底から勝利につながる道を切り開いたのは27歳の杉山隆一だった。

前半18分。杉山から送られてきたピンポイントのクロスを釜本邦茂が胸でトラップ、左足を振り抜く。

[日本1－0メキシコ]

前半39分、左サイドを駆け上がった杉山が中央の釜本にパス。利き足の右足を一閃。

[日本2－0メキシコ]

後半47分、メキシコのペナルティキックをゴールキーパー横山謙三がファインセーブ。

直後、アステカスタジアムの観客が日本のサポーターに変わった。「ハポン(日本)!」「ハポン!」「ハポン!」

[○日本2－0メキシコ●]

選手たちは宿舎にたどりつくとベッドに倒れこんだ。何人かは脱水症状を起こしていた。

日本サッカーの父、デットマール・クラマーは母国ドイツの最上級の賛辞を口にした。

「みんな血をすべて出し尽くした」

このメキシコシティ大会、日本があげた9得点のうち、5得点が杉山のアシストから生まれたものだった。


翌年の暮れ、静岡県浜北市（現浜松市浜北区）のヤマハ発動機本社工場と磐田工場に手書きのポスターが貼り出された。

〈サッカー同好者、経験者集まれ！〉

1967年度入社、高校時代、サッカーに明け暮れた飯田健人の呼びかけだった。

1970年、〝磐田工場サッカー同好会〟誕生。グラウンドづくりから始め、翌年、エントリーした静岡県社会人西部支部2部リーグBで優勝し、つづけて2部Aも制覇。

1971年、ヤマハ発動機総務部長、荒田忠典が役員と食事をしていたときだった。

「おい、荒田、うちにも運動部をつくろうや」

1933年2月13日、荒田は東京・八王子に生まれた。早稲田大学第一政治経済学部を卒業、入社した立川飛行機㈱（現㈱立飛ホールディングス）の経営が米軍による工場の接収などで行き詰まったため、1964年、人材募集をしていたヤマハ発動機に転職。このとき、総務部長として、社員の福利厚生を受け持っていた。

サッカー王国静岡に社会人チームがないこと、ホンダがサッカー部を持っていることへの対抗心が追い風となった。本社が磐田に移転した1972年、静岡県社会人西部支部1部に昇格した磐田工場サッカー同好会は、役員会の承認を受けて〝ヤマハ発動機サッカー部〟に昇格。荒田が初代監督となった。

1941年7月4日、杉山隆一は静岡県清水市（現静岡市）に生まれた。太平洋戦争開戦の約5カ月前、あちらこちらにスローガン『贅沢は敵だ』がひるがえっていた。5人兄弟の真ん中、男は杉山ひとりだったので、実家の酒屋を引き継ぐことは暗黙の了解だった。

袖師中学校入学後、籠球《ろうきゅう》（バスケットボール）部に入ったが、兄と慕う担任の教師が蹴球《しゅうきゅう》（サッカー）部の部長だったことを知り、転部を決めた。

明治生まれの父親は言った。

「蹴球っていうのはどういうスポーツだ」

「足でボールを蹴るスポーツだよ。手は使えないんだ」

「なにいっ、手を使わんだとおっ。せっかく五体満足に生んでもらったというのに、おまえっていうやつは」

ポジションは左ミッドフィールダー。左サイドを駆け上がり、最後に切り返してシュートを放つ動きを、くりかえし練習した。靴は運動靴、砂利だらけの校庭がピッチだった。小学校のとき、クラスの真ん中より下だった走力は、毎日砂浜を走るうちに学校で一、二を争うまでになった。

強く誘われて清水東高等学校定時制に進学。翌年、学校のグラウンドが関東選抜の練習会場になった。練習が進み、体が温まった選手たちがジャージィを脱ぐと、その下から日の丸がついたユニフォームが現れた。

うわぁ、かっこいいなあ。ボール拾いをしながら思った。一度でいいから着てみたい。

とにかくがんばるだけだ。人より多く練習し、考えなければ、うまくも速くも強くもなれない。翌日から、チームの練習開始より早くグラウンドに出ることに決めた。練習後もひとりグラウンドに残ってボールを追った。

全国高等学校サッカー選手権大会に出場できる選手が全日制に限られたため、編入試験を受験。富山で開催された第13回国民体育大会に2度目の1年生として出場。単独の学校対抗だった少年男子の部で清水東高等学校は初出場・初優勝。決勝ゴールを決めた駿足のドリブラーは、翌年4月に開催される第1回ＡＦＣ（アジアサッカー連盟）ユース選手権への日本代表メンバーに選ばれ、クアラルンプール（マレーシア）に遠征。杉山は4得点をあげ、アジア3位の原動力となった。

高校3年生のとき、日本代表候補約60人のひとりに選ばれ、合宿地となった藤沢（神奈川県）に向かった。

「話は目で聞きなさい」。特別コーチ、デットマール・クラマーは言った。「ボールコントロールはつぎの部屋へ入る鍵だ」

クラマーは足に接着剤がついているかのようにボールを止め、10本中10本同じ場所に蹴った。クラマーのヘディングにくらべると、代表候補のそれはただの頭突きだった。

クラマーは杉山に言った。

「きみのスピードは大きな武器だ。世界で戦うために、幅と変化をつけなさい」

合宿に入ると、毎日、チーム練習後にクロスの練習を課せられた。

「とにかく正確であることだ」

クラマーから送り出される、トップスピードでなければ追いつけないパスを受けて左サイドをドリブルで上がり、クロス。毎日、ニアサイドとファーサイドに１００本ずつ。右サイドは渡辺正と松本育夫が交互にパスを受けたが、左サイドは杉山ひとりだった。

「なんで、おれだけいじめられるんだろう」

10歳年上、兄貴分のような存在だった日本代表コーチ、岡野俊一郎が杉山に言った。

「それだけ、おまえに期待しているんだ。ありがたいと思えよ」

ボールは動き、人も動いている。ボールを蹴ったら、動きなさい。動くべき場所は一カ所しかない。クラマーの言葉はいつもシンプルで奥が深かった。

日本代表になって、初めてサッカーの基本を学んだ。基本が脆弱なプレイは、どんなに結果が良くても、思いつきか偶然でしかないことを知った。大切なのは、あたりまえのことをあたりまえにすることだと体で覚えた。


1961年、高校3年生で国際Aマッチに出場。明治大学に進学し、日本代表に定着。国際Aマッチ55試合で15得点をあげ、迎えたオリンピック東京大会。

1964年10月14日、日本代表の初戦の相手は優勝候補の一角、アルゼンチン。東京・駒沢陸上競技場は雨に濡れていた。

このオリンピック、サッカーはほかの競技のチケットを手に入れられなかった人が観戦するものとされていた。足首がひどく化膿し、出場が危ぶまれていた杉山は思った。見返してやる。

アルゼンチン優勢で前半終了。

［日本0－1アルゼンチン］

後半9分、杉山が八重樫茂生のスルーパスに反応。左サイドからアルゼンチンのディフェンスの裏に抜け出し、最後に切り返して、利き足の右足を振り抜き、ゴールネットを揺らした。砂利だらけの校庭で体に染みこませた動きだった。
［日本1－1アルゼンチン］
8分後、アルゼンチンがゴール。
［日本1－2アルゼンチン］
残り10分。杉山からパスを受けた釜本邦茂が低いクロス。川淵三郎がダイビングヘッド。
［日本2－2アルゼンチン］
1分後、小城得達《おぎありたつ》がこぼれ球に反応し、ゴール。日本が1点リードを守りきり、ノータイム。
［○日本3－2アルゼンチン●］
試合後、アルゼンチンは杉山の左足を20万ドルと評価。日本円で約7200万円。読売ジャイアンツに入団して7年目、前年、首位打者と打点王を獲得した28歳の長嶋茂雄の年俸が1400万円だった。
つづくオリンピック・メキシコシティ大会では5アシスト記録、日本に銅メダルをもたらした。
1966年から1974年まで三菱重工の選手として日本サッカーリーグ（JSL）1部115試合に出場し、40得点を記録。
仕事が終わると、後輩を連れて、三島由紀夫が愛した東京・新宿の酒場、〝どん底〟に向かい、先輩から受け継いだ思いを後輩に託した。おれたちがこうしてサッカーをやれるのは、仲間がいて、先輩がいて、歴史があるからだ。感謝の気持ちを忘れず、胸を張れる日々を過ごし、つぎの時代につないでほしい。
「（勘定は）つけておいて」

「出世払いでいいよ、杉山さん。あんたは逃げるような人じゃないから」

割り勘という言葉はサッカー部にはなかった。先輩が支払うのはあたりまえのことだった。

引き継ぎは少なくとも週3回行われ、幾度となく、地下の暗がりから出社した。


1974年1月1日、東京・国立霞ヶ丘陸上競技場。第53回天皇杯全日本サッカー選手権決勝。杉山は反吐を吐きながら走りきり、2アシスト。三菱重工はJSL1部優勝と合わせて2冠を達成した。

［〇三菱重工2－1日立製作所●］

試合後、チームメイトにかつぎ上げられ、グラウンドを1周。まだ33歳だったが、この決勝を最後の試合と決めていた。後半30分を過ぎると体がきついと感じるようになった自分を受け入れることはできなかった。

会場を出て〝どん底〟に向かった。

「つけはどれくらいある？」

はじき出された金額はざっと260万円。つけの1位、2位は芸能人で、杉山は3位。ダットサンブルーバード1600cc4ドアセダンデラックスが74万3000円だった。


ヤマハ株式会社第4代社長でヤマハ発動機創業者の川上源一は中途半端が大きらいだった。その性格を知り抜いていた第2代ヤマハ発動機代表取締役、小池久雄は、荒田に言った。

「一流の指導者を呼びなさい」

直後、清水市蹴球協会理事長、堀田哲爾から荒田にニュースが入った。

「杉山隆一が引退して清水に帰ってくるという話がある」

生まれたばかりのサッカー部では役不足だろうが、とにかく当たってみよう。杉山を追って日本中のスタジアムに足を運んだ。

「酒飲みが酒屋を継いだって、始まりませんよ」。杉山を口説く一方、行く先々の都道府県のサッカー協会会長に言った。「まだ2部ですが、今度、杉山くんが監督になります。良い選手がいたら、ぜひ、紹介してください」

約1年半後、第53回天皇杯決勝が行われた1月1日、国立霞ヶ丘陸上競技場の片隅で杉山が荒田に言った。

「お手伝いさせていただきます」

「ありがとうございます。さっそくですが、日本サッカーリーグ（JSL）1部入りまで何年ぐらいかかるでしょう？」

「そうですね、10年見てもらえればと思います」

5月に入ってまもなく、杉山はヤマハ発動機の東山サッカー場に行き、30人余りの部員と顔を合わせた。部室を出ようとすると、呼び止められ、色紙を差し出された。

「監督さん、ここにサインしてくれませんか」

グラウンドで見本を示していると、ささやき声が耳に入った。

「うわぁ、うめえなぁ」

「やってごらん」

「できません」

「これくらい、できるだろう？」

「いや、杉山さんだからできるんですよ。ぼくらとは違いますから」

ゼロからの出発だ。杉山は覚悟を決め直し、選手たちに言った。

「話は目で聞きなさい」

あたりまえのことがあたりまえにできないチームが強くなるはずがない。あいさつや脱いだスパイクのそろえ方から指導は始まった。

あるとき、ヤマハ発動機の役員のひとりが杉山に言った。

「朝から練習すればいいじゃないか」

「いや、部員たちはサッカー選手以前に社会人です。午後3時までは仕事に専念させてください」

荒田をはじめ、スタッフが全国を奔走。杉山を表看板に選手を集めた。

〝どん底〟のつけの返済にめどが立った1975年、14勝1分けで静岡県社会人リーグ優勝。〝東海の暴れん坊〟と異名を取り、5年目にJSLに昇格。

監督就任7年目の1979年、JSL2部2位になり、日本鋼管との入れ替え戦を制して1部入りを達成。

「おまえのところは良い選手がいていいなあ」

杉山は大学の先輩に言い返した。

「良い選手にしたんですよ」

10年計画を7年で達成したが、裾野の風景は寂しかった。磐田には清水や藤枝のようにサッカーが普及していなかった。

子どもたちに、サッカーの魅力を伝えたい。杉山は、磐田周辺の小、中学校の教師から賛同を得て、1980年6月、手始めに中学生を対象としたサッカー教室を創設。引退した選手をコーチとして送りこんだ。

1980年、JSL1部1年目は10チーム中9位。富士通との入れ替え戦を1勝1分で切り抜け、残留を決めた杉山は、鈴木政一、山本昌邦、石神良訓《よしのり》、伏見義武をオランダの名門アヤックスに短期留学させた。山本、石神、伏見の3人については選手としての将来のため、鈴木についてはヤマハ発動機サッカー部の未来のためだった。部員のなかから選んだ人間を、コーチ、スタッフに育てることが、ヤマハのサッカーをつなぐためになにより大切なことだと考えていた。

JSL1部2年目、最下位で2部に自動降格。

7位、8位、9位あたりで残留して下位慣れするより、2部に落ちたほうがいい。杉山は宣言した。「練習についてこられないやつは、過去の実績とは関係なく、どんどんチームからはずす」

会社から外国人の補強を打診されたが、断った。

「なぜだ？　フジタやホンダはそれでうまくいっているじゃないか」

「その必要がないと思うからです」

「いまのメンバーで十分だというわけか？」

「そうです。彼らだけで立派にできると信じています」

「そこに2、3人、強力な助っ人を加えれば、万全を期せるのではないかね」

「いや、反対だと思います」。どうしても外国人を採れと言われたら、監督を辞任しようと決めていた。「かえってチームの和が乱されることになりかねません。歯を食いしばって猛練習をしている選手をはずさなければならなくなりますから」

日本のサッカーが国際的に認められるようになるためには〝日本独自のサッカー〟を1日でも早く完成させることだと杉山は思っていた。そのために選手たちに、『自分たちは日本のサッカー界で、日本のチームに属する、日本人選手である』という意識を持たせたかった。200試合以上、日の丸を身につけて戦い、武者ぶるいのするような感動を体験したなかで得た確信だった。

「その代わり、経験豊富なコーチをひとり、外国から呼んでもらえませんか」

入部2年目の山本昌邦、菅藤昭好、新人の柳下正明、内山篤、志田文則といった若い選手たちを鍛えたかった。頭にあったのは、前年、静岡県サッカー協会から招待されてオランダから来日、コーチングスクールを開催したハンス・オフトこと、マリウス・ヨハン・オフトだった。

オランダのコーチング・システムは入り口のDから、コーチをコーチするAライセンスまで4段階のピラミッドを成しており、Aにたどりつける人間は2パーセント。23歳のときに利き足の左足を骨折したオフトは、治療中に勉強を開始。29歳で最難関を突破していた。

JSL2部前期を全勝で終えた6月、来日したオフトはヤマハ発動機サッカー部の選手名鑑を手に取り、杉山に言った。

「彼はディフェンスですね、スイーパーの経験もあるんじゃないですか?」

「どうしてわかるんですか?」

「顔を見ればわかります。この選手もディフェンスですね」

杉山は25人中20人のポジションを当てたオフトに、内心を率直に伝えた。

「これまでの8年間、持てるものをすべて投入してきました。スピードと激しさのあるチームをめざして、一応の力と個性を身につけさせましたが、そろそろ〝杉山のヤマハ〟を卒業する時期ではないかと感じています。思いきった指導とアドバイスをお願いします」

「わかりました。あなたの理念が選手たちひとり一人に、そしてチーム全体に浸透するように指導にあたりましょう」

個々の選手の能力を把握したオフトは、ポジションの取り方や攻守の切り替えについて細かく指導。ジョークを交えながら雰囲気をやわらげる一方、集中すべきときに集中できない選手には容赦がなかった。

「シャワーを浴びて帰りなさい」

一度下された結論が撤回されることはなかった。

1982年のJSL2部、後期最終節。後半終了間際、志田が優勝を決定づけるゴール。オフトのコーチングは最高の実を結んだ。

[○ヤマハ発動機2－0帝人●]

平均年齢23歳。手綱を緩めると、この2部優勝で有頂天になって勝手な方向に走り出してしまうかもしれない。若く、荒馬のようなチームに向かって杉山は宣言した。

「天皇杯の優勝をねらうぞ」

1983年1月1日、東京・国立霞ヶ丘陸上競技場。第62回天皇杯全日本サッカー選手権決勝、ヤマハ発動機とフジタ工業クラブの一戦は約3万5000人の視線のなかで始まった。

前半、後半ともに両チーム無得点。14年ぶりの延長戦、前半4分、内山篤の右サイドからのセンタリングを志田がゴール前に頭で落とし、吉田光範が決勝のボレーシュート。

［○ヤマハ発動機1－0フジタ工業クラブ●］

創部10年目の日本一だった。差し出された選手たちの手の上で、杉山は青空を見上げながら思った。

「ヤマハのサッカーが生まれた」

天皇杯優勝から2年後、日本サッカー協会の理事になった岡野俊一郎が杉山を訪ね、言った。

「日本代表チームの監督をやってもらいたい」

「協会が生活を保障してくれるんですね」

「いや、出向扱いにしてもらえるよう、ヤマハさんに頼みにいこうと思っている」

企業スポーツ全盛の1980年代、日本代表のほとんどがサラリーマン選手だった。長いあいだ交通費しか支給されなかった代表選手に、日本サッカー協会から日当3000円が払われるようになったのはほんの2年前、1983年のことだった。

「それはおかしいんじゃないですか？　代表チームの監督の生活を協会が保障するのはあたりまえのことでしょう」

「たしかにそのとおり。正論だ」

「声をかけてくれたことには感謝しますが、人の褌《ふんどし》で相撲を取るような話に乗るわけにはいきません」

「わかった」。岡野は苦笑いを浮かべ、言った。「それにしても、代表監督を断るのはおまえくらいのものだ」

1980年代、本田技研工業とヤマハ発動機のオートバイ市場をめぐる覇権争い、〝HY戦争〟が激化。在庫が膨れあがり、市場価格が急落、経営危機に陥ったヤマハ発動機は野球部を廃部。常務としてリストラ計画の作成、労働組合との団交、再就職先の斡旋に飛びまわっていた荒田は杉山に言った。

「サッカー部も覚悟しておいてほしい」

直後、取引金融機関から提案された。「サッカーだけは残しておいたらどうでしょう」

組合から声が上がった。「なんとかして、ひとつくらいは企業スポーツをつづけましょう」

結論を出しかねていたところ、アメリカ市場が復調。業績が回復し、ぎりぎりのところでサッカー部の廃部は回避された。

ヤマハ発動機サッカー部創部から14年目の1985年、尾畑正人はディフェンダーとして入部した。監督は杉山隆一、キャプテンは長澤和明。前シーズンのJSL1部における成績は10勝4敗4分け。全10チームのなかで、読売クラブ、日産に次ぐ3位だった。

入部した年の部員数は25人。2年目は29人。先輩、後輩のけじめはきちんとしていたが、チームは家族のように仲が良かった。かき集めた金で、ビールとつまみを買いこみ、毎晩のように誠和寮の部屋に集まった。話はいつもサッカーに始まり、サッカーに終わった。

16人のメンバー以外の選手はいろいろな役割を分担することになっていた。試合前、東山サッカー場に石灰でラインを引くことも役割のひとつだった。

入部2年目のシーズンのことだった。

午前中の練習を終え、グラウンドにラインを引き始めた尾畑の視界に、メンバーからはずされて、ふてくされている選手の姿が映った。ラインを引く動作はいかにも投げやりで、まるでやる気が感じられなかった。

「この野郎、いい加減にしろよ」。尾畑はその選手の胸ぐらをつかんで言った。「試合に出られないおれたちは、こういうところでチームの力になるしかないじゃないか」

自分に3年目を迎える力がないことを尾畑はわかっていた。会社にもどるか、会社を辞めるか。考えていると、サッカー部から声がかかった。

「来年、初めて外国人が入ってくる関係で、もうひとりマネージャーが必要になったんだ。バタ、やってみないか」

マネージャー1年目はBチームを担当。業務は総務、経理、広報、マイクロバスの運転手など。バッグに仮払金を100万円ほど詰めこんでハンドルを握り、東京の企業チームや大学に遠征。試合前はトレーナーになって選手にテーピングを施し、試合中、怪我人が出て人数が足りなくなったときは選手になって出場した。中山雅史と井原正巳が大学選抜で海外遠征に行くと聞き、スカウトといっしょに成田空港に飛んでいって寿司をふるまった。

杉山が総監督になった1987年、ヤマハ発動機サッカー部は12勝10分けでJSL1部を初制覇。無敗の優勝は、1969年の三菱重工以来、史上3回目だった。

翌1988年、日本サッカー界は史上最大の分岐点に差しかかった。

3月17日、第1次JSL活性化委員会が発足。〝活性化委員会〟は、周囲への刺激を避けるためのネーミングで、委員会の真の目的は、プロ化へのロードマップをつくることにあった。構成員は日本サッカー協会やJSLに加盟するチームから集まった有志9名。杉山隆一も名を連ねた。

1965年に8チームで発足したJSLは停滞に苦しんでいた。1試合の観客動員数は1000〜3000人。天皇杯全日本サッカー選手権大会などのカップ戦を含めても、年間の観客数は20〜30万人。練習設備は貧しく、試合会場の芝生は剝げ、雨が降ると水たまりがあちこちにできた。選手は基本的に会社員で、練習時間を十分に取ることができなかった。1986年に1部を12チームに、2部を16チームに増やすなど、改革を試みたが、アマチュアの領域から抜け出すことができず、世界のレベルから引き離されるばかりだった。

会議の議題はプロリーグ設立に絞りこまれていった。15年間、企業スポーツに関わってきた荒田の気持ちも、杉山から会議の内容を聞くうちに、プロ化に傾いていった。選手たちをプロにして、がんばったぶんだけ報われる体制にする時期に来たのかもしれない。

第1次JSL活性化委員会は6回行われ、1988年7月21日、最終報告書を日本サッカー協会理事会に提出。26ページの報告書には、収支見込み、試合数、チーム名を企業名から地域名＋愛称にすること、フランチャイズ制の導入などが盛りこまれた。

10月3日、第1次JSL活性化委員会の9名にプロ化反対派を含む4人を加えた第2次JSL活性化委員会がスタート。話し合いは8回行われ、ひとつの確信に達した。

——プロ化以外に日本サッカーを救う方法はない。

1989年6月2日、日本サッカー協会理事会がプロリーグ検討委員会の設置を承認。有志で行われてきた話し合いが、正式に日本サッカー協会内の組織に引き継がれることになり、川淵三郎がその委員長となった。

1990年4月、読売クラブ、日立をはじめ、多くのクラブに誘われた中山雅史がヤマハ発動機への入社を選択、総務部人事課に配属された。入寮した誠和寮は高台に建てられた3階建てで、清水商業高等学校から入部した青嶋文明と同室だった。

中山の1日は朝礼に始まった。備品を整理し、中間管理職に内線をかけてセミナーのレポート提出を促し、海外青年協力隊志望者の面接に立ち会った。勤務は11時半で終了。社員食堂で昼食をとり、練習に向かった。仕事が終わらないときは、誠和寮で残業した。

同じく4月、川淵が全国の都道府県サッカー協会に正式に参加意志確認文書を送付。回答期限の6月、ワールドカップ・イタリア大会の最中、委員会の予想を大きく超える20団体が参加を希望。静岡県からは既存のヤマハ発動機、本田技研工業、PJMフューチャーズに加えて、まだ実態のない清水クラブが新たに名乗りを上げた。清水クラブの母体とされた清水FCは静岡県リーグに所属、JSLの4部相当のチームだった。

いつからそんな話があったのだろう。静岡県のサッカー協会から、なにも聞かされていなかった荒田は、清水クラブの突然の立候補に驚いた。

8月16日、第1次ヒアリングを開始したプロリーグ検討委員会は、チーム数を絞りこむために、『人口300万から500万人の地域に1チーム』という新たな基準を設定。人口約370万人の静岡県からの参加は1チームに限られることになり、ＰＪＭフューチャーズ、本田技研工業が相次いで撤退。

12月3日、第2次ヒアリングが始まった時点で、参加希望チームは20から14——住友金属、古河電気工業、三菱自動車工業、読売サッカークラブ、日産自動車、全日空横浜サッカークラブ、日立製作所、フジタサッカークラブ、ヤマハ発動機、清水ＦＣ、トヨタ自動車、松下電器産業、ヤンマー、マツダ——に減少した。

１９９１年1月21日、プロリーグ検討委員会は最終ヒアリングを開始。

1月30日、参加チームを当初の8チームから10チームに増やしたことを発表した川淵は、静岡県について条件付きの内定を出した。

「参加は1チーム。本拠地を清水に置き、ヤマハと清水クラブが話し合い、合同チームで参加すること」

地域密着の理念を掲げたJリーグにとって、サッカー文化が根づいている清水という地域、市民クラブをうたう清水クラブは魅力的だった。地域性についての理解が十分ではなかった川淵は、同じ静岡県なのだからヤマハ発動機サッカー部との合併は実現するだろうと考えていた。

荒田は清水サイドと話し合いの場を持ったが、接点を見つけることはできなかった。ヤマハ発動機サッカー部が清水に出ていくことも考えられなかった。

ここらが潮時だ。荒田はヤマハ発動機代表取締役、江口秀人に確認を取り、上京して川淵に言った。

「うちは降ります」

「よく決断していただきました」。早稲田大学の後輩、川淵の頬を涙が伝った。

それから3日後の2月14日、日本サッカー協会が理事会でプロリーグ設立に関する原案を承認。引きつづき記者会見を行い、川淵が１００人を超える報道陣を前に、10チームの名前を読み上げた。

・住友金属↓鹿島アントラーズ
・古河電気工業↓ジェフユナイテッド市原
・三菱自動車工業↓浦和レッドダイヤモンズ
・読売サッカークラブ↓ヴェルディ川崎
・日産自動車↓横浜マリノス
・全日空横浜サッカークラブ↓横浜フリューゲルス
・清水ＦＣ↓清水エスパルス
・トヨタ自動車↓名古屋グランパスエイト
・松下電器産業↓ガンバ大阪
・マツダ↓サンフレッチェ広島

ヤマハ発動機サッカー部部長と総監督を兼ねる杉山隆一は記者会見に臨み、言った。

「清水クラブと調整を試みましたが、折り合いがつきませんでした。ヤマハとしては本社所在地の磐田市を本拠地にしたいという部分は譲れないところで、可能性はあると信じていました。日本リーグでの実績が重視されず、フランチャイズを最優先した決定でとても残念です」

江口が荒田に言った。

「中途半端は良くない。すっぱりサッカーをやめるか」

中山をはじめ主力選手数人が、荒田のところにやってきて言った。

「サッカーをやめてしまうんですか？　ヤマハがプロリーグ入りをめざすのなら、ぼくたちはここでプレイをつづけたいのですが」

足踏みしていると、磐田の人びとから熱が立ちのぼった。商工会議所、青年会議所が音頭をとってプロリーグ参加への署名活動を開始、熱は浜松市など周辺市町村に広がっていった。

磐田市の人口約8万4000人を大きく上まわる約11万人の署名に背中を押され、ヤマハ発動機はJリーグへの再挑戦を決断。1992年8月21日、プロ入り後のチームの運営母体となる㈱ヤマハフットボールクラブを設立し、初代代表取締役に塩川信夫が就任。荒田はヤマハ発動機の常務とヤマハFCの取締役を兼任することになった。

川上源一が荒田に言った。

「でかいことを言いなさい」

「Jリーグに上がって優勝します」

「だめだ」

「世界に通じるサッカーをやります」

「よし、わかった」

最大の課題はプロ化に当たっての条件、1万5000人以上を収容するスタジアムの建設だった。

Jリーグに加盟しているチームの本拠地のほとんどは自治体のスタジアムを本拠地に利用していた。ヤマハ発動機サッカー部がJリーグ入りすれば自前のスタジアムを持つ数少ないチームになるが、新設にかかる金額は概算で20億円。ヤマハ発動機の業績が依然として厳しかったので、東山サッカー場を改修することになった。

完成予定時期は1994年2月。JFLの全日程終了を待っての着工になるため、実質建設期間は5カ月。同時進行で芝の張り替えも行わなければならなかった。

1992年9月5日、翌年から始まるJリーグのプレ大会、Jリーグヤマザキナビスコカップが開幕。試合形式はJリーグへの参加が決定している10クラブが1回総当たりするリーグ戦（全9節、45試合）と、上位4クラブによる準決勝、決勝。

第1節の5試合に集まった観客はJSL時代を大きく上まわる1試合平均7355人。第5節は5試合中4試合が1万人を突破した。

この春、東海大学に進学した服部年宏は、清水エスパルスの試合を観戦しようと清水市（現静岡市）日本平運動公園競技場に足を運んだ。チームカラーでフェイスペインティングされた顔が並び、ミサンガを巻いた手が波打ち、チアホーンが途切れることなく鳴り響いていた。こういう応援のスタイルがあるのか。熱気に圧倒され、試合内容はまったく記憶に残らなかった。

第8節、ヴェルディ川崎と清水エスパルスの首位攻防戦には3万9032人が集まった。順天堂大学2年生の名波浩は高校の同級生がピッチを走る姿を目の当たりにし、勝利給の金額を聞いてショックを受けた。小学校のときから夢見ていた〝プロサッカー選手〟が、たしかな目標となった。

11月23日、東京・国立霞ヶ丘陸上競技場。ヴェルディ川崎と清水エスパルスの決勝戦は満員の観客の視線のなかで繰り広げられた。芝生は青々としていて、空間は歓声に埋め尽くされていた。一方、ＪＳＬのピッチは荒れ果て、観客は１０００人にも満たなかった。

１９９3年4月29日、ヤマハＦＣはチーム名〝ジュビロ磐田〟を発表。

ヤマハＦＣ初代代表取締役、塩川信夫は言った。

「サッカーにまつわるすべての歓喜を、喜びの最大級の言葉〝ジュビロ〟に託しました」

〝ジュビロ〟は〝歓喜〟を意味するポルトガル語だった。

マネージャーに転向して3年目、尾畑はトップチームを担当することになった。なんでもやらなければならないことに変わりはなかったが、プレッシャーの大きさは、けた違いだった。

神経性の胃炎に悩まされる日々の、最大の救いは中山雅史の存在だった。なにがなんでもシュートを打つところまでもっていくプレイにわくわくし、痛みを忘れて見入った。

フォトグラファーの久保暁生もまた、中山に引きつけられたひとりだった。中学、高校とサッカー部に所属、ポジションはセンターフォワードかハーフ。大学進学後、アルペンスキー・レースに熱中し、卒業後、約15倍の競争率を乗り越えてスキー専門誌に入社。カメラを手に時速１００キロを超えるスキーレーサーを追って、北米やヨーロッパのスキー場を転戦、冬のほとんどを雪の上で過ごした。

中山のプレイを初めて見たのは、１９９2シーズンのＪＦＬ公式戦だった。プレイは洗練とはほど遠かったが、つぎつぎにゴールを決めていた。とてつもなくおもしろくて、この選手を撮りたいと心から思った。翌年、ジュビロ磐田の専属フォトグラファーになり、雪山中心の生活にピリオドを打った。

ほかのフォトグラファーが200ミリの望遠レンズを使っている場所でひとり400ミリを装着。全身はもちろん、上半身さえ入りきらなくなるまで選手を追いつづけた。

「きみは変わっているね。新聞じゃ、きみの写真は使えないよ」。新聞社のフォトグラファーに言われた。「バスケットボールの写真はバスケットのボールが、サッカーの写真はサッカーのボールが写ってなければいけないんだ」

久保がフィルムに焼きつけようとしたのは、記録や記念ではなく、心の叫びだった。サッカーというスポーツの息づかいだった。


1993年5月15日、土曜日。新聞各紙にJリーグ開幕を告げる広告が踊った。博報堂、ソニー・クリエイティブといった大手広告代理店がこの日に合わせて大がかりな宣伝活動を展開。4万枚の前売りチケットに対して応募者数約78万人。抽選は警察官立ち会いの下に行われ、落選者にはヴェルディ川崎の柱谷哲二と横浜マリノスの井原正巳のサイン入りの手紙が送られた。『ご応募ありがとうございました。今回は残念ながら……』

Jリーグの開幕を告げる歴史的な一戦は、ヴェルディ川崎対横浜マリノス。ほかの4つのカードは翌日に行われることになっていた。

夜来の雨が上がり、東京・国立霞ヶ丘陸上競技場の上空は晴れ渡っていた。キックオフの7、8時間前から続々と入場門にやってきた観客のチケットには購入者の名前が印刷されていた。記念になるようにという配慮と、転売を排除しようという思惑を兼ねたアイデアだった。

19時キックオフの原則を曲げて19時30分にしたのは、NHK総合テレビで全国中継を行うためだった。中山雅史は誠和寮のテレビに見入った。入社したとき、同室だった青嶋文明は清水エスパルスに移籍していた。

ピッチはJリーグのビッグフラッグで覆われ、参加10チームの旗が、5万9626人に埋め尽くされたスタジアムに掲げられた。メインスタンド前の特設ステージにもJリーグと各チームの旗がなびいていた。

19時、ロックバンドTUBEのボーカル、前田亘輝が〝君が代〟を独唱。つづいてJリーグ公式テーマ曲〝J'S THEME〟が演奏されるなか、レーザー光線が駆けめぐる夜空にJリーグのマスコット〝J-boy〟が浮かび上がった。

スポットライトを浴びながら、川淵三郎Jリーグチェアマンがマイクの前に立った。

「開会宣言。スポーツを愛する多くのファンの皆様に支えられまして、Jリーグは今日ここに大きな夢の実現に向かってその第一歩を踏み出します。1993年5月15日、Jリーグの開会を宣言します」。大歓声が沸き起こり、チアホーンが鳴り響いた。「Jリーグチェアマン、川淵三郎」

こんちくしょう。荒田忠典は自宅のリビングルームでうなった。それにしてもどえらい迫力だなぁ。

この日、関東地方の中継の視聴率は32・4パーセントを、静岡地区は38パーセントをそれぞれ記録した。

当初、川淵が使おうとしていた〝コミッショナー〟を〝チェアマン〟に変えさせたのは、日本サッカー協会副会長、岡野俊一郎だった。プロ野球の手あかがついた言葉を使うことを嫌った岡野は〝ファン〟を〝サポーター〟に、〝オープン戦〟を〝プレシーズンマッチ〟に、〝フランチャイズ〟を〝ホームタウン〟に変え、新たに〝チャンピオンシップ〟を考案した。

ついに代わる言葉が見つからなかったのが〝フロント〟だった。

岡野は不満気に言った。

「出向で来て、親会社のことばかり気にしながら何年間か務めて、手みやげを持って、はいさようなら。フロントっていうと、どうしてもそういうイメージがつきまとうんだ」


Jリーグ開幕から15日後の5月30日、Jリーグの下部リーグ、日本フットボールリーグ（JFL）が開幕した。1部、2部に分かれており、1部で年間順位2位内に入ることがJリーグ昇格の条件だった。

ジュビロ磐田の第1節の対戦相手は大塚製薬。キックオフ前、インタビューに答えて、副キャプテンで日本代表の吉田光範は言った。

「すごくプレッシャーを感じています。1点差の勝利も5－0も同じ。どんな勝ち方でもいいから、とにかく勝つことです」

優勝をねらう緊張感と昇格を賭けた緊張感はまったくべつものだった。プレイの質にこだわる余裕はなかった。ただ勝つためだけに戦った。リスクを避け、前線で待ち受ける中山にボールを運んだ。スタンドから上がる「中盤をつくれ！」という声に耳をふさいだ。

中山が開幕から5試合で10得点をあげ、ジュビロ磐田は5連勝を記録したが、チームに笑顔はなかった。ジャッジに業を煮やして線審に迫り、敗戦の怒りで立て看板を蹴り破った。

潮に流されてしまったように感じられた。遠くの砂浜をJリーガーが走りまわっていた。いくら泳いでも岸にたどりつけないように思えた。

選考から漏れたときは、Jリーグがどのようなものかわからなかったからそれほど悔しいと思わなかった。中山は思った。こんなに大きな差をつけられてしまったのか。


日本代表チームの監督となったオフトが、ジュビロ磐田の試合を視察し、言った。

「いまのジュビロに必要なのはゲームメイクできる中盤の選手ですね」

荒田が聞き返した。

「心当たりはいますか?」

「ファネンブルグがいいと思いますが」

1964年3月5日生まれ。多彩なキックと南米の選手のようなドリブルでオランダサッカーの第2期黄金時代の原動力となったジェラルド・メルビン・ファネンブルグ。「新しいものに挑戦したい」。〝ティンクル＝輝く足〟と呼ばれるミッドフィールダーは名門クラブPSVの終身契約を破棄し、1993年7月24日、ジュビロに入団した。

ファネンブルグは言った。

「どのようなチームと対戦しても、8割から9割の確率で勝てなければ、本当のトップとは言えません。ジュビロが絶対的な王者になるためには、中盤で細かくパスをつなぐスタイルを学ぶべきだと思います」

1993年8月22日、芝生のあちこちが剝げた海老名運動公園陸上競技場。JFL1部リーグ第14節、ジュビロ磐田対東芝。ジュビロ磐田はここまで2敗、昇格ラインの波打ち際でもがいていた。16時キックオフ。仮設スタンドの観客は公式発表2500人。

選手をピッチに送り出すと、チーフマネージャーの尾畑は更衣室のベッドに倒れるように横になった。胃がきりきり痛み、試合を見ていられなかった。

前半11分アンドレ（ジュビロ磐田）

前半35分羽賀康徳（東芝）

前半44分中山雅史（ジュビロ磐田／PK）

ベッドから起き上がった尾畑が更衣室から出ると、吉田がベンチにもどってきた。

「ヨシさん、ハーフタイムですか？」

「…………」

退場だった。

直後の後半44分、東芝にゴールを決められ、試合は延長に入った。

延長後半3分。空振りに近いミスキックも含めたボール争奪戦の末、ジュビロ磐田がロングボールを蹴りこみ、ボールはハーフウェイラインから東芝陣に5メートルほど入ったところでバウンド。

落下地点のもっとも近くにいたのは東芝のミッドフィールダー、石崎信弘。石崎から2メートルほどハーフウェイライン寄りに中山。

トップスピードにシフトアップした中山は9歩目で石崎に並び、はずんだボールを頭で進めた。

振りきられそうになった石崎が中山の腰に両腕を伸ばし、ラグビーのタックル。中山、ラグビーでも通用する突進。引きずられ、振りほどかれた石崎が地面に落ち、1回転。

ペナルティエリアに入り、ゴールキーパー茶木裕司と1対1になった中山。足首に2発目のタックルを受け、わずかによろけたが、左にかわしてゴール。久保のファインダーの中で叫んだ。

「おれがジュビロの中山だ～！」


9月5日、最終節、JFL1部リーグが終了。ジュビロ磐田は14勝4敗、東芝を振りきって準優勝。Jリーグ昇格の条件を満たし、審査結果を待つことになった。

すべての課題をクリアしたはずだ。ヤマハFC初代代表取締役、塩川信夫は思った。周囲も当確だと言っている。だいじょうぶだと何度も自分に言い聞かせたが、2年前のどんでん返しを脳裏から追い払うことができなかった。


スタジアムの改修が本格化した9月下旬。〝ジュビロ磐田商い人有志の会〟のひとりが、工事現場の前を通りかかると、大きなチームキャラクターが置かれていた。〝ジュビロ磐田商い人有志の会〟は、ジュビロ磐田とともに磐田を盛り上げようと、若手の商店主たちが発足させた会だった。

「これ、どうするんですか？」

工事関係者が言った。「捨てるんです」

「もらってもいいですか？」

「いいですよ、持っていってくれるのなら」

夜が更けるのを待って、メンバーは、チームキャラクターを磐田市役所の玄関脇に運びこんだ。もっと前がかりになってジュビロ磐田を盛り上げましょうよという催促のメッセージだった。

翌朝、メンバーは物陰に潜み、出勤してくる市役所員の驚く顔を見て小さくガッツポーズ。数日後、メッセージは、不法投棄扱いで処理された。

ほどなくして〝ジュビロ磐田商い人有志の会〟は〝ジュビロクラブ〟に改称、ビッグフラッグづくりに取りかかった。めざしたのは日本最大の縦30メートル、横40メートル。面積1200平方メートルはおよそ建て売り住宅6軒分。

千葉県・銚子の大漁旗の制作者に尋ね、スペインの腕利きに問い合わせ、ようやく引き受けてくれる職人を探し当てた。提示された金額は450万円。一刻も早くスタジアムに広げたかったので、その場で制作を依頼し、募金活動に取りかかった。

自由で自立した活動を貫こうと、企業などからの大口の募金には頼らないと決めた。1口100円から200円が中心。お礼にビッグフラッグの周囲に選手の似顔絵を配したA3のイラストシートを手渡すことにした。腱鞘炎になるほど描き直しを重ねた作画者の本職は美容師だった。

試合の前後、募金箱とイラストシートを持って駅とスタジアムの入り口に立ちつづけた。駅を担当するクラブ・メンバーは試合が終わる10分前にスタジアムを出て、走った。

汗をかき、頭を下げ、積み重なった善意と笑顔が450万円に届いたとき、ほぼ1年が経っていた。

1993年、ワールドカップ・アメリカ大会アジア最終予選。カタールの首都、ドーハに向かう日本代表監督、オフトに荒田が言った。

「もし負けたら、ジュビロの監督になればいいじゃないか」

「いや、ぜったいに勝ち抜いてアメリカに行きます」

10月28日、日本対イラク。終了直前、イラクが同点ゴール。ドーハの夜は悲劇に終わり、オフトは辞任を決めた。

11月16日、静岡県掛川市、ヤマハリゾートつま恋のコンベンションルーム。塩川は大勢のマスコミに囲まれていた。

フォトグラファーの久保暁生が、となりの静岡新聞の記者に言った。

「まだですかね」

「もうかかってきてもいいころだけどね。理事会が長引いているのかな」

午後5時13分。机の上の電話が鳴った。

「はい」。呼び出し音が2度鳴ってから、塩川は受話器を手に取った。「ありがとうございます。はい。ありがとうございます。がんばります」

電話の向こうの川淵三郎に頭を下げるように電話を切り、塩川は言った。

「昇格が決まりました」

選外になってから2年9カ月が経っていた。

キャプテン、森下申一はぶ厚い胸を張った。

「ぼくたちには、はずれた原点があり、自力で昇格をつかんだ始まりがある」

直後、避難勧告など、市民の安全、財産に関わることのみに使われるものと規定されている磐田市の同報無線のスイッチが入れられた。

〈ジュビロ磐田がJリーグに昇格しました〉

市内数カ所から打ち上げられた50発の花火が暮れかけた空を彩った。歩行者天国になった県道磐田停車場線、愛称〝ジュビロード〟は昇格を祝う人びとで埋め尽くされた。

「こんな小さい町にプロが来るなんて考えられなかったけんさ」

「とにかくみんなで応援して、強いチームになってもらおう」

「いまに見とけ」

「歳だもんでさ、ジュビロができなきゃ、サッカーなんて全然知らなんだもん」

磐田市役所の広報誌号外が配られ、餅や酒がふるまわれた。熱と歓喜に秋の空気の冷たい芯が解けた。


荒田がオフトに言った。

「ぜひ、力を貸してほしい」

「ジュビロはどういうミッションの下に進もうとしているのでしょう？」

「世界をめざします」

「やりましょう」。オフトは言った。「できれば3年、チームを預からせてください」

なにより大切なのはクラブのスタイルを確立することだ。オフトは思った。やらなければいけないことはたくさんあるが、選手もスタッフも〝サッカーピープル〟のこのチームなら、かならずめざす場所に到達できるはずだ。

…第2章…

黎明

1994〜1997

「毎年3億円。3年間で9億円の赤字を覚悟してくれ」

1994

〝勝利〟を最大の目標とし、目標を達成するために〝負けないサッカー〟をめざす近代サッカーは、まるで経費を節減して利益を出そうとする商売のような戦い方だな。荒田は思った。1点のリードを守るために穴蔵に閉じこもるサッカーにどれほどの魅力があるのだろうか。ジュビロ磐田は、ボールゲームの魅力に満ちたチームでありたい。

その場しのぎではすぐに尻尾が出る。海外の一流プレイヤーを呼び、チームを大きく育てよう。そして近い将来、日本人だけで勝てるようになりたい。ファネンブルグにつづき、オフトを介して1994年にワールドカップ・イタリア大会の得点王、サルヴァトーレ・スキラッチの招聘に成功した。

国内のスカウティングも荒田のビジョンに沿って進められた。

1993年

鈴木秀人（静岡県浜松市出身 静岡県立浜松商業高等学校）

1994年

服部年宏（静岡県清水市出身 東海大学第一高等学校〜東海大学）
藤田俊哉（静岡県清水市出身 清水市立清水商業高等学校〜筑波大学）
田中誠（静岡県清水市出身 清水市立清水商業高等学校）
奥大介（兵庫県尼崎市出身 神戸弘陵学園高等学校）

1月19日。100人を超える報道陣の視線のなか、オフトの第1回目の練習はミニゲームから始まった。めざしたのは相手に合わせてゲームを組み立てるリアクションサッカーではなく、自分たちから組織的に仕掛け、パスワークで圧倒するアクションサッカーだった。

枠組みのない自由は放蕩でしかない。大切なのはチームがめざすサッカーに対して自分の役割を果たすことだ。オフトはディシプリン（規律）とタスク（役割）をチームに徹底し、5つのキーワードをベースに、パスやポジショニングを数十センチ単位で修正した。

〈スリーライン〉FW、MF、DFを、それぞれ直線上に位置させる
〈スモールフィールド〉スリーラインの距離をコンパクトに保つ
〈アイコンタクト〉目で意図を伝え合う
〈トライアングル〉3角形を維持しながらパスをまわす
〈コーチング〉つねに的確な言葉を仲間に投げかける

Uの字を描いてボールをもらいなさい。オフトの言葉は中山の頭にきざみこまれた。

なんでぼくばかり文句を言われるんだろう。飛び抜けたサッカーセンスを持つ藤田は途方に暮れた。

基本のすべてをオフトから吸収したい。服部は体力に頼ったプレイを封印し、すべての練習に意味を探し求めた。

いったい、なにを言っているんだろう？　鈴木秀人は戸惑った。サッカーだと思っていたものとなにもかもが違っていた。

高校時代のサッカーにくらべたらおとなと子どもだ。田中誠は思った。毎日、言われっぱなしだけれど、知らなかった奥深さが見えるようになってきた。

2月13日、トップチームは11日間にわたるオーストラリアキャンプに出発。冬季オリンピック・リレハンメル大会の取材のためにノルウェーに滞在していた久保暁生は、オスロから成田に飛び、日本に入国せず、トランジットでキャンプに向かった。スキー雑誌が負担したオスロ〜成田のエアチケットはエコノミークラスだったが、ジュビロ磐田が用意した成田〜シドニーはビジネスクラスだった。

「お客様、上着をお預かりします」

シドニー行きの飛行機に乗りこんだ久保は、使いこまれたカメラマンベストをＣＡに手渡しながらつくづく思った。Ｊリーグって、こんなに裕福な世界なのか。芝が剝げて、水が溜まったＪＦＬのピッチが、ずいぶん遠い世界のできごとのように感じられて仕方がなかった。

オフトは気さくで、偉ぶらず、すべてに細かかった。

ある日、撮影のアングルを決めかねていると、オフトがやってきた。

「どうだクボ、いいのが撮れているか？」

「いや、いまひとつです」

「だめじゃないか、プロフェッショナルなんだろう？」

べつの日の撮影中、オフトが言った。

「そこじゃない。ここだ、このアングルから撮りなさい」

久保は苦笑し、思った。ぼくが写真の撮り方についてこれだけ言われるんだから、選手たちはよっぽど細かく言われているんだろうな。

ジュビロ磐田スタジアム落成記念として、2月27日、清水エスパルスと試合、三菱電機霧ヶ峰カップが行われることが決定。Jリーグ初の静岡ダービーをめぐって、サポーターの熱気はヒートアップ。チケットの販売は抽選で行われることになり、警察官の立ち会いの下に実施。荒田忠典は落選し、テレビで観戦することになった。

［●ジュビロ磐田1－2清水エスパルス○］

1994年3月12日。カシマサッカースタジアムがジュビロ磐田のJリーグデビューの場となった。

気温15・3度。曇天、弱風。観客1万3990人。

芝の状態をチェックしようと中山がピッチに出ると、鹿島のサポーターから拍手が沸き起こった。「どうも」。思わず頭を下げた。

寒かったので選手たちはウォームアップスーツを着たまま、久保のカメラの前に集合した。ウォームアップスーツを脱いでユニフォームのスポンサーのロゴを露出しなければならないことにだれも気づかなかった。

相手はJFLで2部だった住友金属じゃないか。そんなに実力に差があるはずがない。中山は自分にそう言い聞かせたが、勝てる気がしなかった。なんだか田舎のスターが都会に出てきたみたいだなと思った。

[●ジュビロ磐田0－1鹿島アントラーズ○]

いい試合だった。オフトは思った。なにがまちがっているかがはっきりわかる試合だった。

ジュビロ磐田スタジアムで試合や練習が行われるとき、オフトはいつもまっ先にピッチに入り、センターサークルからグラウンダーのキックを蹴った。ゴールライン上でピタリと止まると歓声を上げ、だれがゴールラインにより近く寄せられるか、時折、スタッフと飲み物を賭けた。楽しそうだな。その様子を遠目に見ながら、松井統は思った。

前年、松井がジュビロ磐田スタジアムの芝の管理を請け負うことになったとき、サッカーのピッチに関するノウハウは日本にはないに等しかった。Jリーグを運営する側の認識も、一年中緑色であればいい、という程度だった。

「マツイ、転がり方を左右するのは芝の長さと密度なんだ」

遊んでいたのではなかったのか。オフトのひと言で視界が開けた。

ブラジルサッカーの流れを汲む鹿島アントラーズのホーム、カシマサッカースタジアムの芝は、ボールがよく止まるように毛足が長く仕上げられており、30ミリを下まわることはなかった。松井はジュビロ磐田のパスまわしをサポートするために、芝を短く刈り込む〝低刈り〟に取り組んだ。

めざしたのは15ミリ。刈れば刈るほど芝にストレスがかかり、痛む危険性は増した。松井以前に、低刈りの限界に取り組んだ人間は、Jリーグにはいなかった。

芝の一本一本が青空に向かってピンと立つ、茎葉の強い芝を育てたかった。緞通のカーペットのような、なめらかだけれど弾力のあるピッチで選手たちにプレイをしてもらいたかった。考えられる限りの手を打ち、見られる限り、サッカーの試合を見た。

このかかとのもぐり具合なら19ミリ。やがてテレビカメラがサッカーシューズのあたりをとらえた瞬間、数字がはじき出されるようになった。頭のなかにファイルされたJリーグのピッチの情報は刻々と更新されていった。

この時期にどうしてこの長さなんだろう？　大きく張り替えた部分があるのはなぜだろう？　腑に落ちないときは、すぐ、そのスタジアムの管理者に電話をかけた。

ある日、ジュビロ磐田スタジアムの控え室に入ると、白髪の男性が食い入るようにテレビ画面に見入っていた。「この選手、もう替えなきゃいかんなぁ」

スタッフをつかまえて聞いた。「あの人、だれですか？」

「杉山さんです」

「そうだったんですか、お名前は知っていましたが、顔が……」

「いま、スーパーバイザーをお願いしているんです」

並んでいっしょにテレビを見られるようになったころ、色紙を差し出すと〝心技体〟の3文字が書かれた。

ホームはいつも満員になった。ヤマハ発動機の関係者も並ばなければチケットを手に入れることができなかった。ほとんどが立ち見席のフリーゾーンも人と熱気で埋め尽くされた。スタジアムを見まわし、荒田は改めて思った。プロっていうのはすごいなぁ。

アウェイに出ると、マネージャーの尾畑正人は、持参したホウキで試合後のロッカールームを隅から隅まで掃除した。芝の1本も見逃さなかった。

久保が尾畑に聞いた。

「どうして、そこまでするんですか?」

「来たときよりきれいにして帰っていくほうが、かっこいいじゃないか」。尾畑はつづけた。「こういうことがジュビロらしさをつくっていくんだよ」

そういうことだったのか。すごいな、尾畑さん。すっかり感心していると、靴から芝が落ちた。

「こらぁ」

「すみません!」

あわてて雑巾を手に取り、床を拭いた。

開幕から5試合を終えて2勝3敗。当たりの強さ、スピード、知名度、すべてにおいてJリーグ初年度から参加している10チームに遅れを取っていた。

格上の相手に一発勝負を賭けるのなら、リアクションサッカーのほうが勝つ可能性が高かったが、オフトは目先の勝負にこだわることを嫌った。ジュビロ磐田を、自分がいなくなったあとも、オリジナルのサッカースタイルが継承されていくクラブに育てあげたかった。そのために基本練習を徹底してくりかえし、外国人プレイヤーを通してチームに刺激を与えつづけた。

新人の藤田俊哉にとって、高いスキルを持ち、スピードが豊かで、判断が早く、体格がほぼ同じファネンブルグは最高の手本だった。

「相手チームの選手も含めて、わたしには、わたし以外の21人がピッチのどこにいるかわかる」

ファネンブルグの言葉を聞いた服部は首をかしげた。

「なにを言っているんだろう？　この人」

4月30日、第13節のヴェルディ川崎戦でデビューしたサルヴァトーレ・スキラッチは、いきなり1ゴール1アシストを記録した。

こぼれ球をねらう泥臭いプレイをイメージしていた中山は、スキラッチのうまさと繊細さに驚かされた。単純なフェイントでも、タイミングと入り方を極めれば抜けることを思い知らされた。

たいていのフォワードは、後ろから体を寄せてくるディフェンダーを両手を広げてブロックしたが、スキラッチはスッとひじを上げた。練習中、そのひじを肋骨にまともに受けた鈴木秀人にスキラッチは言った。「セリエAではあたりまえのプレイだよ」。痛みに耐えながら、鈴木は思った。スキラッチと同じチームでよかった。

オフトが監督に就任してから、尾畑の胃の痛みはいよいよひどくなっていった。たとえば遠征先のミーティングルームの机の配置はコの字状にするように指定されていたが、ただコの字にすれば良いというわけではなかった。「オバタ、ここがちょっと長すぎる、もう少し短く」。1回でオーケーが出ることは、ほとんどなかった。

宿泊は原則ツインルームで、組み合わせはポジションごととされた。鈴木は田中誠と、藤田はファネンブルグとたいてい同室になった。

Jリーグの多くのチームは、キャンプではツインルームを使い、シーズンに入るとシングルルームを利用していたが、オフトはシーズン中もツインルームに決めた。ホームゲームでも、ほかのチームのように当日スタジアム集合ではなく、前日からホテルに泊まることとした。

宿泊の積み重ねのなかで、私生活からサッカーまで、知らないことがないほどの関係がつくられていった。尾畑は強く実感した。当日集合やシングルルームのほうが合理的なのかもしれないが、合理ではつくり得ないものがある。

サントリーシリーズ終盤、第15節から4連勝を記録。

5月18日、第17節。ホームでの静岡ダービーは4－2の圧勝。キャプテン、吉田光範は言った。「もうルーキーチームじゃない」

8月6日、夜明け前に集合したジュビロクラブは、チャーターしたバスに丸めたビッグフラッグを積みこみ、磐田を出発した。化繊ではなく、布地にペンキを塗りつけたものだったので、ごわごわして、重かった。

行く先はヴェルディ川崎とのナビスコカップ決勝が行われる神戸総合運動公園ユニバー記念競技場。開門前に40本の手で約200キロを運び入れ、3万7475人の視線のなか、ついにアウェイ・デビューを果たした。

19時4分、キックオフ。集中して試合に入ったジュビロ磐田が前年のチャンピオンを押しこんだが、徐々にペースを奪われ、2失点。

［●ジュビロ磐田0－2ヴェルディ川崎○］

試合後、オフトは言った。

「決勝を経験できたことが最大の収穫だ」

観客が全員退出するのを待ってビッグフラッグを搬出。磐田に帰り着いたとき、時計の針は翌日の朝7時をまわっていた。

後期のNICOSシリーズ、最高位は第11節のリーグ5位。Jリーグの洗礼を受け、浮き沈みをくりかえしながらシーズンが終わった。

1994Jリーグディビジョン1
年間8位
サントリーシリーズ（前期）7位　9勝13敗　得点27失点32
NICOSシリーズ（後期）7位　11勝11敗　得点29失点37

中山は開幕戦で抱いた思いをシーズンが終わるまで打ち消すことができなかった。１９９１年の最後のＪＳＬ、ヤマハ発動機は３位だった。１位の読売サッカークラブ（東京ヴェルディ）、２位の日産自動車（横浜Ｆ・マリノス）以外は、ほとんど実力差はないと思っていた。Ｊリーグに上がっても、そこそこやれるだろう。もしかしたら優勝をねらえるんじゃないかと考えていたが、実際は違った。ぜったいに勝てないと感じた相手はいなかったが、勝ちを引き寄せることができず、逆転されることが多かった。

このシーズン、リーグ戦は44試合行われ、マン・オブ・ザ・マッチに３度選ばれた服部が25試合、新人の藤田が38試合、同じく新人の田中は６試合に出場した。

1995

1月16日、新加入選手の記者会見が行われ、4人の新人が顔をそろえた。
山西尊裕（静岡県静岡市出身 静岡県立清水東高等学校）
清水範久（群馬県群馬郡榛名町出身 群馬県立前橋商業高等学校）
福西崇史（愛媛県新居浜市出身 愛媛県立新居浜工業高等学校）
名波浩（静岡県藤枝市出身 静岡市立清水商業高等学校～順天堂大学）

横浜マリノス、清水エスパルス、名古屋グランパス、ジュビロ磐田から誘われていた名波が、提示金額が一番低いチームを選んだ理由は、日本人だけで勝てるチームをめざす荒田のビジョンと、同じ清水商業高等学校出身で、前年にジュビロ磐田に入団した藤田俊哉の存在だった。藤田とサッカーをすること以上の楽しさがあるとは思えなかった。

入団してまもなく、ファネンブルグが名波の個人教授となった。レッスンは週に一度行われ、さまざまなキックの蹴り分け方が示された。とりわけ目を引いたのは、アウトサイドにかけるロングボールだった。アウトサイドにかけるグラウンダーのスルーパスは好んで使っていたが、ロングボールは引き出しになかった。「このアングルの場合、アウトにかけたほうが受け手が左足で受けやすいんだ」。ファネンブルグが放ったボールは、40メートル前を、背中を向けて走る味方の前に『ドスン』ではなく『ふわり』と落ちた。ミスキックを見せることはなかった。

積み重ねてきた練習の手応え、前シーズンの結果を踏まえたシステムの修正、中山雅史のグローインペイン（恥骨結合炎）からの8カ月ぶりの復帰、名波浩の入団、そしてブラジル代表キャプテンとして1994ワールドカップ・アメリカ大会で優勝カップを掲げたカルロス・カエタノ・ブレドルン・ヴェーリ、通称ドゥンガの獲得。たしかなカードを手に2年目のシーズンを迎えたオフトはトップ3入りを目標に掲げた。

3月18日、サントリーシリーズ第1節。［●ジュビロ磐田0‐1ジェフユナイテッド市原○］Ⓐ（アウェイ）

試合後、清雲栄純は、勝利チームの監督であるにもかかわらず、こう言った。

「今日のジュビロのようなサッカーをしたい」

第2節から4連勝。ファネンブルグと田中誠の怪我というアクシデントを乗り越え、中断期までの16試合を10勝6敗。中山が7得点、スキラッチが12得点をあげ、2度にわたって首位まであと1勝というところまで迫った。

アウェイでチーム名が〝ジュピロ〟や〝ジビロ〟になっていたり、〝盤田〟になっていたりすることがなくなっていった。語尾上がりの〝イワタ〟ではなく、〝イ〟にアクセントを置いた〝イワタ〟と呼ばれるようになっていった。

ヤマハ発動機の取締役、常務取締役、専務取締役、副社長と階段を上がった荒田忠典は、最後の一段を前に立ち止まり、言った。

「ジュビロ磐田に行かせてほしい」

5月、塩川信夫のあとを継いで第2代ヤマハFC代表取締役に就任。

待ち受けていたのは〝赤字〟の2文字だった。

1993年にJリーグが発足してから3年間、ホーム&アウェイ52試合が行われ、ほとんどすべてのカードが満員。入場料収入で人件費をカバーしてきたが、ここに来て人気に翳りが見え始め、ジュビロ磐田のチケットの売り上げも落ち始めていた。

人件費を主とする経費の削減案を急いで作成、社内に提示すると、営業から反対の声が上がった。

「人件費を削減して、選手がチームを離れてしまったらサポーターの支持を失ってしまいます」

荒田の自由で攻撃的な気質が反応した。

「そりゃ、そうだ」

削減案を破棄し、新たに〝中期計画〟を作成。ヤマハ発動機の役員会に乗りこみ、歯切れの良い口調で言った。

「毎年3億円。3年間で9億円の赤字を覚悟してくれ」

経理担当の常務が応えて言った。

「なんの根拠もなく3年間で9億の赤字。はい、わかりましたとは言えません。荒田先輩にそう教わりました」

「最初は人件費を減らそうと思ったけれど、逆だ。良い選手がいなければお客さんが入らない。3年間で優勝し、それからの3年間で黒字にして、つづく3年間で赤字を解消する」

「荒田さん、9年もやるんですか？」

「無理かな。とりあえず6年やらせてくれ」

「わかりました。フォローさせてもらいます」

荒田の熱意が担保だった。

中期計画を手に、荒田はチームがめざすべき方向を、選手、サポーターをはじめ、すべての人びとに示した。

〈世界をめざす〉

〈勝ちつづけられるチームをつくる〉


6月15日、ドゥンガの入団記者会見が行われた。

「勝利のために来ました。忍耐と謙虚な気持ち、団結心を忘れずに目標を達成したいと思います」

来日したドゥンガが、なにより驚かされたのは磐田の人びとのやさしさだった。ブラジルやイタリアやドイツでは、ほんの少し悪いプレイをしただけで台風のような非難に襲われた。１９９０年のワールドカップ・イタリア大会、決勝トーナメント1回戦で敗退したときは〝国民の恥〟とまで言われたが、磐田は、負けた日の夜に町を歩いても、笑顔で迎えられた。

経験に照らし合わせると、ジュビロ磐田の力は国際レベルのBクラスだった。若い選手が多く、走力でチャンスをつかもうとするサッカーだった。ものすごくむずかしいことをやってしまう一方、簡単なプレイをミスしていた。確実でバランスの取れたプレイを90分つづけることができず、気が緩んだわずかな時間に失点し、負けることが多かった。

「勝たなければ意味がない」。ドゥンガはオフトとフィジカルコーチの菅野淳に訴えた。「若い選手は練習不足だ。全体練習以外にもっと個別の練習をさせなければいけない。ただひとり中山だけはオーバーワークだ。練習量を抑えないとつぶれてしまう」

「なぜそんな場所にいるんだ！」。なによりポジショニングの悪さが目についた。「なぜマークを忘れてしまうんだ！」

ドリブルを使うべき場面とそうではない場面の判断ができなかった。「算数もできないのか！」

敗者になることを徹底的に拒否した。「たとえ0－5で負けていても、1点でも取りに行くんだ。それが明日につながるんだ！」

ベストを尽くしていない選手に頭突きを見舞い、ペットボトルをロッカールームの天井に叩きつけた。「集中を切らすな。ボールに汗をかかせるんだ！」

「ピッチは戦場なんだ！」。試合中、サポーターの視線のなかで選手の首根っこを押さえてレッスンを施し、ハーフタイムに泣くまで追いこんだ。

ことあるごとに言った。「サッカーには過去はない、将来もない、現在があるだけだ。たとえ優勝してもそれはすでに過去のことだ」

負けたあとはもちろん、勝ったあとも笑顔はなかった。マネージャーの尾畑正人は試合後のドゥンガに、どうしても声をかけることができなかった。

サントリーシリーズ第19節でJリーグデビューを果たした鈴木秀人がレギュラーに定着。第20節に目標の3位に上がったが、初めて見る景色にチームが浮き足立ち、残る6試合を3勝3敗。取れるはずの勝ち点を取りこぼし、5位で前期を終了した。

8月12日に開幕したNICOSシリーズ。オフトが掲げたトップ2入りは、つぎつぎに襲いかかってくる試練に翻弄された。藤田、名波は日本代表の疲れが抜けず、前期終盤に怪我から復帰したファネンブルグは本調子からほど遠く、前期に26試合で24得点をあげたスキラッチは故障がちで開幕4連敗。加えて、〝鬼軍曹〟と呼ばれるようになったドゥンガのプレッシャーに一部の若手選手が萎縮したことが重なり、第20節まで9勝11敗。

第20節の前半、中山が怪我で退場、チームからの離脱が決定するとオフトは言った。

「残り試合は若手の育成にあてる」

サントリーシリーズ（前期）5位　勝ち点45　15勝11敗　得点48失点40

NICOSシリーズ（後期）9位　勝ち点40　13勝13敗　得点40失点37

藤田はリーグ戦全52試合中49試合、田中は21試合、トップチームに上がった鈴木は31試合、開幕戦でJリーグデビューを果たした新人の名波浩は30試合に出場した。

1996

〝Jリーグバブル〟崩壊の最中に迎えた1996シーズンは、初の1シーズン制となった。

初めてのホームでの開幕戦に勝利したジュビロ磐田は、第8節を終えて7勝1敗の2位。第9節、第11節に首位浮上のチャンスを逃し、10勝5敗の4位で前半を終了。

後半戦に入ると、攻めていながらゴールを決めきれず、カウンターを仕掛けられて失点するパターンが続出。自分たちから仕掛けるアクションサッカーをめざしているからこその敗戦だったが、チームは重苦しい雰囲気に包まれた。

8月17日、佐賀県・鳥栖スタジアム。ヤマザキナビスコカップ・グループリーグ第2戦、ジュビロ磐田対京都パープルサンガ。

後半40分、ドゥンガがピッチに大の字になり、オフトに交代を要求した。22本のシュートを放ちながら、1点も取ることができないチームへの抗議だった。

［△ジュビロ磐田0－0京都パープルサンガ△］

その帰り道だった。中部国際空港の駐車場に自分の車を置いていた久保暁生に荒田忠典が言った。

「家まで乗せてくれないか？」

ふたりはとなりあう町に住んでいた。

走り始めた車の中で、荒田が久保に言った。

「死ぬまでジュビロ磐田を撮りつづけてくれ。すべてを記録してほしい」

Jリーグバブルが弾け、フォトグラファーのアウェイへの派遣を見送るチームが増えていたが荒田は違った。

「かならず全試合に行ってくれ。金のことは心配しなくていい」

「わかりました」

ヤマハ発動機はアーカイブを大事にする会社だった。さいしょにつくったオートバイはもちろん、その時々に起こったできごとが克明に記録、保存されていた。荒田の言葉は、そういう伝統からくるものなのだろうと久保は受けとめた。


9月14日、第19節［●ジュビロ磐田2－3V柏レイソル○（延長）］Ⓗ（ホーム）

延長18分に追いつかれ、延長Vゴールを決められて6位に後退。

試合後、オフトが荒田に言った。

「わたしを解雇してください」

「なぜですか？　5年はやってほしいと話したじゃないですか」。4年目以降はユースチームもまかせ、年代別に分けた各チームの統括責任者になってもらおうと荒田は考えていた。

「基本的な戦術を教えることはできました。そろそろつぎのステップ、個人のアイデアや能力を発揮させる段階に進むべきです。そのためには南米出身の指導者が適任だと思います」
9月19日、シーズン終了後の退任をオフトが選手たちに告げると、ドゥンガが怪我から復帰したことをきっかけにチームは上昇に転じ、11試合を8勝3敗。残り2試合まで優勝の可能性を残す戦いぶりを見せた。

1996Jリーグディビジョン1
4位　勝ち点62　20勝10敗　得点53失点38

リーグ戦3位内という目標を果たせなかったオフトは言った。「死ぬなら名誉のなかで死にたい」
11月17日、天皇杯1回戦。
[●ジュビロ磐田1－2福島フットボールクラブ○]
天皇杯優勝の名誉は、ジュビロ磐田スタジアムで消えた。オフトは退任し、ファネンブルグは契約満了で退団、帰国した。

1997

オフトのあとを受けてルイス・フェリペ・スコラーリ（ブラジル）が就任。1995年、フェリペはグレミオ・フットボール・ポルト・アレグレンセを南米大陸のクラブチャンピオンに引き上げていた。

1月22日、監督就任記者会見の席上、フェリペは言った。

「なによりも勝利への強い気持ちを植えつけたい」

オフトのときは試合時間と同じ90分間だった練習が、午前、午後の2部練習に変わり、ディフェンスに多くの時間が割かれた。

「アタックはイマジネーション、守りはシステムだ」

積極的なドリブルを求め、勝負しないプレイヤーを強く叱責した。ディフェンスについては正確なポジショニングと激しさ、ポルトガル語で〝ずる賢さ〟を意味するマリーシアを求めた。

紅白戦で相手に抜かれてゴールを決められた選手に言った。「どうして、あそこでファウルをしなかったんだ？　あそこでファウルをするのと失点するのとでは、どっちがいいんだ？」。選手に答える間を与えず、つづけた。「もちろんファウルだ」

フェリペがグレミオから連れてきたアジウソン・ディアス・バティスタはレフェリーから見えないところで

相手のユニフォームを引っ張り、フリーキックのとき、相手の壁ができるのを待ってボールの位置をずらし、言った。「こんなことはブラジルではあたりまえだよ」

このシーズン、Jリーグは2シーズン制を採用。4月12日、ジュビロ磐田スタジアムで1stステージが始まった。

試合前のロッカールームで、フェリペは選手、スタッフを集め、輪になって手をつなぐことを求めた。

「サッカーをやれることに対して、支えてくれる人に対して、感謝の念を持って30秒間、目を閉じよう」

[○ジュビロ磐田2－1サンフレッチェ広島●]Ⓗ

5月31日、第12節終了後、Jリーグはワールドカップ・フランス大会アジア地区1次予選のための中断に入った。ここまでジュビロ磐田は6勝4敗。

翌6月1日、フェリペが突然、辞任を発表。「パルメイラスというビッグクラブからのオファーは断るには魅力がありすぎた」

コーチの桑原隆をフェリペの後任にすることを決めた第2代ヤマハFC代表取締役、荒田忠典は、子どもたちの指導に没頭していた志田文則を呼び、言った。

「強いだけではなく、地域に貢献し、地元に愛されるチームをめざしたい。広報部に来て、選手たちの面倒を見てやってほしい。頼む」

6月4日、クラブは桑原の監督代行（S級ライセンス未取得のため）就任及び志田の広報部への異動を発表。

6月22日、チームは招待試合に出場するためにマカオに向かった。

海外遠征、強烈な暑さ、ドッグレース会場での練習、すべてが初めての経験だった。対戦したヨーロッパのトップチーム、FCポルト（ポルトガル）のパスの速さ、うまさ、正確さは、Jリーグで経験したことのないものだった。
再開したJリーグ、2試合で10得点をあげて連勝。1stステージを9勝7敗、6位で終了。
迎えた2ndステージ、マカオで経験した劣悪な環境と暑さを思えば、日本の夏はどうということはなかった。
7月30日、2ndステージ第1節。［○ジュビロ磐田4－1横浜マリノス●］Ⓐ
8月2日、2ndステージ第2節。［○ジュビロ磐田3－1サンフレッチェ広島●］Ⓐ
8月6日、2ndステージ第3節。［○ジュビロ磐田2－1アビスパ福岡●］Ⓗ
8月9日、2ndステージ第4節。［○ジュビロ磐田4－1セレッソ大阪●］Ⓐ
8月16日、2ndステージ第5節。［○ジュビロ磐田2－1ヴィッセル神戸●］Ⓗ
ドゥンガをゲームキャプテンに2ndステージ開幕から3連勝。初めて首位に立ち、さらに連勝を5に伸ばした。
勝利を重ねるごとにオフトのアクションサッカーとフェリペの固いディフェンスが重なっていった。
サッカーとは関係のない話で盛り上がり、ドゥンガに非難されていた試合後のロッカールームの雰囲気が目に見えて変わっていった。
「なんだよ、あのパス」
「なにが」

「あの状況だったら、右足に送って当然だろう。頭、使えよ」

個性が強い選手ばかりだったから、ごつごつぶつかり合ったが、最後は勝ちたいという気持ちに収束した。角が落ちて丸くなったのではなかった。刺激がさらに多くの角を引き出し、大きく膨らみながら、結果的に丸くなっていった。

志田は試合と練習の合間を縫って、中山、藤田、名波、服部、鈴木、田中といった中心選手とレギュラーをめざす選手を組み合わせ、学校や特別支援学校を訪問し、祭りをめぐった。真夏の太陽の下で試合を観戦し、プレゼンターを務めた。少ない自由時間を削られることにいやな顔をする選手はいなかった。

8月20日、2ndステージ第6節。[●ジュビロ磐田0－2鹿島アントラーズ○]Ⓐ

1stステージの覇者、鹿島アントラーズを強い気持ちで追いこんだが、惜敗。試合後、名波はワールドカップ・フランス大会アジア最終予選のためにチームを離れた。

8月23日、2ndステージ第7節。[●ジュビロ磐田1－3名古屋グランパス○]Ⓗ

つづく第7節も敗戦、初優勝への視界が曇った。

「もしもし」

「はい、ラ・カンティーナです」

「ジュビロですけど、いまから15人、いいですか?」

「お待ちしております」

JR磐田駅から約500メートル、閑静な住宅街の一画に位置するイタリアン・レストラン〝ラ・カンティーナ〃。店の名前は〃ワインの貯蔵庫〃を意味するイタリア語で、命名者はドゥンガ。店の隅の小さなテーブルはスキラッチの指定席で、看板メニューのひとつ、〃伝説のパスタ〃はスキラッチのリクエストから生まれた一品だった。

オーナー・シェフ、後藤正哉は磐田に生まれ育った。１９８１年に磐田グランドホテルのレストランに就職。１９９４年にスキラッチが、翌年ドゥンガが、後藤が腕をふるう店の常連になった。

後藤は経験と想像を重ね合わせ、ふたりのトマトソースの好みを探り当てた。シチリア出身のスキラッチのソースにはトマトをたっぷり濾《こ》し、タマネギを入れずに仕上げた。中部イタリアで長く暮らしたドゥンガのソースはタマネギとトマトのバランスを取り、パスタにからめる量を控えめにした。

１９９６年、磐田グランドホテルを退職することを決めると、それを聞きつけたドゥンガとスキラッチがやってきて言った。

「ぼくたちの食事はどうなるんだい？」

直後、ずっと先のことだと考えていたレストランの開業が、思いがけぬ巡り合わせで実現。スキラッチとドゥンガが〃ラ・カンティーナ〃と印刷されたカードを配り歩いた。

「こんばんは」

「いらっしゃい」

シャワーを浴び、ケアを終えた選手とスタッフがラ・カンティーナに着いたとき、時計の針は午後10時をまわっていた。

試合後のロッカールームの会話は、いつものように夕食の席に持ち越され、熱のこもった言葉が白い壁にはずんだ。

翌日、店の前を通る道路を通勤路にしているコーチから、いつものように、後藤に電話が入った。

「遅くまで、申し訳ない」

ラ・カンティーナの閉店時間は午後10時だった。

8月30日、2ndステージ第8節。[○ジュビロ磐田2－0横浜フリューゲルス●]Ⓐ
桑原の檄が飛んだ。「ここからはトーナメント戦だ。自分を信じろ、勝利を信じろ、ファイトしろ！」
9月6日、2ndステージ第10節。[○ジュビロ磐田2－1柏レイソル●]Ⓗ
9月10日、2ndステージ第11節。[○ジュビロ磐田3－1ベルマーレ平塚●]Ⓗ
9月13日、2ndステージ第12節。[○ジュビロ磐田1V－0浦和レッズ●]Ⓐ
あきらめず、粘り強く戦い、ホームでの2連戦を逆転で、第12節をVゴールで勝利。
9月20日、2ndステージ第13節。[○ジュビロ磐田6－1ヴェルディ川崎●]Ⓐ
中山の初のハットトリックで首位を奪還。
9月24日、2ndステージ第14節。[○ジュビロ磐田1V－0ガンバ大阪●]Ⓗ
ゴール前のぶ厚い壁をドゥンガのシュートが貫通。
9月27日、2ndステージ第15節。[○ジュビロ磐田2－1京都パープルサンガ●]Ⓗ
Jリーグ昇格から4年目、ついにステージ優勝に王手をかけた。

9月28日、東京・国立霞ヶ丘陸上競技場。ワールドカップ・フランス大会アジア地区予選第3戦、日本対韓国。観客席に名波の母親、祥江の姿もあった。

ここまでの2戦、日本はウズベキスタンを6－3で下し、UAE戦は0－0の引き分けに終わっていた。0－0で前半を折り返し、後半22分に日本がゴール。しかし1点のリードを守りきろうとした加茂周監督の采配が裏目に出て1－2の逆転負け。

罵声の多くは10番をつけた名波に集中した。

「帰れ！」

「10番を脱げ！」

「やめちまえ」

「腹を切れ！」

小学校3年生から、出場する公式戦のほとんどを見に来ていた母親が名波に言った。「あなたの試合を見るのが、いままでの人生で一番苦しい」

10月1日、2ndステージ第16節、アウェイのジェフユナイテッド市原戦。72分にドゥンガが試合を決定づける5点目を決めると、フォトグラファーの久保暁生はジェフユナイテッド市原のゴール裏から、サイドライン際、ジュビロ磐田のベンチとセンターラインの間に移動した。望遠レンズを装着したカメラで優勝の瞬間のドゥンガを、広角レンズをつけたカメラでベンチの喜びを撮ろうと決めていた。

試合終了間際、2位の鹿島アントラーズが清水エスパルスに敗れ、ジュビロ磐田の2ndステージの優勝が決まった。

まさか試合中に喜ぶわけにはいかないよな。鈴木秀人が沸き返るベンチを横目で見ていると、アジウソンに抱きつかれた。おいおい。うれしくて抱き返した。

試合終了の笛が鳴ると、ドゥンガが藤田俊哉に持ち上げられながら両腕を高々と上げた。ベンチで監督代行の桑原隆が涙をぬぐっていた。

[○ジュビロ磐田5-0ジェフユナイテッド市原●]

まだ最終節が残っているために、会場に優勝トロフィーは準備されていなかった。選手たちはサポーターから手渡された、段ボールに銀紙を貼り付けたトロフィーを高々と掲げた。

ドゥンガが言った。「勝利がどれほどすばらしいものか、これでわかってもらえたと思う」

選手たちの姿が消えた祝勝会会場の片隅で、久保は止めていた息を吐き出すように感情を解放した。よかったなぁ、優勝できて。フォトグラファーという職業に就いてから、どんなに劇的な場面を前にしても、リアルタイムで喜んだり、怒ったり、悲しんだりすることができなくなっていた。

11月1日、ワールドカップ・フランス大会アジア地区予選、韓国との第2戦。ソウルの蚕室五輪競技場には約8万人が詰めかけていた。

韓国はすでに1位通過を決定。日本はここまで1勝1敗4分けの3位と、崖っぷちに立たされていた。

開始1分。名波が予選通過への道を切り開くゴール。

直後、浜松市の鶏卵出荷工場の館内放送のスイッチが入れられた。
〈名波さんの息子さんが先制点を取りました〉
卵を箱に詰める名波の母親の頬を、涙が伝った。

1stステージの覇者、鹿島アントラーズと、2ndステージを制したジュビロ磐田の、1997シーズンの王座を賭けたチャンピオンシップが始まった。
12月6日、チャンピオンシップ第1戦。ジュビロ磐田スタジアム。
前半0分、中山がゴール。［磐田1－0鹿島］
後半1分、中山がゴール。［磐田2－0鹿島］
後半17分、鹿島ゴール。［磐田2－1鹿島］
後半37分に名波、後半41分に藤田が負傷交代。
後半43分、鹿島ゴール。［磐田2－2鹿島］
延長後半14分、ジュビロ磐田の清水範久、Vゴール。
［○ジュビロ磐田3V－2鹿島アントラーズ●］
12月13日、チャンピオンシップ第2戦。カシマサッカースタジアム。
0対0で迎えた後半36分、鹿島アントラーズがゴールキーパー、佐藤洋平にバックパス。
佐藤に距離を詰めながら中山は願った。『トラップしてくれ』
佐藤がトラップ。

『思いきりプレッシャーをかければ、かわそうとするはずだ』

かわそうとする佐藤。

『よしっ！』

佐藤とボールの間に体をこじいれてボールを奪い取り、無人のゴールにシュート。

［○ジュビロ磐田1－0鹿島アントラーズ●］

サインボードの前で中山へのインタビューが始まった。

「真っ赤なスタジアムの片隅にサックスブルー。サポーターの声援のおかげで、あの1点を押しこむことができました」

中山をとらえていた久保のファインダーに鹿島アントラーズのサポーターが乱入し、止めに入った関係者ともみあいになった。

ずっと格下だと思われていたから、こんなもめごとが起こることもなかった。志田は混乱に割って入りながら、胸がいっぱいになった。ここから鹿島との本当の戦いが始まるんだ。

「勝因はやっぱりチームワーク。10人になったことで守りの意識が高くなりました」。藤田は言った。「とにかく0点に抑えて、終盤に点が入ってくれることを祈っていたら、中山さんが本当にいいときに入れてくれました」

名波は思った。「ジョホールバルのときとはまた違うけれど、初優勝はすごくうれしい」

鈴木は言った。「あの真っ赤な中でも、ジュビロサポーターの声がつねに聞こえていて、すごく力になりました。いまのようにチーム内の競争が激しい状態でやっていれば、これからまだまだ強くなります」

荒田は頭のなかが真っ白になった。中期計画よりも1年早い優勝だった。バランスシートや人件費といった言葉はどこかに吹き飛んでいた。

夜、ブラジル代表戦のためにチャンピオンシップを欠場したドゥンガから荒田に電話が入った。

「喜ぶのは今晩だけです、ミスター・アラタ」。少し間をおいてドゥンガは言った。「明日からまた戦争だと、みんなに伝えてください」

第4節に負傷。治療のために帰国したスキラッチは日本にもどることなく退団、シーズン終了後、現役を引退した。

1997Jリーグディビジョン1
年間優勝
1stステージ　6位　勝ち点26　9勝7敗　得点32失点21
2ndステージ　優勝　勝ち点40　14勝2敗　得点40失点14

…第3章…

黄金

1998〜2003

「経験の熟成とは、こういうことなのか」

1998

Jリーグ昇格5年目となったこのシーズン、桑原隆に代わって、バウミール・ロールス（ブラジル）が監督に就任。川口信男（順天堂大学）、高原直泰（静岡県立清水東高等学校）が新たに入団した。

川口は目に映るすべてのことに圧倒された。止める、蹴るという基本の精度が信じられないほど高かった。人もボールも止まることがなく、聞き慣れない言葉が飛び交っていた。ミスがほとんど起こらなかったので、ミスをすると目立った。ミスをしてばかりで、練習に行くことが憂鬱になった。

だれもが怖いほど真剣にサッカーに取り組んでいた。厳しく、泥臭く、互いに踏みこんで言い合い、指摘し合っていた。一所懸命やるということは、努力目標でも口に出して言うことでもなく、あたりまえのことだった。

ひどく打撲してメディカルにいくと、アスレティックトレーナーの佐々木達也に言われた。

「中山さんは、毎日、これくらいの痛みを抱えてやっているよ」

中山雅史をはじめ、藤田俊哉、名波浩、服部年宏、鈴木秀人、田中誠たちが、チームのあたりまえの基準をつくっていた。第2代ヤマハFC代表取締役、荒田忠典や育成とスカウトを担う鈴木政一やチーフマネージャーの尾畑正人たちが、チームを厚くバックアップしていた。強制されることはなかったが、日々をともに過ごすなかで、あたりまえが川口の心身に自然に染みこんでいった。
どんなに熱くなっても、勝つためにやっているのだという暗黙の了解があったから尾を引くことはなかった。練習が終わると、独身の選手たちは名波を中心に食事に行き、喫茶店やボーリング場に移動した。大学のときのように、名波は後輩にお金を使わせなかった。

4月15日、1stステージ第6節。［○ジュビロ磐田9－1セレッソ大阪●］Ⓐ
前半19分の奥大介のゴールを皮切りにゴールラッシュは始まった。前半39分中山、後半8分中山、後半13分中山、後半20分藤田、後半25分中山、後半28分中山、後半34分藤田、後半37分名波。中山のハットトリックは前年の2ndステージ第13節、ヴェルディ川崎戦以来2度目。チーム9得点はJリーグ史上最多だった。
えっ？　そっちに？　時速100キロを超えるアルペンスキー・レーサーを被写体にしていたフォトグラファーの久保暁生が、時折、ボールを見失うようになった。もとよりボールを追いかけていては間に合わないので、経験と知識に基づいて予測を立て、ゴールシーンを待ち受けていたのだが、その予測がしばしば裏切られるようになった。
基本システムは4－4－2だったが、選手たちはシステムに縛られることがなかった。鈴木秀人、アジウソン、ドゥンガ、藤田、奥、名波、だれが仕掛けなのか、だれがおとりなのか、だれが仕留めるのか、ボールの動きはめまぐるしく、主役と脇役を見分けることは困難だった。ファインダーがとらえたボールは、ふいに逆サイドに送られ、急いでレンズを振ると、思いもよらない方向から中山が飛びこんできて、次の瞬間、ネットが揺れていた。

ゴールシーンを撮り逃すということ以上の失敗はなかった。加えて「すべてを記録してほしい」という荒田の言葉が、いつも頭にあった。何度も全身の毛穴が開くような思いをさせられたが、そのたびに救いの手を伸ばしてくれたのは選手たちだった。撮り逃した1点に終わらず、2回目、3回目のシャッターチャンスを用意してくれたので、失敗が決定的なものになることはなかった。

4月18日、1stステージ第7節。[〇ジュビロ磐田5－0サンフレッチェ広島●]Ⓗ 前半11分中山、後半19分中山、後半24分アレサンドロ、後半43分中山、後半44分中山。中山、2試合連続3度目のハットトリック。

「もう1点、もう1点と、みんなでゴンちゃんにパスを集めて楽しんでいました」。藤田は言った。「でも、ゴンちゃんは本当にすごい。ぜったいに。まちがいなく。もし、あれをたまたまだという人がいたら、ひがみでしかないと思う」

4月25日、1stステージ第8節。[〇ジュビロ磐田7－1アビスパ福岡●]Ⓐ 前半19分奥、後半6分名波、後半8分中山、後半19分中山、後半28分中山、後半34分ドゥンガ、後半44分中山。中山、3試合連続4度目のハットトリック。

服部は言った。「セレッソ戦でいままで見たことがないようなスーパーなゴールを2本くらい入れたので、思わず『ゴンちゃん、どうしたの?』って聞いてしまいました。でもつぎのサンフレッチェ戦でもふつうに決めていたから、これは行けるんじゃないかって、記録を意識しました。なんとか取ってもらいたいなって」

4月29日、1stステージ第9節。[〇ジュビロ磐田4－0コンサドーレ札幌●]Ⓗ

前半41分中山、後半24分藤田、後半27分中山、後半36分中山。世界初の4試合連続ハットトリックはホームで達成された。

名波は言った。「どんなに点を入れてもゴンちゃんは『いいボールが来たから』としか言わない。もしおごっていたら、きっとあれほどボールは集まらなかった。そういう意味も含めて、ゴンちゃんだからこその4試合連続ハットトリックでした」

リーグは中断期に入り、ワールドカップ・フランス大会が始まった。

6月14日［●日本0－1アルゼンチン○］

6月20日［●日本0－1クロアチア○］

6月26日［●日本1－2ジャマイカ○］

後半29分、呂比須ワグナーのヘディングの折り返しを中山が右足のインサイドに当ててゴール。1954年、日本代表が初めてワールドカップ予選にエントリーしてから44年目の初ゴールだった。直後、接触で右足の腓骨を亀裂骨折したが、ノータイムまでプレイ。帰国後、1stステージを欠場することになった。

ワールドカップ・フランス大会のブラジルの試合を見た荒田は思った。もう限界だな、ドゥンガ。右足内転筋の古傷が明らかに悪化、幾度となく中山を走らせたピンポイントのパスが影を潜めていた。

ワールドカップが終わり、チームにもどってきたドゥンガに荒田は言った。

「決断のときじゃないか？」

「もう1年やらせてください。そうしたら引退して、コーチのライセンスを取りにイタリアに行こうと思います」

「日本には花道を飾るという言葉がある。いいときにやめたほうがいい。やめてうちのテクニカルアドバイザーになってくれないか」

7月19日、東京・国立霞ヶ丘陸上競技場。ヤマザキナビスコカップ決勝のメンバー表にドゥンガの名前はなかった。

［○ジュビロ磐田4－0ジェフユナイテッド市原●］Ⓗ

服部、奥、名波、藤田。日本人だけで構成された中盤の勝利だった。ヤマザキナビスコカップでJリーグにデビューし、この決勝で先制点と勝負を決める3点目を入れた川口信男がMVPに選ばれた。

キャプテンマークをつけてヤマザキナビスコカップを戦った藤田は言った。「問題点を自分たちで見つけ出して、自分たちで修正する力がついてきたことを実感しています」

真夏の太陽の下、初めて大久保グラウンドにやってきた雑誌記者がフィジカルコーチ、菅野淳に聞いた。

「まだこんなに激しいトレーニングやっているんですか？　取材用にわざとやらせているんじゃないですか？」

菅野が答えた。

「いえ、これがぼくたちのスタンダードです。まだまだ追いこみますよ」

「いつになったら（練習量を）落とすんですか？」

「蓄積でシーズンを乗りきれると確信したら、少しずつ落としていきます。まあ、10月に入ってからですね」

8月8日、1stステージ第17節。［○ジュビロ磐田3－1ベルマーレ平塚●］Ⓗ
13勝4敗で1stステージ優勝。
原動力は1試合平均3点を取る圧倒的な攻撃力だった。オフトに植えつけられた自分たちから仕掛けるアクションサッカーが、才能豊かなパサーとドリブラーを得て開花。動くからパスが出る、パスが出るから動く。連鎖は止まることがなかった。
パスサッカーの成熟は中山の動き出しを一気に加速させた。Jリーグ昇格以前のようにロングパスを待っているのでは間に合わなかった。いかにしてパサーが意図するところに走りこむか。あるいはいかにしてコースをつくり、ほかの選手にシュートを打たせるか。チームが中山を走らせ、中山の動き出しがチームを加速させた。つねに得点の予感が漂っていた。対戦相手が気の毒に思えてしまうほど強かった。

8月22日、2ndステージ開幕。

2連敗から6連勝したジュビロ磐田は、アジアサッカー連盟（AFC）に加盟する各国のクラブチャンピオンがアジア最強を競う場、アジアクラブ選手権予選を戦うために香港に渡った。

久保の荷物には、いつものスチールカメラ一式のほかに、ビデオカメラがパッキングされていた。

このアジアクラブ選手権は、きっとジュビロの歴史の大きなターニングポイントになる。ぼく以外に遠征に帯同するメディアはいないが、スチール写真だけではなく、映像としてもアジアでの戦いを残したい。そう思い、日本を出発する前に、自費で購入した20万円余りのビデオカメラだった。

「久保くん、ちょっと外に出ないか？」

「いいですよ」

9月29日、アジア選手権1回戦第1戦前日、連れだってホテルを出たヘッドコーチの山本昌邦と久保は、しばらくあたりを散歩してから、川沿いのカフェのオープンテラスに腰を下ろした。

「これから日本のサッカーは世界に向けてどんどん発展していく。ジュビロ磐田が先陣を切ってこういう大会に出ることは、本当にいいことなんだ」

対岸に香港の町並みが見えた。川面を渡ってくる風が心地よかった。

山本の口調は、いよいよ熱を帯びていった。

「日本では、この大会はほとんど知られていないが、ジュビロがこうしてアジアにチャレンジすることは、すごく意味がある。こういうことをくりかえしていかなければだめなんだ」

9月30日、アジア選手権1回戦第1戦。［○ジュビロ磐田3－0インスタントディクト（香港）●］Ⓐ

帰国したジュビロ磐田はリーグ戦の連勝を8に伸ばして首位を奪取、アジア選手権を勝ち抜いて、準々決勝進出を決めた。

10月7日、アジア選手権1回戦第2戦。［○ジュビロ磐田4－0インスタントディクト●］Ⓗ

11月11日、アジア選手権2回戦第1戦。［○ジュビロ磐田4－0ファイナンス&レベニュー（ミャンマー）●］Ⓗ（アウェイの第2戦はファイナンス&レベニューの棄権により不戦勝）

11月15日、前年の初優勝と磐田市の市制施行50周年を記念したジュビロ磐田メモリアルマラソンが開催された。

前日、アウェイでガンバ大阪を［5－4］で下し、6日後、鹿島アントラーズとチャンピオンシップを戦う選手たちも参加。スタートの合図を行い、ハイタッチを交わし、声援を送り、参加者の背中を押した。現役のJリーガーが参加するマラソン大会はほかになかった。

ぼくが参加者で、選手といっしょに走れたら、ぜったいにうれしい。3897人のランナーに交じって走りながら川口信男は思った。これを機会にサッカーを始めようと思う人、好きになる人がひとりでも増えてほしい。

13勝4敗、鹿島アントラーズに次ぐ2位で2ndステージを終了。

両ステージ通算の得点は107で1位。2位は鹿島アントラーズと横浜マリノスの79。失点の通算39は清水エスパルスの35に次ぐ2位。

11月21日、チャンピオンシップ第1戦。東京・国立霞ヶ丘陸上競技場。

［●ジュビロ磐田1－2V鹿島アントラーズ○（延長）］Ⓗ

第2戦を翌日に控えた大久保グラウンドでドゥンガは言った。「（股関節の状態が悪く）ボールを強く蹴ることができませんが、死にものぐるいで戦って、勝利をもぎ取って帰ってきます」

11月28日、チャンピオンシップ第2戦。カシマサッカースタジアム。

0－2と、鹿島アントラーズにリードされて迎えた後半33分、久保はファインダー越しにドゥンガを見つめた。これまでいつもセンターラインのところに来てからピッチを出ていたドゥンガが、だれにもなにも言わず、握手を交わすこともなく、ベンチの前のあたりから静かにピッチの外に消えていった。ラストゲームは劇的なものになると思っていた久保にとって、まるで正反対の光景だった。

[●ジュビロ磐田1－2鹿島アントラーズ○]

3日後、ドゥンガの残留を希望する1万2740人の署名がクラブに届けられた。

ドゥンガは言った。

「さまざまな国のさまざまな場所でプレイしてきましたが、嘆願書をもらうのは初めてです」

12月13日、天皇杯3回戦。[○ジュビロ磐田2－0大宮アルディージャ●]

試合が行われたジュビロ磐田スタジアムで、ドゥンガは鈴木望市長から感謝状を贈られ、選手の手の上で宙に舞った。派手なことをきらい、セレモニーを断りつづけてきたドゥンガを引っ張り出したのはファンの声だった。

ドゥンガは言った。

「選手ひとり一人がやるべきことを自覚するようになりました。タイトルを取ることの喜び、充実感、重要性を知りました。勝つためには、いろいろなことをがまんしなければならないことを、みんなが理解しました。選手たちは優勝に満足することがなく、自分たちと戦い始めました。限界を見つめ、それを乗り越えていこうとしています。ここまで来られたことに誇りを持ち、さらなる高みをめざしてほしいと思います」

翌日、ドゥンガはイタリアのローマで開かれる世界選抜とイタリア代表の試合に出場するために、成田を発った。

12月23日、天皇杯準々決勝。

［●ジュビロ磐田1－2横浜フリューゲルス○］

中山36得点、中盤の藤田17得点、奥14得点、名波7得点。1試合平均得点3・15。爆発的な攻撃力を持ちながら、リーグ制覇に届かず、1998シーズンが終わった。バウミールは健康上の理由で退団、S級ライセンスを取得した桑原隆がふたたび指揮をとることになった。

1998Jリーグディビジョン1

1stステージ　優勝　勝ち点39　13勝4敗　得点52失点18

2ndステージ　2位　勝ち点39　13勝4敗　得点55失点21

Jリーグアウォーズで中山が得点王、ベストイレブン、MVPの3冠を受賞。

田中、奥、ドゥンガ、名波、藤田がベストイレブン受賞。

シーズンをふり返り、服部は思った。チームが強くなっていくにつれて、ボールをキープできるようになり、周りを見られるようになった。自分のことで精いっぱいではなくなり、チームのバランスを考えられるようになった。立ち上がりは攻め、相手の時間帯はみんなできちんと守り、やりすごす。チャンスをとらえて流それを引きもどし、また攻める。ゲームの流れのなかで、やるべきことを全員が共通認識できるようになった。

藤田はオフトにくりかえし言われたことを思い出し、納得した。あのときは、いま、ふつうに感じてやれていることを、やれていなかったんだ。

サブとして20試合に出場し、3得点をあげた川口は思った。ジュビロのパスまわしを追いかけているうちに、相手が目に見えて疲れていった。そうなると、名波さん、俊哉さん、服部さん、ドゥンガから、決定的なパスがどこからでも、いくらでも出てきた。とりわけ名波さんのパスは、えっ?こんなパスが?と、驚かされることが多かった。ぼくの動き出しがうまければ、もっとチームに貢献できるのにと思い、いつも悔しかった。

1999

2月、中国・重慶。重工業が集中する北海道とほぼ同じ広さの都市で、アジアクラブ選手権の準々決勝リーグが行われた。

空気は粉塵でどんよりと濁り、町並みがかすんで見えた。宿泊先の、金色に光るホテルの周囲には洞窟が点在し、人びとがそこで暮らしていた。

食事に苦戦させられなかったのは、どこに行っても、なんでも食べられる奥大介だけだった。汚れた空気の中で店を探す気にもなれなかったから、持ちこんだ炊飯器でご飯を炊き、ふりかけやレトルト食品をテーブルに並べた。

ピッチは雑草混じりで、試合は殺伐としていた。Jリーグならまちがいなくイエローカードが出るプレイでも、笛は鳴らされなかった。

相手チームに関する情報はないに等しかった。どれくらい足が速いのか、パスの距離感はどうか、すべてピッチで感じ取り、対応するよりほかになかった。

様子をうかがう余裕もなかった。引いたり、避けたりしたらやられることは目に見えていたから、最初から全力で戦いながら、勝利への道を探した。

中山が先頭に立って切りこんでいった。藤田のうまさが相手の気迫を徹底的にいなした。右サイドを上がった名波のラボーナキックのセンタリングに、中国のサポーターから歓声が上がった。すごい。ファインダーの中で繰り広げられる格闘技のようなシーンを見つめながら、久保は思った。ジュビロの選手たちは、ぼくが思っていた以上にタフだ。こんなふうに逆境に立ち向かっていけるチームがほかにあるのだろうか。

2月10日［△ジュビロ磐田1－1浦項（韓国）△］
2月12日［●ジュビロ磐田0－2大連（中国）○］
2月14日［○ジュビロ磐田2－0大宇（韓国）●］
通算1勝1敗1分け、予選リーグ2位で、大連とともに決勝リーグ進出を決定。開催地は標高1200メートルに位置するイランの首都、テヘラン。

1999シーズン、Jリーグ1stステージ開幕。
3月6日、1stステージ第1節。［○ジュビロ磐田3－1ヴィッセル神戸●］Ⓗ
3月13日、1stステージ第2節。［○ジュビロ磐田1－0サンフレッチェ広島●］Ⓐ
3月20日、1stステージ第3節。［○ジュビロ磐田3－0ヴェルディ川崎●］Ⓗ
3月27日、1stステージ第4節。［●ジュビロ磐田1－2ベルマーレ平塚○］Ⓐ
4月3日、1stステージ第5節。［○ジュビロ磐田2－1京都パープルサンガ●］Ⓗ
4月10日、1stステージ第6節。［○ジュビロ磐田1－0柏レイソル●］Ⓐ

4月17日、1ｓｔステージ第7節。［○ジュビロ磐田1－0横浜F・マリノス●］Ⓗ
4月24日、1ｓｔステージ第8節。［○ジュビロ磐田5－2清水エスパルス●］Ⓐ

バウミールとともにブラジル人スタッフも退団。選手、スタッフ全員日本人だけでスタートを切ったチームは、爆発的な得点力で勝ち進んだ前年から一転、安定した守備力で勝ち進み、リーグ開幕から7勝1敗。

第8節、日本平スタジアムで静岡ダービーを制し、首位をキープしたチームは、すぐ荷造りに取りかかった。

翌日、日本を発ち、フランクフルト（ドイツ）を経由して26日にイランの首都、テヘランに到着。試合は2日後に迫っていたが、長時間にわたるフライトと約1200メートルという標高のために、選手たちの足は重かった。

とにかく一度息を思いきり上げよう、苦しむだけ苦しめば動くようになるだろうと中山は思った。

いつものように、久保はチーフマネージャーの尾畑正人を手伝った。荷物を運び、エアチケットのリコンファームを行い、スタジアムに先乗りして氷と水を準備。空気圧を測るボールゲージが見当たらなかったので、勘を頼りにボールに空気を入れた。

「なんか、よく飛ぶなぁ」

シュート練習で、つぎつぎにゴールをはずす選手たちを見て、冷や汗が出た。

「すみません。おれのせいです。空気、入れすぎました」

ほどなくして、ボールの飛びすぎの原因が空気の薄さにあることが判明、久保は胸をなで下ろし、縮めていた体を伸ばした。

4月28日、アザジスタジアム。西アジア地区を1位で通過したアルアイン（アラブ首長国連邦）との準決勝。

前半に田中誠が先制ゴール。半ば過ぎ、同点にされた直後に藤田が勝ち越しゴール。後半にふたたび追いつかれ、延長に入ったが決着がつかず、試合はPK戦を4－2で制して決勝に進出。

［〇ジュビロ磐田2－2アルアイン（アラブ首長国連邦）●］

「スタジアムに着くまで、カーテンを開けてはいけない」

4月30日、バスに乗りこんだ選手とスタッフは、兵士に守られながら、アザジスタジアムに向かった。久保がマシンガンを間近に見たのは、湾岸戦争開戦直後にオーストリア・ザールバッハで開催されたアルペンスキー世界選手権の取材以来2度目だった。

スタジアムを揺さぶるエステグラル賛歌、指笛、ブーイング。座席、通路、フェンスの上、廊下、すき間というすき間を埋め尽くした観客の数は、収容人員の10万人を大きく超え、イランサッカー協会関係者も見たことがない12万人余り。

日本人サポーターは、スタジアムの最上部に近い一角に寄り添うように座ったイラン在住の100人余り。ひと組の夫婦が日本から駆けつけたが、女人禁制のために夫人はスタジアムに入ることを許されなかった。

ジュビロ磐田に帯同した報道関係者はひとりもいなかった。久保のカメラとビデオカメラだけが証人だった。

ピッチに絶え間なく降り注ぐ石、コイン、爆竹、発煙筒、青いペンキで塗られ、縛り上げられた鳩。

フィールドに出た荒田の額を血が伝った。「やられた」。コインを命中させたエステグラルのサポーターが、こぶしを高々と上げた。

「真ん中に集まろう」

監督、桑原の呼びかけに応えて、準備を終えた選手たちがロッカールームの中央に集まった。

Jリーグのチームのなかで、ロッカールームのできごとを映像に記録したチームはジュビロ磐田が初めてだった。

ゲームの入りの部分について、選手たちに確認した桑原は言った。

「うちのサッカーをやろうよ、楽しんで」

「よしっ」

押し殺したような声がつづいた。

「みんな、声を出して」

「よしっ」

「30秒、プラスのイメージで」

選手たちは円陣を組み、手をつなぎ、目を閉じた。第2代監督、フェリペがチームに残した習慣だった。

藤田、服部、福西は正面を向き、名波は軽く首をまわした。いつものようにあごが胸につくほど下を向いていた中山が顔を上げ、叫ぶように言った。

「気持ちでぜったい負けんなよ！」

「おしっ！」

「いくぞっ！」

「おーっ！」

ロッカールームを出ると、スタンド下の通路に迷彩服を着た兵士が途切れることなく立ち並んでいた。その前を通り抜け、階段を上り、スタジアムに出ると、発煙筒の爆発音が陸上トラックで連続し、煙の中から炎が立ちのぼった。ピッチの中以外に安全な場所はなかった。

中山がエステグラルのキャプテンとペナントを交換し、試合が始まった。

つかまれ、倒され、踏みつけられ、そのたびにスタンドが沸き返った。声でコミュニケーションを取ることは不可能だった。

久保はカメラとビデオカメラで試合を記録しつづけた。

前半36分、名波のフリーキックを鈴木秀人がダイビングヘッドで先制のゴール。

［ジュビロ磐田1－0エステグラル］

前半アディショナルタイム、ふたたび名波のフリーキック。ファーサイドから入ってきた中山がヘッドでゴール。

［ジュビロ磐田2－0エステグラル］

100人余りの声と手拍子がピッチの選手たちに届いた。

「ジュビーロ、イワタ！」チャッチャッチャ、チャッチャッ。

「ジュビーロ、イワタ！」チャッチャッチャ、チャッチャッ。

「ジュビーロ、イワタ！」チャッチャッチャ、チャッチャッ。

後半20分、エステグラルがゴール。

［ジュビロ磐田2－1エステグラル］

久保はジュビロ磐田のフィジカル・セラピスト（理学療法士）、マルコ・ファン・デル・スティーンにビデオカメラを渡した。

マルコの初来日は1995年、ファネンブルグからの国際電話がきっかけだった。ファネンブルグとスキラッチを治療するため、オランダと日本を往復。まだ子どもが小さかったのでジュビロ磐田からの専属契約の誘いを一度は断ったが、1997年に来日を決意。ケアを担当することになった中山は、パーソナリティは最高だったが体は最悪だった。手術を受けたばかりの右ひざは、信じられないほどおそろしい状態だった。ものすごく腫れ上がっていて、きちんと伸ばすことも十分に曲げることもできなかった。放って置いたら、もっと深刻なダメージを受けることになることは明らかだった。もしも試合に出て、いつものように全力で走り、タックルしたら最初の20分でひざの靭帯が切れてしまうだろうとマルコは思った。その日から、リハビリのために、朝9時から夜10時まで、ふたりでジムに籠もる日々が始まった。

久保はマルコに頼んだ。

「優勝が決まったら、ピッチに入って、これで選手たちの表情を撮ってください。ぼくが入るわけにはいかないので」

久保がピッチに入っても文句を言う人間はいなかったが、たとえ相手の国のメディアに載る写真でも、選手でもスタッフでもない人間が、写真の仕上がりに雑音を入れてしまうことを久保は嫌った。加えて、中山を筆頭に選手から厚く信頼されているマルコなら、自然な表情を撮ってくれるだろうという期待もあった。

エステグラルの猛反撃を1点に食い止め、ノータイムの笛が鳴ると、ベンチから選手とスタッフがいっせいにピッチに走りこみ、抱き合った。

エステグラルの選手たちが崩れ落ち、監督が両手で顔を覆った。

［○ジュビロ磐田２－１エステグラル（イラン）●］

「勝ちました！　アジアチャンピオン！」。中山は嵐のあとの快晴のような表情で、ビデオカメラに向かって言った。「いやぁ、よかった」

優勝トロフィーに加えて、フェアプレイ賞がジュビロ磐田に贈られた。

１００人余りの日本人サポーターの祝福の声がいつまでもスタジアムに響いた。

ほとんど無の状態からJリーグを制覇し、アジアチャンピオンにまで駆け上がるなんて、なんてすばらしいことだろう。マルコは大きなこぶしを強く握りしめた。これからは世界のチームに怖れられるジュビロになろうではないか。

服部は思った。苦しんで、苦しんで勝った。どんなにアウェイだろうが、審判の笛がどうだろうが、ゴールを守る、点を取るという純粋なところに、みんなが無意識のうちに入れるようになった。優勝という結果を手に入れることができて、大きな自信になった。

実際に出場して、世界のすごさを肌で感じることができた。鈴木は思った。先制されてもぜったいに逆転できると思えるようになった。

田中は思った。日本代表に選ばれないと、なかなか国際試合を経験することはできない。服部さんや名波さんの判断の早さは、国際試合の経験を通して培われたもの。ぼくのように国内ばかりでやっていると、差がどんどん開いてしまう。だから今回の経験はすごく大きかった。

久保は思った。ドキュメンタリーが最高の形で完結した。

手分けして荷物をまとめたチームは、体を休めるまもなく出発。テヘランからフランクフルト（ドイツ）まで約5時間。2時間の待ち時間をはさんでフランクフルトを出発し、12時間余りのフライトを経て名古屋空港に到着。約200人のサポーターと花束、報道陣に出迎えられた。

新聞記者のひとりが広報の志田文則に聞いた。

「2日後のアントラーズ戦、だいじょうぶですか？　みんなぼろぼろですけど」

優勝を受けてJリーグチェアマン、川淵三郎のコメントが発表された。「リーグ戦の厳しいスケジュールのなか、12万人のアウェイでの勝利。ジュビロに感謝したい」

テヘランを出てから丸1日後、5月3日に磐田に帰還したチームは、翌日の午後、大久保グラウンドに集合。練習後、磐田を出発し、東京都内のホテルに宿泊。

初めてリーグ優勝を果たした1997年、レギュラーシーズンは鹿島アントラーズに全敗。1998年はチャンピオンシップも含めて5回対戦し、一度も勝つことができなかった。選手たちは思った。アントラーズに勝たなければ本当に強いチームだとは言えない。負けたらアジアクラブ選手権の優勝なんて意味がない。

5月5日、1stステージ第11節。ジュビロ磐田対鹿島アントラーズ。東京・国立霞ヶ丘陸上競技場。

NHKのアナウンサーの少し上ずった口調が全国に流れた。

――倒さなければならない相手があるとするならば、お互いにくぐらねばならない門があるとするならば、それは今日の一戦をおいてほかにありません。

上空は快晴。風はやや強く、気温24度。公式入場者数は5万1575人。

――Jリーグの覇権を争うふたつの軍団の対決。鹿島は苦しい道のりの立て直しをかけています。ジュビロは王道をまっしぐらに進もうとしています。

7勝1敗で首位を走る磐田と、7位と低迷する前年度の覇者、鹿島。

ピッチに立ったアスレティックトレーナーの佐々木達也は、満員の観客席を見まわし、首をかしげた。3日前のアザジスタジアムの印象が強烈すぎて、国立競技場が小さく見えて仕方がなかった。

中山は思った。自分たちのこれからはもちろん、Jリーグのこれからを考えても、恥ずかしい試合はできない。なにより大切なのはぜったいに勝つという気持ちを前面に出して戦うことだ。それがなければアントラーズにはやられる。

前半37分。鹿島アントラーズ、20歳の小笠原満男がヘディングでJリーグ初ゴール。

前半終了時点で、放たれたシュートはジュビロ磐田1本、鹿島アントラーズ8本。

鹿島アントラーズのリードで迎えた後半39分。ドリブルで切れこんだ名波に鹿島アントラーズがファウル。ゴールやや左寄りからのフリーキック、名波がここしかないというコースにボールを乗せてゴール。

ラストの1分間、鹿島は3本のシュートを放ったが、磐田が守りきり、15分ハーフの延長Vゴールへ。

――放送しているほうも乳酸が溜まっちゃってですね、酸素を少し取り入れないと。

磐田が4本、鹿島が5本のシュートを放ったが決着はつかず、延長前半が終了。

――先にピッチに散ったのが鹿島アントラーズ、円陣を組んだのがジュビロ磐田。

両チームともに疲労の色が濃く、ノーガードの撃ち合いのような展開となった延長後半の6分、中山がヘッドで落としたボールを藤田がVゴール。

――ジュビロ磐田、延長戦を制しました。最後の最後にジュビロのゴールに賭ける執念がこの1点につながりました。

芝の上に大の字になったままの藤田に中山が飛びつき、川口、名波がつづいた。

インタビューに応えて藤田が言った。

「今日は体が自分の体じゃないような感じで本当に情けなかったけれど、最後にみんなの力になれてうれしかった」

中山は思った。どんなに良い試合をしても、負ければタラレバになってなにも残らない。アントラーズのほうがボールのキープ率は高かったけれど、勝利をもぎとったという事実はすごく大きい。つぎも勝てる、という自信になった。この試合はジュビロの歴史における大きなターニングポイントになるはずだ。

10日間3万キロの旅を勝利で終えると、名波、福西、服部、川口は急いでシャワーを浴び、ミスターチルドレンのコンサートが行われる国立代々木競技場第一体育館に向かった。

5月26日、1stステージ第10節。ジュビロ磐田スタジアム。アジアクラブ選手権のために日程を第14節のあとに変更して行われた第10節、延長前半12分に奥がミドルシュートを決め、最終節を待たずに1stステージの優勝を決定。

［○ジュビロ磐田1V‐0アビスパ福岡●］

荒田忠典が思い描いた日本人だけの優勝が、目標としていたJリーグ昇格から5年後に実現した。

6月8日、東京・港区の新高輪プリンスホテル。ジュビロ磐田は、名波浩のイタリアの最上位リーグ、セリエAのACヴェネツィアへの移籍を正式に発表、前年のワールドカップ・フランス大会以後、長くメディアをにぎわしてきた推測、憶測に終止符が打たれた。

「セリエBに降格するリスクを考え、1年間の期限付き移籍にしました。仮に降格した場合、本人が希望すれば、ほかのチームを探すことになります」。荒田はつけ加えた。「ジュビロは来季24人体制で臨みますが、1人分の枠を空けておきたいと個人的には思っています」

イタリア北東部、アドリア海北岸に臨む港湾都市をホームタウンとするACヴェネツィアは、前シーズン、31年ぶりにセリエAに復帰。このシーズンは18チーム中11位。日本人選手のセリエAのチームへの移籍は、1994年の三浦知良（ヴェルディ川崎→ジェノアCFC）、前年の中田英寿（ベルマーレ平塚→ペルージャ・カルチョ）に次ぐ3人目だった。

6月19日、ジュビロ磐田スタジアムで行われたナビスコカップ第2戦が、名波の送別試合となった。

［○ジュビロ磐田1－0アビスパ福岡●］

中山のPKで先制、ノータイムのホイッスルが鳴り響くと、名波は中山と抱き合った。

2日後、メディカルチェックのために イタリア入りした〝東洋のレフティ〟は、集まった約200人の報道陣に向かって言った。

「お金のためではなく、レベルの高いところでやりたいからイタリアに来ました。1日も早くチームに溶けこんで、ゴールにつながるパスを出したいと思います」

6月25日、南米選手権に向けて行われた日本代表のアルゼンチン合宿、ボカ・ジュニアーズとの練習試合で、相手選手と接触した中山が眼窩底《がんか》を骨折。

8月6日、2ndステージ開幕。中山と名波を欠いたジュビロ磐田は3連敗。第5節に中山が復帰したが、パスサッカーは復活せず、開幕10試合で2勝7敗1分けの15位。不調の底でアジアスーパーカップを迎えた。

クラブ世界一を決める世界クラブ選手権への出場権を賭けた第5回アジアスーパーカップ、ジュビロ磐田の相手はアジアカップウィナーズカップを制したアル・イテハド（サウジアラビア）。

10月23日、ホーム戦。オリンピック・シドニー大会最終予選に注目が集まっていたことと、大会の価値がきちんと報道されていなかったことが重なり、ジュビロ磐田スタジアムを訪れた人はわずか7044人。

後半20分、眼窩底骨折から復帰したあと、右手第4指を骨折、1カ月ぶりに出場した中山がゴール。

［○ジュビロ磐田1－0アル・イテハド●］

第2戦の開催日は11月18日、場所はジェッタ（サウジアラビア）。

タイ航空を利用するほうが時間のロスが少なかったが、アル・イテハドの強い要望でサウジアラビア航空を使用。ロンドンで5時間の待ち時間が入るフライトで現地に入ることになった。

前半は両チーム無得点。後半12分、久藤清一のミドルシュートがディフェンダーに当たり、こぼれ球を中山が蹴りこんで先制。後半32分、コーナーキックから失点。4分間のアディショナルタイムに追加点を奪われ、ノータイム。

［●ジュビロ磐田1－2アル・イテハド○］

ともに勝ち点3、得失点差2。ヨーロッパでは一般的な〈アウェイゴールは2点換算〉という規定により、ジュビロ磐田が2001年にスペインで行われる第2回世界クラブ選手権への出場権を獲得。

無数の罵声と物が降り注ぐなか、首にメダルをかけ、右手と左手にトロフィーを持った中山の心の叫びが久保のレンズを射貫いた。

FIFAが真の世界一を決める世界最高峰の大会として位置づける世界クラブ選手権。出場するのは6大陸（ヨーロッパ／UEFA、アフリカ／CAF、オセアニア／OFC、南米／CONMEBOL、北中米／CONCACAF、アジア／AFC）のクラブチャンピオンと開催国の代表。第1回大会はブラジルで開催された。第2回大会はスペインのマドリッドとラコルーニャの2会場で2001年7月29日から8月12日にかけて開催。賞金は、優勝チームに600万ドル（約6億2400万円）、準優勝チームに500万ドル（約5億2000万円）。その他のチームには最低でも250万ドル（約2億6000万円）が支払われることになっていた。

エントリーは12チーム。

・アル・ヒラル（サウジアラビア）1999―2000アジアクラブ選手権優勝
・ジュビロ磐田（日本）アジアスーパーカップ1999優勝
・アクラ・ハーツ・オブ・オーク（ガーナ）アフリカチャンピオンズリーグ2000優勝
・アル・イズマイリー（エジプト）アフリカカップウィナーズ2000優勝
・ロサンゼルス・ギャラクシー（アメリカ合衆国）2000北中米チャンピオンズカップ優勝
・CDオリンピア（ホンジュラス）2000北中米チャンピオンズカップ準優勝

・SEパルメイラス（ブラジル）コパ・リベルタドーレス1999優勝
・ボカ・ジュニアーズ（アルゼンチン）コパ・リベルタドーレス2000優勝
・ウーロンゴン・ウルヴス（オーストラリア）2001オセアニアチャンピオンズカップ優勝
・レアル・マドリード（スペイン）2000ヨーロッパチャンピオンズリーグ優勝
・ガラタサライSK（トルコ）2000ヨーロッパスーパーカップ優勝
・デポルティーボ・ラ・コルーニャ（スペイン・開催国）1999／2000スペインリーグチャンピオン優勝

「すみません、われわれ、アジアスーパーカップというサッカーの大会で優勝したのですが、サウジアラビアでは祝杯をあげることができなくて」。タイ航空での帰路、コーチの石井知幸が立ち上がり、2階席の乗客に頼んだ。「いっしょに乾杯していただけますか？」。機内に拍手が沸き起こった。

久保が切り取った中山の心の叫びは、B1サイズに引き延ばされて額縁に収められ、岡野俊一郎が執務する日本サッカー協会会長室の壁にかけられた。

11月23日、2ndステージ第14節。［○ジュビロ磐田6－2京都パープルサンガ●］Ⓐ
11月27日、2ndステージ第15節。［○ジュビロ磐田3－2ベルマーレ平塚●］Ⓗ

2試合で9得点。復活の兆しを見せたが、最終順位12位はJリーグに昇格してから最低。得点（23）を上まわる失点（27）は昇格した1994年以来だった。

勝っているときは、なんでもうまくいくけれど、負けていると、なんでもないことができなくなってしまう。藤田は思った。こういうとき、みんなはどうやるのだろう、自分はどうやればいいのだろうと考えた。うまくいかない状況をどうやって乗りきればいいのか、考えさせられた。ぼくにとっては意味のある停滞だった。

中山は思った。ドゥンガが抜けたときはなんとかできるだろうと思えたが、名波が抜けた部分はどうにもならなかった。だれかを代わりに入れるという発想は、まったく成り立たなかった。

1999年度チャンピオンシップは初の静岡ダービーとなった。清水エスパルスは1stステージ3位、2ndステージで初優勝。

12月4日、チャンピオンシップ第1戦。ジュビロ磐田スタジアム。

前半30分、中山のダイビングヘッドで先制。4分後に清水エスパルスがゴール。その後、両チームともに無得点で延長戦に突入。前半8分、中山が蹴ったPKがゴールキーパーの手を弾くVゴール。

［○ジュビロ磐田2V－1清水エスパルス●］

12月11日、チャンピオンシップ第2戦。日本平スタジアムは満員の観客で膨れあがり、ピッチには紙吹雪が舞っていた。

前半35分、中山がディフェンダーからボールを奪い取り、中央でパスを受けた福西がボールを左に流し、そこに上がってきた服部が左足でミドルシュート。糸を引くような軌跡がゴール右に吸いこまれた。

1分後、ジュビロ磐田の三浦文丈のファウルにエキサイトしたアレックスが暴力行為で退場処分。ペナルティエリアの手前、左からのフリーキック。キャプテンマークを巻いた澤登正朗の右足から放たれたボールは、右からの風を受け、弧を描きながらゴールの右隅に飛びこんだ。

10人になってしまったこの状況で、この同点ゴール。すごいな、エスパルス。すごいな、静岡。ファインダーに映った澤登の涙を見つめながら久保は改めて思った。清水エスパルスというライバルがいてこそのジュビロ磐田なんだ。

2試合連続の延長戦は、前半9分、清水エスパルスのVゴールで決着。

[●ジュビロ磐田1－2V清水エスパルス○]

史上初めてPK戦にもつれこんだチャンピオンシップ。

ジュビロ磐田は服部、藤田、高原、鈴木と4人連続して成功。一方の清水エスパルスは、ふたり目のサントスのキックを尾崎勇史がセーブ。4人目ファビーニョがバーの上にはずす失敗。

死闘が決着したとき、キックオフから2時間20分が経っていた。

1999Jリーグディビジョン1
年間優勝
1stステージ　優勝　勝ち点34　12勝3敗　得点29失点15
2ndステージ　12位　勝ち点15　5勝9敗1分け　得点23失点27

1週間後、ジュビロ磐田のアドバイザーとなったドゥンガが来日。大久保グラウンドを訪れ、言った。

「頂上は風が強く吹きつける。上がることより、頂点にいつづけることのほうが、はるかにむずかしい。なにかをしなければ、強い風に吹き落とされてしまうことになる」

２０００

１月16日、桑原から指揮権を引き継いだギョギッツァ・ハジェヴスキーが、記者会見に臨んだ。

東ヨーロッパのバルカン半島中央部に位置するマケドニア共和国出身、１９９６年から１９９９年にかけて同国の代表監督を務めたハジェヴスキーは言った。

「ヨーロッパの小国で得た経験を、この日本一のクラブで開花させます。自分の仕事のやり方を信じています。いままで、このやり方で悪い結果を出したことはありません」

その2日後、井原正巳の入団記者会見が行われた。中山と筑波大学で4年間を過ごし、日産自動車に入社。横浜マリノス、横浜Ｆ・マリノスで２３１試合に出場。国際Ａマッチに１２２試合出場し、〝アジアの壁〟と呼ばれた井原の初の移籍だった。


前シーズンの２ｎｄステージで大きく失速したチームの変革を託されたハジェヴスキーは、超攻撃的なサッカーを植えつけようと、フォーメーションを大きく変更。練習内容も一新した。

１ｓｔステージ前半戦、攻撃と守備のバランスに危うさを感じさせながらも、5勝2敗で首位。中断期に行われたアジアクラブ選手権、決勝に勝ち上がったが、地元サウジアラビアのアルヒラルにＶゴールを決められ、2連覇の夢を断たれた。

再開したリーグ戦、第11節の鹿島アントラーズ戦で服部年宏があごを骨折、この試合を含めて3連敗を喫し、1stステージは5位で終わった。

黒星で始まった2ndステージは、第10節を終えた時点で6勝4敗の5位。首位との勝ち点差は5。つづくナビスコカップ準々決勝で引き分けに終わると、フロントは、クラブ史上初めて、シーズン途中の監督交代に踏みきった。

「ハジェヴスキー監督の理想とするサッカーとジュビロの選手の個性、適性がマッチしなかった。不可解な交代がつづき、不満より不安が生まれてしまいました。選手個々の調子はけっして悪くなかったのですが、結局、チームとしての意志統一を徹底することができず、結果を出せませんでした」

ジュビロ磐田の6人目の監督となったのは、選手たちから、親しみをこめて〝マサくん〟と呼ばれる鈴木政一。

1977年に日本体育大学を卒業し、ヤマハ発動機サッカー部に入部。1983年の第62回天皇杯全日本サッカー選手権決勝を最後に引退、社業に専念する傍ら、クラブチームでサッカーを楽しもうとしていたところ、監督の杉山隆一に声をかけられた。

「マサ、指導者にならないか」

「やらせてください」

ヤマハ発動機サッカー部のコーチを皮切りに、サッカー部総監督、サテライト監督を経てフロントに入り、強化部長、スカウトを歴任。このシーズンから現場にもどり、ハジェヴスキーの下でコーチを務めていた。

3シーズンつづけてタイトルを獲得したが、判断やプレイの質は落ちている。中盤が苦労しているときはディフェンスがサポートする、フォワードが苦しんでいたら中盤がオーバーラップする、そうした仲間を助けるプレイと気持ち、チームワークが薄れてきている。鈴木政一はそう感じていた。

5月、ACヴェネツィアのセリエBへの降格が決まると、名波はシーズン終了を待たずにモロッコサッカー連盟主催のハサン2世トロフィーに出場する日本代表に合流。フランスを追いつめて優勝まであと一歩に迫る健闘の原動力となり、6月初旬、帰国。

代理人がフランス、スペインのクラブチームを当たったが、交渉は難航。日本を発つとき、部屋を引き払っていたのでホテルを泊まり歩いた。ひとり公園を走る日々が3カ月間に及んだ8月、ジュビロ磐田から要請を受けて、復帰を決断。サテライトチームで約1カ月間調整し、9月1日、トップチームに合流した。

復帰の記者会見は、9月3日、ジュビロ磐田スタジアムで行われた。

「いままでこれだけ長期間、離脱したことがありませんでした。初めての経験だったので非常に苦しい時間でしたが、身内やファンに励まされ、こういう結果になりました。チームに貢献できればと思いますが、復帰したからといって、すぐにレギュラーになれるとは考えていません」

2ndステージ第11節から指揮をとった鈴木政一は5試合を戦い、4勝1敗でシーズンを終了。1年遅れてJリーグに昇格して以来、上を見つづけ、駆け上がってきたジュビロ磐田が経験する初めての停滞だった。

最終節終了後、ヤマハFC第2代代表取締役、荒田忠典がサポーターに頭を下げた。

「4年ぶりに無冠に終わってすみませんでした」

2000Jリーグディビジョン1

年間4位

1stステージ　5位　勝ち点25　9勝6敗　得点32失点25

2ndステージ　3位　勝ち点30　10勝5敗　得点35失点17

7月26日にJリーグ通算100ゴールを達成した中山雅史が得点王（20得点）となり、Jリーグアウォーズでベストイレブンと併せて受賞。

井原正巳の磐田での生活は1シーズンで終わることになった。

中山が先頭を切ってチームを引っ張り、チームカラーをつくっていた。一所懸命やると「がんばっているじゃん」と冷やかされたり、浮いてしまったりすることが少なくないが、がんばることが純粋に評価される雰囲気がこのチームにはあった。選手の個々の能力が高くて、練習だけでもすごく刺激になった。競争が激しくて、ベンチからはずされた試合もあった。サッカー人生で初めての経験だった。井原は思った。チームを変えるのも、いいものだな。

2001

目標を高く持たなければ人は本気で努力できない。監督2年目のシーズン、鈴木政一は世界クラブ選手権でレアル・マドリードに勝つことに照準を定めた。

レアルは個人の能力がけた違いに高い。判断が早く、プレイが速い。鈴木政一は机に積み重ねたDVDの映像を前に思った。引いた守りは負ける準備でしかない。ジュビロ磐田が育んできた、人もボールも動くサッカーの精度を引き上げられる限り引き上げて、20世紀最高のクラブに挑戦したい。

2月1日、鈴木政一は選手を集め、言った。

「世界と戦うために新しいサッカーに挑戦する」

ホワイトボードに並べられたマグネットは、新しいシステムを示していた。数字で表現すれば3－5－2だったが、中盤の5人は日本のサッカー史上、類を見ない配置になっていた。

高い位置にポジションを取る左右のサイドプレイヤーと2枚のボランチ。4人が形成する四角形の中央にひとりがポジショニング。ちょうどサイコロの5の目のような位置関係になっていた。

レアル・マドリードにグラウンドを広く使わせると、どうしても1対1の局面が増える。それを避けるために、全員が連携して12メートル四方ほどのコンパクトなスペースに相手を追いこみ、1対2、1対3の数的優位をつくる。ボールを奪ったら、少なくとも5秒以内に40メートル四方に広がり、アタックを仕掛ける。

選手たちは首をかしげた。ここまで極端にコンパクトなスペースをつくれば、当然、だれもいないスペースが生じやすくなる。数的優位をつくりにいけば、相手のフリーな選手が増える。そんなリスクを冒す意味があるのだろうか？

グラウンドに出て実践してみたが、疑問は解消されなかった。

「マサくん、これ、むずかしいよ」

「いままでのやり方で十分でしょう」

2月12日からスタートした宮崎キャンプ。初日の夜、鈴木政一はミーティングルームに中心選手と若手のリーダー格——中山雅史、藤田俊哉、名波浩、服部年宏、鈴木秀人、田中誠、佐伯直哉——を呼び、言った。

「チャレンジして、どうしてもだめならもどせばいい。だが、やらずに背中を向けるのだけはやめてほしい」

鈴木政一は新戦術のねらいと方法をもう一度説明し、選手たちは疑問をぶつけ、ミーティングは2時間を超えた。

言葉が尽き、沈黙がつづくなか、中山が口を開いた。

「マサくんを信じよう」

3月に入るとすぐ、チーフマネージャーの尾畑正人は日本を離れた。まずマカッサル（インドネシア）で20日に開幕する第20回アジアクラブ選手権準々決勝リーグの会場の下調べを行い、それから世界クラブ選手権の組み合わせの抽選のためにスペインに向かった。

初戦の開催日は7月31日、会場は10万6500人収容のビッグスタジアム、サンティアゴ・ベルナベウ（マドリッド）。抽選で引き当てた相手は鈴木政一が望んだレアル・マドリード。抽選会場でレアル・マドリードのスポーツ・ディレクター、ホルヘ・バルダーノと出会い、固い握手を交わした。

並行して世界クラブ選手権用のユニフォームのデザイン、記念グッズ、パンフレットの制作、試合経過を日本に伝えるホームページの立ち上げなどが、つぎつぎに決められていった。

尾畑は、レアル・マドリードのパンフレットを久保に見せて言った。

「こういうのつくろうよ」

「まかせてください」

表紙には世界クラブ選手権用のユニフォームを使用。胸の〝World Club Championship〟にピンスポットを当て、漆黒に浮かび上がらせた。海外に向けてジュビロ磐田を紹介するためのパンフレットなので、左綴じで横組み。最初の見開きの見出しは〈We are Asiachampion〉。中山雅史を筆頭に、見開き単位の選手紹介がつづいた。久保が原稿、撮影、編集のすべてを手がけた。世界に恥ずかしくないように、レアル・マドリードに負けないように、時間と労力と、可能な限りの贅をこらした。

ホームページについては、1997年のシーズン終了後、ジュビロ磐田を退団した松森亮が制作を請け負うことに決まった。

3月10日、1stステージ第1節。［○ジュビロ磐田4－1ジェフユナイテッド市原●］Ⓗ

試合が始まってまもなく、ジェフ市原のディフェンダー、茶野隆行は混乱した。この試合に備え、時間をかけて用意した対策がまったく通用しなかった。ジュビロ磐田に中盤を完全に制覇され、どうにも突破口を見出せず、途中から思った。やられても仕方がない。ディフェンスでミスを誘い、1、2本カウンターアタックを仕掛けることができれば上出来だ。

3月17日、1stステージ第2節。[〇ジュビロ磐田4-1サンフレッチェ広島●]Ⓐ

3月31日、1stステージ第3節。[〇ジュビロ磐田1-0FC東京●]Ⓗ

4月7日、東京・国立霞ヶ丘陸上競技場。1stステージ第4節、鹿島アントラーズとの一戦。

基本的な布陣は2トップに中山、高原直泰。サイドの攻防の重要な鍵を握る攻撃的ミッドフィールダーは藤田と奥。新しいシステムのキーとなる5の目の位置に名波。ボランチはゲームキャプテン服部と福西。3バックは右に鈴木秀人、中央に田中、左に大岩剛。

前半4分、鹿島アントラーズが先制。4分後、高原のゴールで追いつき、後半9分に藤田が逆転のゴール。プレスに行くのか、行かないのか。どこでボールを奪うのか。名波の読みと指示がゲームを支配。鹿島アントラーズに攻撃の形をつくらせることなく、ノータイムのホイッスル。

[〇ジュビロ磐田2-1鹿島アントラーズ●]

スコア以上の完勝の目撃者は3万5221人。

「みんながぼくのファーストアクションを信じてくれた」。名波は言った。「鹿島に対して、これまでで一番気持ちのいい勝ち方ができた」

ロッカールームは興奮と達成感で満たされた。

「マサくん、このサッカー楽しいよ」

たしかな形となった新たなシステムは、週刊サッカーマガジン誌の編集長、伊東武彦に〝N－BOX〟と名づけられた。

4月17日、新聞が荒田忠典のヤマハFC代表取締役退任を報じた。
――ジュビロ磐田の運営会社「ヤマハフットボールクラブ（FC）」（本社・静岡県磐田市）の荒田忠典社長（67）が17日、今年6月に退任する方針を固めた。後任にはヤマハ発動機で取締役の松崎孝紀氏（60）。5月のヤマハFC取締役会で内定、6月の株主総会で正式に決まる。

4月29日、1stステージ第6節。［○ジュビロ磐田3－0名古屋グランパスエイト●］Ⓗ
この日、ジュビロ磐田スタジアムで世界クラブ選手権観戦ツアーのパンフレットが配布された。

A　マドリー3泊5日コース（26万8000円）
7月29日（日）～8月2日（木）。レアル戦観戦。

B　2試合観戦＋観光6泊8日コース（36万8000円）
7月29日（日）～8月5日（日）。レアル戦＋ハーツ＝オブ＝オーク戦観戦。

C　マドリー4泊6日コース（19万9000円／南まわり）
7月29日（日）～8月3日（金）。レアル戦観戦。

D　マドリー4泊6日コース（19万9000円／南まわり）
7月30日（月）～8月4日（土）。レアル戦観戦。

5月3日、1stステージ第7節。東京・国立霞ヶ丘陸上競技場。ハーフタイム、記者席から声が上がった。「こんなに強いのか、今年のジュビロは」

「まるでおとなと子どもの試合だな」。

そばにいた記者が言った。

「いや、今日の調子は、いまひとつらしいよ」

ジュビロ磐田から浦和レッズに移籍、この試合に出場した井原正巳は古巣の強さを再確認させられた。これだけパスがつながるのは、ひとり一人のうまさだけではなく、つぎからつぎへとスペースを埋めることができるからだ。守りに徹しようとする相手をパスで崩し、一転して縦にキラーパスを通してゴールを陥れる。遅攻と速攻を、これほど自在に使い分けられるチームはほかにない。

［○ジュビロ磐田2－0浦和レッズ●］

奥と中山のゴールで開幕から延長なし、無傷の7連勝。

ゴールキーパー以外、全員日本人だということが大きい。鈴木秀人は思った。とにかくみんな、本当によく話し合っている。1メートル単位にこだわっているし、仲間のストロングポイントを生かすために、互いに気を使い合っている。もし、チームに外国のスーパースターがいたら、イニシアチブを預けてしまったほうが早いから、こんなに緻密につくり上げていくことはできないだろう。

ゲームキャプテンを務める服部は、いつかファネンブルグから聞いた「相手チームの選手も含めて、わたしには、わたし以外の21人がピッチのどこにいるかがわかる」という言葉を思い出し、うなずいた。本当にあり得ることなのかもしれない。

マサくんが描いているイメージが見えてきた。中山は思った。怖いのは、要の名波が抜けたときだ。

5月6日、1stステージ第8節。［○ジュビロ磐田2－0ガンバ大阪●］Ⓗ

パキーン。名波の右ひざに乾いた衝撃が走った。ドリブルで上がってきた遠藤保仁の切り返しに反応した瞬間だった。試合終了まで残り10分。激しい痛みに襲われたが、交代枠を使いきっていたので、最後まで出場。試合終了後、すぐにアイシングを施したが痛みは増す一方で、誠和寮に帰りついたときは、助けを借りなければバスから降りることができない状態になっていた。

つづく清水エスパルス戦に勝てば優勝が見えてくるので練習に参加したが、まったくボールを蹴ることができず、MRI検査の結果、半月板を手術することになった。

5月12日、1stステージ第9節。［●ジュビロ磐田0－1V清水エスパルス○］Ⓐ

5月15日。名波の右ひざの手術が行われた。約40分の予定だったが、開けてみると半月板の状態は想定よりかなり悪く、手術は3時間に及んだ。25日に抜糸、30日にチームに合流したが、痛みがぶり返したため、ふたたび離脱。N－BOXは要を失うことになった。

5月18日、翌日のコンサドーレ札幌戦に備えてオークラアクトシティホテル浜松に入った尾畑に、日本サッカー協会（JFA）の知り合いから電話が入った。

「尾畑さん、世界クラブ選手権、延期になったみたいだよ」

すこし遅れて志田の携帯電話が鳴った。通信社の記者からだった。

「世界クラブ選手権延期の外電が入っていますが、本当ですか？」

強化部長の辻鎮雄から鈴木政一に電話が入った。

「世界クラブ選手権が延期になる」

「えっ？　本当ですか？」

「まちがいないようだ」

「こっちに来て、選手に直接説明してください。とてもぼくからは言えません」

久保はクラブの事務所で延期を知った。刷り上がったばかりのパンフレットを、周囲の人びとに見せていたときだった。悔しすぎて言葉が出なかった。

深夜、国際サッカー連盟（ＦＩＦＡ）の公式ホームページで延期の決定が正式に発表された。ＦＩＦＡのマーケティング部門を預かる代理店が破綻したため、財政的な成功を保証できなくなったという理由だった。

日本代表がワールドカップに初出場したのは１９９８年。以後、世界との真剣勝負を重ねてきたが、クラブチームが世界と戦う機会はそれまで一度もなかった。厳しい戦いを勝ち抜き、ようやく手にした権利が突然消えた。

5月19日、ホテルのミーティングルームで選手たちに世界クラブ選手権延期が伝えられた。

うそだろう？　鈴木秀人の両肩が落ちた。日本代表にあまり呼ばれることのないぼくには、滅多にないチャンスだった。レアル・マドリードのような海外の強豪と真剣勝負したかった。スペインで世界のトップレベルのサッカーを感じてみたかった。

まったく新しい経験ができたはずだし、チームがひとまわり大きくなれたはずだ。がっかりしている川口信男の耳に、鈴木政一の言葉が響いた。「気持ちを切り替えてがんばろう」

鈴木政一は、ここまで、フィットネスのピークを世界クラブ選手権に合わせてチームをつくっていた。1stステージを制し、勢いをつけて世界クラブ選手権を戦い、2ndステージは未来に向けてつぎの世代に経験を積ませようと考えていた。鈴木政一は思った。こうなったらまだ達成されていない両ステージ制覇の完全優勝に目標を切り替えるしかない。

7月7日、1stステージ第13節。［○ジュビロ磐田2－1横浜F・マリノス●］Ⓐ

約2カ月ぶりに出場する名波の負担を軽減するために、N－BOXではなく、従来の3－5－2を採用。延長前半10分、高原直泰の右足が1stステージ優勝を引き寄せた。

第1節から首位を走りきってのステージ制覇はJリーグ初。13節での優勝決定はJリーグ最速タイ記録だった。

7月14日、1stステージ第14節。ジュビロ磐田スタジアムに、29日でヤマハFC代表取締役を退く荒田に向けた横断幕が掲げられた。〈ジュビロの父〉〈ありがとう、お疲れさま〉

延長後半6分、中山からのパスを受けた西紀寛が抜け出し、右足でホーム15連勝を決めるゴール。

［○ジュビロ磐田2V－1東京ヴェルディ1969●］

久保は、サポーターから胴上げの祝福を受けた荒田に声をかけ、ロッカールームに引き上げようとする中山を呼び止めた。

21年前のヤマハ発動機総務部長と部下となった新入社員の笑顔が、久保が撮るヤマハFC代表取締役としての荒田忠典の最後の写真になった。

7月21日、1stステージ第15節。［△ジュビロ磐田2－2ヴィッセル神戸△］Ⓐ
2年ぶり4度目のステージ優勝をJリーグ史上最高勝率で飾った。

1stステージで8得点を挙げた高原がボカ・ジュニアーズ（アルゼンチン）に移籍、さらに9月26日を最後に、名波が再手術のためにチームから離れたが、13勝（V勝利4）2敗で2ndステージを終了。同じ13勝2敗ながら、V勝利が3試合だった鹿島アントラーズが、ジュビロ磐田を勝ち点1上まわり、2ndステージ優勝。

ジュビロ磐田と鹿島アントラーズが3年ぶりにチャンピオンシップを戦うことになった。


12月2日、チャンピオンシップ第1戦。静岡スタジアムエコパ。

ジュビロ磐田が、意志統一された激しいプレスと、速い攻めで圧倒。前半11分、中山が得たPKを服部がゴール。後半9分、中山のミドルシュートで追加点。

後半34分にセットプレイで1点返され、さらに後半38分、ゴールキーパーのファンブルを決められて、同点。

［△ジュビロ磐田2－2鹿島アントラーズ△］

試合後、アントラーズの選手は言った。「あれだけ圧力を受けたら、耐えるしか方法はなかった」

12月8日、チャンピオンシップ第2戦。カシマサッカースタジアム。

プレスをかけあう一進一退の攻防の末、延長戦に突入。延長前半10分、鹿島アントラーズの小笠原満男が2試合190分間の激闘に終止符を打つゴール。

［●ジュビロ磐田0－1鹿島アントラーズ○］

跳びはねる臙脂のユニフォーム。降り注ぐ紙吹雪。波打つビッグフラッグ。サポーターの大歓声。

左腕にゲームキャプテンのマークを巻いた服部は、センターサークルまで歩き、鹿島アントラーズの歓喜をじっと見つめた。この1年、これだけ勝ちつづけたのに、ひとつのゴールですべてを失ってしまった。自分たちが強いのか弱いのかわからなくなった。

すべてを目に焼きつけよう。鈴木政一も目前の光景と向き合った。負けたのは選手ではない。3敗しかしていないのに無冠に終わったのは、すべて監督であるわたしのせいだ。

2001Jリーグディビジョン1
年間2位
1stステージ　優勝　勝ち点36　13勝1敗1分け　得点32失点12
2ndステージ　2位　勝ち点35　13勝2敗　得点31失点14
年間優勝の4文字を除く圧倒的な事実がJリーグの歴史に記録された。
・シーズン通算敗戦数3Jリーグ1位。

・総勝ち点71Jリーグ1位。
・年間勝率88・8パーセントJリーグ1位、Jリーグ歴代1位。
・総得点63点1試合平均2・1点Jリーグ1位。
・総失点26点1試合平均0・86点Jリーグ1位Jリーグ歴代1位タイ記録。
藤田は思った。入団以来、これほど安定した組織力で戦い抜けたと感じた年はなかった。このシーズンを記憶に深くきざむためにも、年間チャンピオンを取りたかった。
名波は思った。1998年、1999年のサッカーは、2点取られたら3点、3点取られたら4点取りにいく、本当に攻撃的なサッカーだった。それにくらべて今年は、自分たちのいいプレスを生かして攻めていくサッカーだった。1998年、1999年は単純に楽しかった。今年は頭を使うことができて楽しかった。アントラーズとのチャンピオンシップはシステムをアレンジして戦った。今年、ジュビロがめざしていたサッカーではなかったから、完全制覇できなかったことについては、それほどがっかりしていない。これから先、ジュビロのサッカーを、日本で一番称賛されるサッカーにしたい。世界に通用するサッカーにしていきたい。プレス、意志の疎通、ボールまわし、決定力、選手層、ルールに背く汚さではないゲーム運びの上での汚さ、そして大前提としてのチーム愛。すべて合わせて、ジュビロはすごいと言われるようになりたい。見る人に『ジュビロには勝てないよ』と思わせたい。最悪でも中山さんが現役でいるあいだは、強くなければおかしい。中山さんの存在感がどれくらいのものなのか、アントラーズの選手に聞いてみればよくわかるはずだ。
12月12日、天皇杯3回戦。[○ジュビロ磐田3V-2駒沢大学●]
藤田のVゴールで試合が終了。ホーム最終戦のセレモニーが始まると、サポーター席からチャンピオンシップの敗戦に対する不満の声が上がった。

名波は驚いた。年間3敗でもブーイングされるのか。

12月18日、スポンサーへの報告会で壇上に上がった中山は言った。「今シーズンは報告することはなにもありません」

２００２

服部年宏を病気で、田中誠を怪我で、名波浩を右ひざのリハビリで欠くなか、新しいシーズンが開幕した。多くのチームが、心身のピークをジュビロ磐田との対戦に置き、カップ戦や天皇杯の決勝のように挑んできた。試合が始まると、いつもと違う動きをしてくることが多く、ビデオの分析結果に頼ることは危険だった。監督の鈴木政一と選手たちは、話し合いを重ね、試行錯誤をくりかえしながら開幕３連勝。

１ｓｔステージ第４節、服部、田中が復帰、連勝を５に伸ばした。

３月２日、１ｓｔステージ第１節。［○ジュビロ磐田２－０名古屋グランパス●］Ⓗ
３月10日、１ｓｔステージ第２節。［○ジュビロ磐田３－２東京ヴェルディ１９６９●］Ⓐ
３月17日、１ｓｔステージ第３節。［○ジュビロ磐田４－０コンサドーレ札幌●］Ⓗ
３月31日、１ｓｔステージ第４節。［○ジュビロ磐田３－１京都パープルサンガ●］Ⓗ
４月６日、１ｓｔステージ第５節。［○ジュビロ磐田１Ｖ－０ヴィッセル神戸●］Ⓐ

４月10日、Ａ契約選手、スタッフのための施設〝ヤマハ発動機大久保グラウンドジュビロクラブハウス（通称大久保グラウンドクラブハウス）〟が完成した。チーフマネージャーの尾畑正人が名古屋グランパス、横浜

F・マリノス、清水エスパルス、セレッソ大阪などのクラブハウスを視察し、設備の種類、規模、動線を徹底的に研究。とりわけ多くの予算を投じたのが浴室で、深い風呂、浅い風呂、サウナ、水風呂を完備。心地よさについ長風呂になり、ファンが選手の帰りを待つ時間が伸びることになった。

ヤマハ発動機に入社したころはシャワーもなかった。誠和寮で着替えて練習に行き、誠和寮にもどって風呂に入った。Jリーグに昇格し、少しずつ環境が整備されてきた。もう少し遅く生まれてきたらと思ったこともあったが、そうじゃない。最初からこんなすばらしいクラブハウスがあったら、それが当然だと思い、あれが欲しい、これが足りないと思うようになっていただろう。あごまで湯に浸かりながら中山雅史は思った。ひとつ一つの変化を幸せに感じられるぼくは、いい時代に生まれたのだ。

4月13日、1stステージ第6節。［○ジュビロ磐田2-0鹿島アントラーズ●］Ⓗ

4月20日、1stステージ第7節。［●ジュビロ磐田1-3横浜F・マリノス○］Ⓗ

2位横浜F・マリノスとの直接対決に敗れ、2位に後退。このシーズン初の敗戦だったが、選手たちは連敗を怖れた。どんなに好調でも、連敗すると、もう勝てないのではないか、リードしていても逆転されるのではないかと思うようになってしまうからだった。

リーグはワールドカップ日韓大会による中断期をはさんで再開。ジュビロ磐田は勝ち点を積み重ねた。

7月13日、1stステージ第8節。［○ジュビロ磐田3V-2浦和レッズ●］Ⓐ

7月20日、1stステージ第9節。［○ジュビロ磐田2-0FC東京●］Ⓐ

学校が夏休みに入ると、大久保グラウンドを訪れるファンの数は1000人を超えた。
7月24日、1stステージ第10節。[〇ジュビロ磐田3－1清水エスパルス●]Ⓗ
7月27日、1stステージ第11節。[△ジュビロ磐田2－2ジェフユナイテッド市原△]Ⓐ

つかの間のオフ、選手たちは尾畑の実家に向かった。

静岡県周智郡春野町（現浜松市春野町）、クラブハウスから車を1時間半ほど走らせると、別世界が広がっていた。土間の玄関、薪の風呂に囲炉裏、炭の炬燵《こたつ》、目の前に天竜川の支流が流れていた。

尾畑は笑いながら言った。「ここで生活すること自体、キャンプするようなものだから」

前年、服部とふたりでここにきた中山はさっそく水中眼鏡をかけ、モリを手に、清流にもぐった。

「小さいころ、故郷の岡部町を流れる川で遊んだことを思い出すよ」。中山は言った。「こういうところに別荘が欲しいなあ」

尾畑が答えた。

「別荘なんかいらないよ。いつでも来たいときに来ればいいじゃん。雑魚寝でよければ、何人でも泊まれるから」

参加者は中山と服部を含めて8人の選手、その家族、その未来の夫人、その友人、その愛犬。

尾畑のネットワークがフル稼働、北海道からホッケ、ツブ貝、イカ、ホタテが、岡山から網焼き用にカットしたバーベキューの肉15人前、ソーセージ、ホルモンが、鹿児島から骨付きのスペアリブが届けられ、囲炉裏には串に刺した鮎が並べられた。

「だれにも言っちゃだめだよ。人が集まってきたら、みんながのんびりできなくなるから」。両親や手伝いを頼んだ近くの親戚に釘を刺しておいたが、無駄だった。公民館の前に外車がずらりと並べば、目立たないわけがなかった。

食べ、飲み、福西、藤田、田中はすっかり父親の顔になり、名波の愛犬は走りまわり、最後にスイカ割りが行われた。

子どもの部につづいて、坂道を使って難度を上げたおとなの部。

「名波、いけー！」

「えーっ、おれも？」

ひとしきり笑い声がつづいたあと、藤田がヒット。

翌日、独身の選手たちが尾畑をつかまえ、抗議した。

「どうして呼んでくれなかったんですか？」


8月3日、1stステージ第12節。ジュビロ磐田スタジアム。

負ければ2位のジュビロ磐田と3位のガンバ大阪が入れ替わる一戦は、残り15分で2点を追う展開。後半37分にボカ・ジュニアーズから復帰した高原直泰がPKを入れ、アディショナルタイムに服部が同点のヘッド。延長7分、西紀寛がVゴール。

［○ジュビロ磐田5V－4ガンバ大阪●］

8月7日、1stステージ第13節。[○ジュビロ磐田1V－0サンフレッチェ広島●]Ⓐ
1stステージ5試合目の延長戦に入り、9分に高原がVゴール。
8月10日、第14節。[○ジュビロ磐田4－0ベガルタ仙台●]Ⓗ
藤田が先制し、高原がハットトリック。久しぶりのベストメンバーで圧倒的な攻撃力を発揮し、4カ月ぶりに首位に浮上。
8月17日、1stステージ最終節。[○ジュビロ磐田3－2柏レイソル●]Ⓐ
後半39分、2－2から高原直泰が1stステージ優勝を引き寄せる7試合連続ゴール。柏の葉公園総合競技場の半分を埋めたサックスブルーが揺れ、うねった。
午後9時、サポーター席に駆け上がった中山が、高々と優勝トロフィーを掲げた。「強かったというより、しぶとかった。いいチームになったと思うけれど、課題はたくさん残りました。まず考えなければならないのは、今日、なぜ2－0で勝てなかったのか。しぶとさはたしかなものじゃないですから、そんなものに頼らないで2ndステージは勝ちつづけたいと思います」
第6節の鹿島アントラーズ戦、右ひざのリハビリから復帰した名波は言った。「2、3点取られたら、それより1、2点多く取る、大雑把に言えばそういうサッカーでした。結果は出ましたが、失点が多すぎました。2ndステージでは中盤のプレスをもっとかけつづけたい」
「どこもジュビロを倒そうと向かってくるし、レフェリーのジャッジも厳しいけれど、すべて受け入れて勝ち進んできました」。川口信男はつづけた。「そういうすごいチームにいられて本当に幸せです。もっと試合に出られるように自分を磨いていきたいと思います」

「いい選手がそろっていて、いい経験を積んでいるのだから、つねに成長していく責任がぼくたちにはある。それをみんなが感じていることが、優勝につながったのだと思います。ただ1stステージは厳しい試合をやりすぎました」。藤田はつけ加えた。「2ndステージは破壊的なサッカーをしたいと思っています」

鈴木秀人は言った。「いつもよりしんどかった。しぶとさは去年の悔しさがあったからです」

「交代で入った選手がやるべき仕事をわかっていたこと、迎え入れる側がその選手をどう使うかがわかっていたことも、このステージの勝因のひとつ。1敗しかしなかったけれど、ミスはあったし、ゴールを決めきれなかったこともあった。詰めなければならないところはまだまだあります」。キャプテン服部はつづけた。「ここまでなら何度も来ています。2ndステージも最初から飛ばしていきます」

8月31日、2ndステージ第1節。［◯ジュビロ磐田1－0ヴィッセル神戸●］Ⓗ

5年ぶりの2ndステージ白星スタート。

9月7日、2ndステージ第2節。

6月に開催されたワールドカップ日韓大会のために、3階建てから6階建てへ、収容人数1万5000人から4万3000人へと、大がかりな改修工事が行われたカシマサッカースタジアム。

鹿島アントラーズのリズムに乗った攻撃に押しこまれながら、耐えきって0－0で前半終了。

後半6分。西紀寛がドリブルで3人をかわし、角度のないところから強烈なシュート。ボールはネットを揺らし、ピッチにヘッドスライディングした西に選手たちが駆け寄った。

ゴールが決まったつぎの瞬間、久保はカメラを縦に構え直した。ファインダーの3分の2は、鹿島サポーターを飲みこんで真っ赤に立ち上がるスタンド。その下で折り重なるジュビロの選手たち。選手を中央に置かない写真は、Jリーグを撮るフォトグラファーの常識からはずれていた。

久保にとってジュビロらしさとは、ひと言で言えば、強くてかっこいいことだった。クラブの規模は小さいが、ほかのどこにもできないスタイルをめざし、実現しようとしていることだった。スタッフも一体となってジュビロらしさを求めていることだった。いつも歯切れ良く行動し、ロッカールームに芝1本も残さないことだった。そういうチームにカメラを向ける以上、どこにもない写真を残したいといつも思っていた。

後半44分、ドリブルで駆け上がった高原直泰が、ふたりかわし、強烈な弾道のゴール。直後に1点を失ったが、完全優勝への高いハードルを越えることに成功した。

[○ジュビロ磐田2－1鹿島アントラーズ●]

9月14日、2ndステージ第3節。[●ジュビロ磐田1－2浦和レッズ○]Ⓗ
9月18日、2ndステージ第4節。[○ジュビロ磐田2－0清水エスパルス●]Ⓐ
9月22日、2ndステージ第5節。[○ジュビロ磐田6－1FC東京●]Ⓗ
9月29日、2ndステージ第6節。[○ジュビロ磐田1V－0コンサドーレ札幌●]Ⓐ
10月5日、2ndステージ第7節。[○ジュビロ磐田2－0ガンバ大阪●]Ⓐ
10月12日、2ndステージ第8節。[●ジュビロ磐田1－2ジェフユナイテッド市原○]Ⓗ
10月20日、2ndステージ第9節。[○ジュビロ磐田3V－2ベガルタ仙台●]Ⓐ
10月23日、2ndステージ第10節。[○ジュビロ磐田1－0サンフレッチェ広島●]Ⓗ

10月26日、2ndステージ第11節。［○ジュビロ磐田3－1横浜F・マリノス●］Ⓐ
11月10日、2ndステージ第12節。［○ジュビロ磐田3V－2柏レイソル●］Ⓗ
11月16日、2ndステージ第13節。［○ジュビロ磐田3－0京都パープルサンガ●］Ⓐ

2ndステージ第2節からゴールキーパーがヴァン・ズワムから山本浩正に代わり、スターティングメンバーは日本人だけになった。

第4節でトップに立ち、4連勝。第8節で著しく公平さを欠いたレフェリングのために2位に後退したが、連勝して定位置に復活。終盤の第12節、第13節は相手ディフェンスを棒立ちにさせるパスワークで圧勝。

勝利は目標ではなく前提だった。めざしたのはより精度の高い画を描くことだった。ボール・ポゼッションを高く保ち、貝のように閉ざされた相手のディフェンスをパスでこじあけた。対戦相手のビデオに興味を示す選手はほとんどいなかった。

11月23日、東京ヴェルディ1969との第14節。引き分け以上でジュビロ磐田の完全優勝が決まる一戦がジュビロ磐田スタジアムで行われた。

前後半とも両チーム無得点に終わると、久保は東京ヴェルディ1969のゴール裏に移動した。ベンチの喜びも記録したかったが、Vゴールを撮り逃すわけにはいかなかった。

延長前半も両チーム無得点。引き分けになるかと思われた延長後半14分、金沢浄が奪い取ったボールをフリーの福西がペナルティエリアに持ちこみ、相手ディフェンダーをかわして右足でシュート。ボールはゴール右隅に飛びこみ、初の完全優勝が達成された。Jリーグ開幕から10年目の快挙だった。

地鳴りのような歓声にスタジアムが揺れ、抱き合い、ピッチに倒れこんだ福西と川口信男に、駆け寄った選手たちがつぎつぎに折り重なった。
［○ジュビロ磐田1V－0東京ヴェルディ1969●］
中山が2ndステージの優勝トロフィーを、服部が年間チャンピオンの証であるシャーレを高々と掲げた。トロフィーとシャーレが同時に掲げられるのもJリーグ史上初めてだった。

翌日、スポーツ新聞の1面に、つぎの文字が躍った。
〈史上初の完全V日本に敵なし〉
11人のスターティング・メンバーは全員生え抜きの選手たちだった。鈴木、田中、服部、福西、藤田、名波、中山はここに至るまで、200試合前後の経験を共有していた。時を重ね、丹念に織り上げられた完全優勝だった。

山本浩正GK　リーグ戦出場13試合
鈴木秀人DF　リーグ戦出場206試合
田中誠DF　リーグ戦出場190試合
山西尊裕DF　リーグ戦出場104試合
河村崇大MF　リーグ戦出場15試合
福西崇史MF　リーグ戦出場190試合
服部年宏MF　リーグ戦出場236試合

藤田俊哉ＭＦ　リーグ戦出場２９３試合
名波浩ＭＦ　リーグ戦出場１９５試合
高原直泰ＦＷ　リーグ戦出場１０４試合
中山雅史ＦＷ　リーグ戦出場２４８試合

11月30日、第15節。［○ジュビロ磐田３－２名古屋グランパス●］Ⓐ
２ｎｄステージ２敗、２年つづけて年間３敗でシーズンを終了した。

２００２Ｊリーグディビジョン１
完全優勝
１ｓｔステージ　優勝　勝ち点36　13勝１敗１分け　得点39失点17
２ｎｄステージ　優勝　勝ち点35　13勝２敗　得点33失点13

１＋１が３になったり、４になったりするようになった。経験の熟成とは、こういうことなのか。中山は思った。だれが入っても変わることがないように、この強さを安定させたい。若い選手たちにアクションサッカーを継承していきたい。
自分たちのプレイを貫くことだけを考えていた。服部は思った。プレイしていて楽しくて、見ているほうも楽しいサッカーを知ってしまったから、勝つためだけにパワープレイをしようと思ったことは一度もなかった。

ジュビロが本当に強いのか、それともほかが弱いからなのか、藤田は完全優勝の受けとめ方に迷った。ヨーロッパのチャンピオンズリーグ、南米のリベルタドーレスカップのような物差しが欲しい。

勝負強くなれた。福西は思った。延長に入ると相手が急激に疲れていくのがわかった。それを感じながら、集中し、立て直し、自分たちのサッカーをやりきれるようになった。2000年くらいまでは点を取りに行こうとしてばらばらになり、カウンターを食らうことがあったが、点が入らなくても、がまんして競り勝つことができるようになった。最大の原動力は中山さんだった。中山さんがあれだけ動いているのを見たら、動かないわけにはいかなかった。

同じようなサッカーを志向するチームが15メートル動いてボールを進めるのに対して、ぼくたちは10メートルで進められた。絶対的なスピードではなく、意志の疎通をベースに、頭を使いながら、人もボールもよく動くサッカーをやりきることができた。それにしても。名波は思った。完全優勝を決めたヴェルディ戦の試合運びはどうにも不細工だった。

名波が中心にいたからこそのサッカーだった。アスレティックトレーナーの佐々木達也は思った。あの右ひざの怪我がなかったら、このチームはいったいどこまで強くなれたのだろう。

フィジカルトレーナーの菅野淳は未来に不安を覚えた。鈴木秀人や福西はオフトの時代、サテライトから這い上がってきた。トップがすごすぎてあきらめているのか、いまは彼らのように闘志を感じさせる若手がいない。

ジュビロらしさが育まれてきた過程に立ち会ってきたチーフマネージャーの尾畑正人は思った。これから先は継承がテーマになるのだろうが、絆のような目に見えないものの継承はむずかしい。手がかかるし、近道はない。

12月1日、優勝パレードが行われ、パレードカーに乗った選手29人、監督、スタッフは、磐田市の人口の約4分の1に当たる約2万3000人の人びとに祝福された。

12月16日、Jリーグアウォーズが開催され、26得点で史上最年少の得点王となった高原が、MVP、ベストイレブンと併せて3冠を獲得。ベストイレブンに選ばれたのは中山、高原、藤田、名波、福西、田中、鈴木。7名の受賞は、1994年のヴェルディ川崎と並ぶ史上最多だった。

12月25日、天皇杯準々決勝。

［●ジュビロ磐田0－1ジェフユナイテッド市原○］

シーズンの終了を待って、クラブは高原のドイツ・ブンデスリーグ1部、ハンブルガーSVへの完全移籍を発表。

送別会の席で高原が若手に言った。

「ジュビロに来て本当に良かった。とくに幸運だったのは中山さんがいたことだ。本当に学ぶことばかりだった。ここに来なかったら、ぜったいに伸びていなかった。ジュビロでレギュラーを取れなかったら日本代表になれるわけがない。おまえたちもがんばれ」

シーズン終了後、鈴木政一は勇退。バトンは柳下正明に手渡された。

1982年、ヤマハ発動機サッカー部にディフェンダーとして入部した柳下は、1982年の天皇杯優勝、

1987年の日本リーグ優勝を経験、引退後はハンス・オフト時代を皮切りに、コーチとしてジュビロ磐田の歴史に身を置き、2001年、2002年は、鈴木政一の下でヘッドコーチを務めていた。

高原が移籍したが、目立つ補強はなかった。若手を育てる必要を柳下は感じていたが、場所は与えられるものではなく、勝ち取るものだという考えを変えるつもりはなかった。レギュラークラスのパフォーマンスは落ちていない。若手は練習でつねに100パーセント出して、戦ってほしいと思った。

２００３

Ｊリーグが誕生してから10年目を迎えたこのシーズン、延長戦が廃止され、90分で決着がつかなかった場合、両チームに勝ち点1が与えられることになった。

シーズン前の鹿児島キャンプで、アドバイザーのドゥンガは若い選手たちに言った。

「わたしがおまえたちの年齢のころ、いつも不安で仕方がなかった。本当にプロとして通用するのか確信が持てなかった。だから練習の1時間前に来てトレーニングし、練習後、その日の課題を克服するために1時間残った。ジュビロのつぎの世代を牽引する存在になるべきおまえたちが、こんな練習をしていていいのか?」。つぎの日、1時間早くグラウンドにやってきた若手の選手に言った。「早く来たことは認めるが、やっていることがほかの選手と同じだ。どこで差をつけるつもりなんだ?」

3月21日、1ｓｔステージ第1節。[●ジュビロ磐田2－4横浜Ｆ・マリノス○]Ⓗ

開幕戦で岡田武史率いる横浜Ｆ・マリノスに完敗。

あれだけいい選手をそろえたチームの監督が、ぼくたちを倒すための戦い方を研究し、準備してきた。前のシーズン、岡田が何度かジュビロ磐田の試合を見に来ていたことを名波浩は覚えていた。厳しいシーズンになりそうだなと思った。
高原直泰が抜けた穴を意識するあまり、攻守のバランスが乱れ、その修正に苦戦。試行錯誤を重ね、5月に入り、ようやく本来の攻撃力が復活。
5月5日、1stステージ第7節。[○ジュビロ磐田7－2東京ヴェルディ1969●]Ⓗ
5月11日、1stステージ第8節。[○ジュビロ磐田5－0京都パープルサンガ●]Ⓗ
首位に浮上した直後、中山雅史がグローインペイン(恥骨結合炎)を再発させ、戦線を離脱。
7月5日、カシマサッカースタジアム。試合前、鹿島アントラーズのスタッフが、ジュビロ磐田のスタッフをつかまえて言った。
「いいですね、あの写真。ぼくあのカレンダーのファンなんです」
毎年、Jリーグの各チームはカレンダーを作成し、互いに交換することになっていた。ジュビロ磐田のカレンダーは久保の写真をつづったもので、鹿島アントラーズのスタッフが指した写真は、前年の9月7日、西紀寛の先制ゴール直後に撮影された1枚だった。
7月20日、1stステージ第13節。[△ジュビロ磐田2－2ジェフユナイテッド市原△]Ⓗ
ジュビロ磐田スタジアムから〝ヤマハスタジアム〟に改称されたホームでの第13節、この年、ジェフユナイテッド市原の監督になったイビチャ・オシムのコメントが柳下を勇気づけた。

「ジュビロ磐田は本当にいいサッカーをする。今日の前半は、まちがいなくヨーロッパのトップリーグでも戦えるチームだった。うちの選手は勉強になったと思う」

8月2日、1stステージ第15節。[○ジュビロ磐田1-0FC東京●]Ⓗ

首位に勝ち点1及ばず1stステージ終了。

1位横浜F・マリノス　勝ち点32　10勝3敗2分け　得点29失点16

2位ジュビロ磐田　勝ち点31　9勝2敗4分け　得点34失点17

「自分の力がどこまで通用するか試したい」

8月5日、ユトレヒトFC（オランダ）への半年間の期限付き移籍が決まった藤田俊哉が、正式調印のためにオランダに向けて出発。

藤田の枠にとらわれない才能を失ったダメージは、隠し通せるほど小さくなかった。

8月16日、2ndステージ第1節。[●ジュビロ磐田0-3浦和レッズ○]Ⓐ

8月30日、2ndステージ第3節。[●ジュビロ磐田0-1京都パープルサンガ○]Ⓐ

退場者をふたり出したジュビロ磐田に対して、それでも引いて守る京都パープルサンガにJリーグに昇格してから初の敗戦。

90分引き分け制が導入されたため、多くのチームがジュビロ磐田に対しては勝ち点1に照準を合わせ、カウンターアタックをねらう戦い方にシフト、中盤の勝負は捨てられた。加えて延長戦の圧倒的強さを封じられたジュビロ磐田は、90分以内になんとかしなければならないというあせりから、浮き足立つシーンを見せるようになった。

第4節から3試合連続引き分け。第7節から第11節まで5試合中2試合引き分け。

11月、リハビリをつづけてきた中山が5カ月ぶりに練習に合流。

11月16日、2ndステージ第13節。［○ジュビロ磐田2－1東京ヴェルディ1969●］Ⓐ

後半35分、中山が前田遼一に代わって出場。直後のコーナーキック、中山の動きが同点ゴールを引き出し、後半41分に逆転。5位から首位に浮上。

試合後、名波浩が言った。

「こういうゲームで勝ち点3を取るということが、ドゥンガ魂であったり、中山魂であったり、ジュビロ魂でもあると思います。7チームごぼう抜きという、過去になかったことをやってのけられる力があるんだなと実感しました。自力優勝できるポジションにいるので、月並みですががんばって、あとふたつ、このまま突っ走りたいと思います」

11月29日、首位で迎えた最終第15節。横浜国際総合競技場のピッチは雨に濡れていた。自力優勝の条件は、引き分け以上。

前半2分に先制。15分に横浜F・マリノスのゴールキーパーが乱暴行為で退場。

守るべきか、攻めるべきか。数的優位に立ったジュビロ磐田の選手たちは迷った。

意志を統一することができず、受け身になった。

雨脚が強くなった後半、横浜F・マリノスが5分、44分にゴール。

［●ジュビロ磐田1－2横浜F・マリノス○］

このシーズン、初の逆転負けだった。

2分遅れて始まった浦和レッズ対鹿島アントラーズ、2位の鹿島アントラーズが逆転負けを喫し、岡田率いる横浜F・マリノスの完全優勝が決定。対戦相手のステージ優勝を目の当たりにするのは、1994年のサンフレッチェ広島戦以来9年ぶり。横浜F・マリノスとの年間の勝ち点の差は、わずか1だった。

2003Jリーグディビジョン1
年間2位
1stステージ　2位　勝ち点31　9勝2敗4分け　得点34失点17
2ndステージ　3位　勝ち点26　7勝3敗5分け　得点22失点17

2ndステージ最終節から3日後、話を聞きつけた報道陣が大久保グラウンドに集まっていた。

監督の柳下正明が松森亮に言った。

「おれの口から直接マスコミに伝える」

外部スタッフとしてホームページを制作していた松森は、前年の完全優勝後に正式採用となり、広報部に配属されていた。

「もう1回、考え直してください」

「いや、もう決めたんだ」

「今日は言わないでください」

柳下は松森の制止を振りきって、監督を辞めることを公表した。生来の一本気がフロントとぶつかった結果だった。

鈴木秀人は思った。冗談だろう？　高校3年生のとき、ヤマハ発動機サッカー部のテストを受けた鈴木の採用をチームに薦めてくれたのは柳下だった。入部後、ディフェンス技術を一から教えてくれたのも柳下だった。入団してからずっといっしょにやってきた。今年は優勝できなかったけれど、最後はがんばれたし、悪いサッカーではなかった。来年もうまくやっていけると思っていたのに、どうしてこんなことになったのだろう。

田中誠は裏切られたような気持ちになった。

名波は思った。監督の誕生日の1月1日、胴上げで花道を飾ろう。

12月14日、天皇杯3回戦。［○ジュビロ磐田2－0佐川急便東京SC●］

12月20日、天皇杯4回戦。［○ジュビロ磐田4－0アルビレックス新潟●］

12月23日、天皇杯準々決勝。［○ジュビロ磐田3－0東京ヴェルディ1969●］

前半40分、名波のヘディングでのゴールは公式戦5年ぶりだった。

12月27日、天皇杯準決勝。［○ジュビロ磐田4－2清水エスパルス●］

Jリーグ昇格後の天皇杯での最高順位、1997年のベスト4を超えた。

年が明けて2004年1月1日。松森は朝早く、車で球団事務所を出発。カメラバッグを持って岐阜の実家を出た久保暁生は、新幹線で東京に向かった。列車内に人影はまばらだった。

この日、公式戦を迎えるサッカーチームは、日本に2チームのみ。そのうちのひとつに関われていることが、久保はうれしくて仕方がなかった。

東京・国立霞ヶ丘競技場に着いた久保は、荷物を抱えた松森の姿を見つけ、言った。

「おれたち、幸せだな」

松森が笑顔で応えた。

「本当ですよね」

第83回天皇杯全日本サッカー選手権大会、セレッソ大阪との決勝戦は13時31分に始まった。

最初にゲームの流れを支配したのは、過去2回準優勝に終わったセレッソ大阪だった。立ち上がりからジュビロ磐田陣内に攻めこみ、リズムをつかんでスペースをアタック。前半30分を過ぎて、ジュビロ磐田はようやく防戦一方の展開から脱出。0－0で前半が終了。

後半22分、ジュビロ磐田は成岡翔に代えて中山を投入。中山のディフェンスラインの裏をねらう動きに、セレッソ大阪の意志が乱れ、ゆらゆらと揺れていた天秤が、一気にジュビロ磐田に傾いた。

後半26分、田中の縦パスを受けた中山が右サイドに切れこみ、上がってきた前田にパス。ボールはダイレクトでゴール前に送りこまれ、それを受けたロドリーゴ・グラウがディフェンダーをかわして決勝点となるゴール。

[○ジュビロ磐田1－0セレッソ大阪●]

涙の上に笑顔を乗せて、柳下は言った。「12月の初めの練習から、タイトルへの強い気持ちが選手たちから出ていたし、監督としては楽な5試合でした」

鈴木は言った。「リーグ戦の悔しさも少しは晴らすことができました。この優勝を糧に、来年もがんばれると思います」

「監督の胴上げを有言実行できたことはうれしい」。名波はつづけた。「準決勝の2失点以外はパーフェクトだった。このサッカーをここでリセットしてしまうのは惜しい」

国立霞ヶ丘競技場の巨人のように立ち上がるスタンドは、歓喜と祝福に溢れていた。久保は思った。あのサポーターを主役にしたい。

空、サポーター、そしてサポーターに向かってトロフィーを掲げる選手たち。優勝した選手たちを背中から撮影した写真が、Jリーグの歴史に新たに加えられた。

…第4章…

下降

2004〜2008

「いま必要なのは、改革ではない」

２００４

１月13日、５年ぶり３度目の監督就任となった桑原隆はスタッフとのファーストミーティングを終え、言った。

「昨年までのジュビロのサッカーを継承します。３－５－２のシステムは変えません。プレイできる状態であれば、基本的にレギュラーを起用します。あえて若手を使うということはしません。自分の場所は自分でつかみとってほしい。そのためには『がんばる』では足りないと思います」

掲げられた目標はＪリーグ、ナビスコカップ、ＡＦＣチャンピオンズリーグ（ＡＣＬ）の３タイトルの獲得。最大の目標としたＡＣＬは、過密日程、実力差などの問題点を解決するために、３つの大会──リーグ戦の勝者が集うアジアクラブ選手権、各国のカップ戦の勝者が出場するアジアカップウィナーズカップ、及び上記２大会の勝者で争われる〝アジアスーパーカップ〟──を統合したもので、勝者には２００５年に行われる予定の世界クラブ選手権への出場権が与えられることになっていた。

２月11日に始まったＡＣＬ予選リーグ、ジュビロ磐田は３連勝したが、その後連敗。５月12日、最終戦を待たずに、予選敗退が決定した。

Ｊリーグ１ｓｔステージは３月13日の開幕戦から６連勝。第12節まで首位を走りつづけたが、第13節の引き分け、第14節の敗戦で2位が確定した。

中山は1ｓｔステージをふり返り、思った。連勝はしたが、以前のような相手を圧倒する勝ち方ではなかった。どっちつかずのゲームをなんとかものにしたという感じだった。つねに上をめざしていた2002年、2003年のような新しい刺激がなかったので、とにかく試合に出るために精いっぱい努力しようと自分をかきたてた。チームを鼓舞したり、まとめたりする立場にあることは自覚していたし、若手の台頭を期待していたが、だからといって譲る気はなかった。おれが走っているのに、おまえらが走れていないのはおかしいだろうと思っていた。負けるわけにはいかないし、負けたくもないから走りつづけた。

7月17日、グループリーグ最下位でナビスコカップ敗退が決まると、中核の選手たちが、アドバイザーのドゥンガを訪ねた。3ステージ連続でタイトルを失った現実について意見を聞くためだった。

「去年、わたしが鹿児島キャンプで言ったことを、はたして若手はどれだけ覚えているだろうか」。ドゥンガはつづけた。「いま必要なのは、改革ではない。ベースを活用した進化だ。わたしはすでにピッチにはいないが、目の前にすばらしい選手がいるではないか。若い選手たちは中山や名波になにを感じているのだろう。いまなお彼らがゲームのすべてを握っている。勝ちたいという意欲がプレイにみなぎっている。ゲームの終盤になってもプレッシングを緩めることがない。わたしが現役だったころ、鈴木秀人や田中や福西たちはつねに学ぶ姿勢でいた。わたしの動きを観察し、質問を投げかけてきた。良い選手になりたいという意欲を持ちつづけ、必要な練習を繰り返し、積み重ねていた。ブラジルには『才能の母はくりかえしである』ということわざがある。いまやらなければならないことは、ジュビロのベースを築き上げた選手たちが、才能だけでレギュラーの座をつかんだわけではないことを、未来を背負う選手たちに理解させることだとわたしは思う」

8月14日、2ndステージ第1節。［△ジュビロ磐田1－1大分トリニータ△］Ⓐ
8月21日、2ndステージ第2節。［●ジュビロ磐田1－2名古屋グランパス○］Ⓗ
8月29日、2ndステージ第3節。［●ジュビロ磐田2－3浦和レッズ○］Ⓐ
9月11日、2ndステージ第4節。［●ジュビロ磐田0－3横浜F・マリノス○］Ⓐ

コミュニケーションが噛み合わない場面が、目に見えて増えていった。体が重いのか、動き方を見失っているのか、どちらとも判断できない状態がつづいた。

引き分けに始まり、立ち直りのきっかけをつかめないまま最下位に転落。リーグ3連敗は2000年1stステージ以来。開幕から4節勝ちなしは、1995年のNICOSシリーズ以来だった。

試合後、第3代ヤマハFC代表取締役、松崎孝紀は言った。「ぶざますぎるサッカーをお見せしてしまった」

3日後の9月13日、シーズン途中の監督交代はないと言いつづけてきたフロントが桑原を解任。シーズン途中での監督交代は2000年8月のハジェヴスキー以来4年ぶりだった。

新監督決定までのワンポイントリリーフとして、指揮権を預けられた鈴木政一は言った。

「このクラブはヤマハサッカー部からつながる1本の線の上に、戦略的な視点を持った人びとが世界の価値観を取り入れてきました。選手が学び、フロントも指導者も勉強してきました。前を向き、上をめざし、どん欲に学ぶ姿勢に溢れるジュビロにわたしは誇りを感じています。チームのために、チームメイトのために、そしてジュビロのエンブレムのために、まさに、ひとつになるべきときだと思っています」

2003年の1stステージ2位、2ndステージ3位、そして今シーズンの1stステージの2位、この3ステージは数字だけを見れば悪くないが、内容は上位が落ちてきたからからむことができた優勝争いだった。以前だったら守りきっていたところを、最後に追いつかれたり、逆転されたりということが多くなった。中山は思った。勝負強さが薄れてきていることを感じていながら、勝っているからいいじゃないかと、現実を認めようとしなかった自分たちがいたのかもしれない。

名波は思った。自由は規律が前提だが、今年の自由は2001年から2003年までの自由とは少し違っていた。変化を刺激にして良い方向に向かおうとしたが、一方でたしかだった足下が崩れていくような感覚があった。

ひとり一人が小さな仕事を怠ったことが敗戦につながり、迷いが生じてよけいに動けなくなっている。良いときのイメージがまだチームに残っていることを確認した鈴木政一は、意識やポジションのずれの修正に取りかかった。

9月18日、2ndステージ第5節。[△ジュビロ磐田4-4鹿島アントラーズ△]Ⓗ

アグレッシブなプレッシングと、次々にスペースをつくる動きで前半は4-1。後半29分に退場者を出してから3点を失い、ノータイム。

退場者を出すまでは理想のサッカーだった。フル出場した中山は思った。ほんの少しの修正テーマでチームががらりと変わった。ぼくたち選手がやれることをやっていなかったという証拠だ。

10月27日の練習前、松崎から鈴木政一の退任と山本昌邦の監督就任が選手たちに伝えられた。

第5節から11月7日の第12節まで指揮を執り、3勝1敗4分け。チームを低迷から引き上げた鈴木政一は言った。「本来の姿とまではいきませんが、調子は確実に上がってきています。いい状況でチームを渡すことができたと思います」

日本代表コーチ、オリンピック・アテネ大会の監督を経て、6年ぶりにジュビロ磐田に復帰する山本昌邦は言った。

「相談した人全員から（監督就任は）やめたほうがいいと言われました。簡単なことではないとわかっていて引き受けました。たとえ全敗であっても投げ出すつもりはありません。経験を出し尽くして、世界に通じるクラブにしたいと思います」

契約期間は11月1日から2008年1月末までの3年3カ月。執行役員という立場は、抜本的な改革を期待されてのことで、Jリーグ初の役員監督だった。

11月28日、2ndステージ第15節。［●ジュビロ磐田1－2ジェフユナイテッド市原○］Ⓐ

最終節のメンバー表に藤田俊哉の名前はなかった。

——藤田選手をベンチからはずしたのは？

試合後、新聞記者から聞かれ、山本は答えた。

「1年間フルで代表とクラブで出ずっぱりというような状況もあって、疲労もあるので、少し休ませました。天皇杯があるので、そこに向けてもどしたいと思います」

2004Jリーグディビジョン1
年間5位
1stステージ　2位　勝ち点34　11勝3敗1分け　得点31失点16
2ndステージ　13位　勝ち点14　3勝7敗5分け　得点23失点28

2週間後の天皇杯5回戦、藤田は後半32分に交代。入団2年目、20歳の成岡翔が出場。

準々決勝。藤田は延長に入ってから福西に代わって出場。ベンチスタートは1997年の1stステージ第9節以来、7年7カ月ぶりだった。

試合後、藤田は言った。

「控えは監督が決めたことだから」

準々決勝、準決勝も藤田はベンチスタート。準決勝は後半22分からの出場だったが、5分後に同点に追いつくゴール。

2005年1月1日、天皇杯決勝。[●ジュビロ磐田1－2東京ヴェルディ1969○] 東京・国立霞ヶ丘陸上競技場。

——試合後、茫然としていましたけれど。

後半27分に交代出場した藤田は、記者の質問に応えて言った。

「試合をやったという気がしなくて」

シーズンが終わると、山本昌邦は選手の補強に着手した。

ＦＣノアシェラン（デンマーク）から川口能活（ＧＫ）29歳。

この３年間、１勝３分２敗と苦戦していたジェフユナイテッド市原から日本代表の茶野隆行（ＤＦ）28歳と村井慎二（ＭＦ）25歳。中心選手を失った監督、イビチャ・オシムは皮肉交じりの口調で言った。「うちはジュビロのファームなのか？」

京都パープルサンガから、韓国代表で２００１年から２００３年まで村井とホットラインを組んでいた崔龍洙（チェ・ヨンス・ＦＷ）31歳。

韓国代表の金珍圭（キム・ジンギュ・ＤＦ）20歳。

ジュビロ磐田ユースから、森下俊（ＤＦ）、藤井貴（ＦＷ）、八田直樹（ＧＫ）、上田康太（ＭＦ）、中村豪（ＭＦ）、岡本達也（ＦＷ）の６人。

総勢11人は、ジュビロ磐田史上最大の補強だった。

さらにオリンピック・アテネ大会日本代表監督に就任した際、フィジカルコーチを依頼した菅野淳を呼びもどし、相手の戦い方を分析する先乗りスカウトを増員した。これまではジュビロのサッカーで押しきってきたが、これからは対戦相手の戦い方を意識することも必要だと考えてのことだった。

2005

松崎孝紀のあとを受けて第4代ヤマハFC代表取締役となった右近弘は、2005シーズンを〝改革3年計画〟の第一歩と位置づけた。

「先シーズン終盤に山本監督を招聘し、いま、われわれは、新シーズンのタイトル獲得だけではなく、長期的な視野に立ち、強いジュビロであるために、抜本的な改革を進めています」

右近の言葉を受け、山本はACL優勝、リーグ優勝、世代交代の継続的な推進の3つを目標に掲げた。

「めざすのは過去を取りもどす〝復活〟ではなく〝進化〟、新たな黄金時代の構築です。スクラップ・アンド・ビルド、いままでのジュビロを壊すことから始めます。年功序列はまったく頭にありません。選手を楽器にたとえるなら、古さ、新しさではなく、いい音が出る楽器を使います」

さらに山本はサッカーのスタイルにも大きな変更を加えた。世界基準のデータを選手たちに示し、ダイレクトプレイの有効性を説いた。

「ポゼッション率を抑えて、早くボールを前に運ぶ方向に世界は向かっている。これまでのように横に動かしてから縦ではなく、ボールを奪ったらまず縦をねらう意識に切り替えてほしい。崩してから仕留めるのではなく、仕留めてから逆算して最短のルートを探すことが第1選択肢。データが示す制限時間はゴールまで15秒以内。縦が不可能だと判断したら、これまでのポゼッションサッカーに切り替えればいい」

2005シーズンを迎えたとき、中山雅史は37歳に、藤田俊哉は33歳に、名波浩は32歳に、服部年宏は31歳になっていた。スピードや体力は下り坂に差しかかっていたが、リーグ戦通算出場数——中山280試合、藤田340試合、名波252試合、服部292試合——で明らかなように、飛び抜けて豊かな経験値を持っていた。

あらゆる団体スポーツにおいて、世代交代は避けることができない現実だった。機械であれば古くなったパーツを同じ性能を持つ新しいパーツに交換すればいいことだったが、100人100通りの人間はそうはいかなかった。はたして世代は交代していくものなのか。交代させるものなのか。交代させるとしたら、いつ、どのように行うべきか。継承を重視するべきなのか、新しい色に塗り替えるべきなのか。体力やスピードなどの目に見える要素と、経験値という目に見えない要素をどう評価するのか。後戻りすることも避けることもできない分岐点が待ち受け、正解を導き出す方程式の成り立たない世代交代は、だから成功例よりも失敗例のほうがはるかに多かった。

1ステージ制となった2005年のシーズンが始まった。
3月5日、第1節。[○ジュビロ磐田1-0横浜F・マリノス●]Ⓐ
山本は移籍してきた茶野、金、村井、崔をスターティングメンバーに入れ、藤田俊哉（後半17分出場）、服部年宏（後半44分出場）をベンチメンバーにした。金に先発を伝えたのは前日の夜で、来日してから20日足らず、コミュニケーション・ツールは「右」「左」「前」「アップ」「ゴー」だけだった。

試合後の記者会見で山本は言った。
「選手ひとり一人のポテンシャルの高さは確認できました。これからはさらにコンビネーションを高めていきたいと思います」
4月1日、(旧)磐田市、磐田郡豊田町、竜洋町、福田町、豊岡村が合併し、改めて磐田市が発足。人口は約8万6000人から約17万人へと倍増したが、〝小さな町のクラブ〟であることに変わりなかった。17万人はJ1リーグ全16チームのなかで最少。FC東京、東京ヴェルディの約850万人、横浜FCの約360万人、ガンバ大阪、セレッソ大阪の約260万人など、ひと桁多い人口をバックボーンに持つクラブは、このシーズン、11を数えた。
4月2日、第3節。[△ジュビロ磐田1-1清水エスパルス△]Ⓗ
「ダービーということで、立ち上がりは硬さがあったが、後半は若い選手たちが可能性のあるプレイを見せてくれた。こういう勢いを生かしていけばいいのかなと思ってます」
4月10日、第4節。[●ジュビロ磐田0-1FC東京○]Ⓐ
「若い選手が少しずつ出てきているところなので、がまんしながらすりあわせていくことだと思います」
4月13日、第5節。[●ジュビロ磐田1-3ジェフユナイテッド市原・千葉○]Ⓗ
「(藤田がベンチに入らなかったのは)戦術的な理由と、彼の疲労を考えてのことです」

開幕から1勝3敗1分け。得点3失点8。リーグ16位。

名波は言った。

「チームがまとまるにはまだ時間がかかると思う。ここはチーム戦術として戦うのか、それとも個人の技術やパフォーマンスを駆使して突破していくのかというところの判断のバランスが悪い。もっと工夫が必要だし、話さなければならないことはたくさんあるだろうし、これでいいとなってしまってはいけない」

藤田は言った。

「自分たちのサッカーがまだ見えてこないと感じるけど、あまりあせらないで、時間をかけていかなければならないのかなと思う」

入団3年目の菊地直哉は言った。「みんなが同じイメージを持ってゲームをしていない。ほかのチームより、話し合いの時間が倍ぐらい必要だと思う」

移籍してきた村井は言った。

「まだ監督のめざしているサッカーができていないと思うので、それをチーム全体で表していきたいと思います」

4月20日、AFCチャンピオンズリーグ予選リーグ第4戦。[●ジュビロ磐田1-2水原三星（韓国）○]Ⓐ逆転負けでAFCチャンピオンズリーグ予選リーグ敗退が決定。掲げた目標のひとつが潰《つい》えた。

山本は言った。

「新しいチームの方向性が少しずつ出てきたので、この勢いをつぎにつなげていきたいと思います」

4月24日、第7節。［●ジュビロ磐田1－2鹿島アントラーズ○］Ⓐ

「服部の出番がありませんでしたが、すごく調子は上がってきています。ACLで若手がすごく可能性のあるプレイをしてくれたので、そこにベテランの味が加わってくれればいいなと思っています。溜めてから前に行くのではなく、前に行ってから溜める、ジュビロ磐田のサッカーの優先順位を変えるという部分が少しずつ浸透してきていて、6月以降の巻き返しの手応えを感じています。1年先が非常に大切なチームだと思っていますので、どんどん選手が伸びていってくれればと思います」

4月25日、スポーツ紙が藤田の移籍の可能性を報じた。

4月28日、第8節。［△ジュビロ磐田2－2浦和レッズ△］Ⓗ

「藤田を58分で下げたのは、ハードな日程から来る疲れを考えたということだけです。福西を菊地に代えたのも同じ理由です。高い授業料ですが、若い選手ががんばりきっていることに手応えを感じています」

5月1日、第9節。［○ジュビロ磐田4－0柏レイソル●］Ⓐ

中山雅史が自ら得たPKを決めてJリーグ初の個人150ゴール達成。

「150ゴールはみんながとらせてくれたもの。感謝したい。今日もチャンスはまだあったし、もっともっと欲ばりになりたい。つぎの目標は151ゴールです」

Jリーグでの初ゴールは1994年3月19日、ヴェルディ川崎戦でのヘディングシュート。ここまで得点をあげた試合は116。そのうち敗戦はわずか9。ほとんどすべてがチームに勝利を呼びこむゴールだった。

5月15日、第12節。［○ジュビロ磐田2－1大分トリニータ●］Ⓗ

試合終了の笛が鳴り、名波がスタンドに向けて指で〝10〟を示すと、スタンドから藤田コールが沸き起こり、ロッカールームに引き上げた藤田を引っ張り出した。
ジュビロ磐田がJリーグに昇格した1994年から2004年までの10年間、藤田はリーグ戦326試合に出場。Jリーグ最多出場を記録していたが、このシーズンは出場機会が激減。ここまで12試合中、スターティングメンバーに入ったのは6試合。ベンチを温める時間が長くなっていた。

5月28日、夜通し降りつづいた雨で、むせるような湿気に包まれたハノイナショナルスタジアム。ベトナム選抜との親善試合に、現地在住の200人を含む1万人の日本人サポーターが、横断幕を手に駆けつけた。『華麗なる10番、藤田俊哉』『俺たちは、ずっと俊哉と共に闘いたい』
［●ジュビロ磐田1－2ベトナム選抜○］
鈴木、服部、名波、藤田がそろって先発し、最後までプレイしたのは、このシーズン初めてだった。
選手たちがロッカールームに引き上げ、ピッチにひとり残った藤田は、ユニフォームを脱ぎ、ベンチに腰を下ろした。両肩が落ち、その目はどこか遠くを見ているようだった。
やがて立ち上がった藤田は、ピッチをゆっくり横切り、ロッカールームに向かった。うつむき加減の寂しげなうしろ姿が、久保がジュビロ磐田の藤田俊哉を撮る最後の機会になった。
6月5日、NHK静岡が藤田の名古屋グランパスへの移籍を報じ、藤田は、サポーターズマガジンに胸のうちを明かした。
――仲間と築き上げてきたサッカーが好きだったし、環境が好きだったし、応援してくれるサポーターが好きだった。ジュビロでやりつづけたかったが、思っていた方向と違う方向にチームが進み始めたから離れることに決めた。サッカーだけを見たとき、つぎのステップに進んだほうがいいと思えた。新しい環境で自分の居場所を探し、評価を得ることにエネルギーを注ぎたいと思った。

藤田は名波に頼んだ。

「中山さんと、まだまだこのチームを引っ張ってほしい」

ここまで中山がスターティングメンバーに入ったのは12試合中3試合、山本が世代を交代させようとしていることはわかっていたが、あきらめるつもりはなかった。試合に出るためにはどうすればいいのか。チームのためにやるべきことはなにか。いかにして若い選手に勝ってレギュラーを張るか。必要とされる選手でありつづけたいと思っていた。

運動量も技術も負けていないのに、もう若くないからと肩を叩かれることを、名波は受け入れられなかった。なにがなんでも生き残りたいというわけではなかった。ぼくたちに追いつくか、指1本かけたプレイヤーをピッチに立たせることが競争であって、競争のない世代交代は将来に悪影響を及ぼすだけだと思った。

7月2日、第13節。［●ジュビロ磐田1－2川崎フロンターレ○］Ⓗ

試合後、山本は言った。

「点を決めるべきプレイもあったが、若い選手がステップアップしていってくれればいいなと思っています」

7月13日、第16節。［△ジュビロ磐田0－0サンフレッチェ広島△］Ⓐ

「若い選手が何人か台頭してきて、少しずつ自信をつけていけば、未来が少しずつ明るくなってくるのかなと思います」
8月13日、ナビスコカップ決勝トーナメント準々決勝第2戦。［△ジュビロ磐田2-2ジェフユナイテッド市原・千葉△］Ⓗ
ナビスコカップ、準々決勝敗退。
「集中力が欠けたり、ひとり少ない時間にやられたり、若さが出てしまったかなという場面もありましたが、若い選手には、どんどん失敗しろと言っているので、先につなげてくれればいいと思っています」
8月27日、第21節。［△ジュビロ磐田1-1FC東京△］Ⓗ
「若手が戦う姿勢、責任を持ってやってくれたことが監督として結果抜きにうれしい。全体の底上げがこれではっきり証明できたと思うし、未来に向かってさらに新たな競争をしていけると思う。かなりの暑さのなかの連戦、とくに田中誠には感謝したい。このチームでフルに出ているし、イラン戦から引きつづきフルにやってくれて、こういうたくましさは、将来チームの柱になっていくと思います」
9月17日、第24節。［●ジュビロ磐田0-2セレッソ大阪○］Ⓐ
「改革の途中なので、こういう厳しい痛みは若い選手のことを考えると大事だと思っています。結果は監督の責任。選手はよくやったと思います」
10月22日、第28節。［△ジュビロ磐田1-1清水エスパルス△］Ⓐ
「ここ3試合、内容はまずまずですが、勝ち点がふたつずつ足りない試合がつづいているということで、なにか少し足りないものがあるのかなという気はしています。若手がこういうなかで、自信を少しずつつかんで、この先につながっていけばと思います」

郵 便 は が き

料金受取人払郵便

代々木局承認

6948

差出有効期間
2020年11月9日
まで

1518790

203

東京都渋谷区千駄ヶ谷4-9-7

(株) 幻冬舎

書籍編集部宛

1518790203

ご住所 〒

都・道
府・県

フリガナ
お名前

メール

インターネットでも回答を受け付けております
http://www.gentosha.co.jp/e/

裏面のご感想を広告等、書籍のPRに使わせていただく場合がございます。

幻冬舎より、著者に関する新しいお知らせ・小社および関連会社、広告主からのご案内を送付することがあります。不要の場合は右の欄にレ印をご記入ください。

不要 □

本書をお買い上げいただき、誠にありがとうございました。
質問にお答えいただけたら幸いです。

◎ご購入いただいた本のタイトルをご記入ください。

『　　　　　　　　　　　　　　　　　　　　　　　　　』

★著者へのメッセージ、または本書のご感想をお書きください。

●本書をお求めになった動機は？

①著者が好きだから　②タイトルにひかれて　③テーマにひかれて
④カバーにひかれて　⑤帯のコピーにひかれて　⑥新聞で見て
⑦インターネットで知って　⑧売れてるから／話題だから
⑨役に立ちそうだから

生年月日	西暦　　年　　月　　日（　　歳）男・女			
ご職業	①学生	②教員・研究職	③公務員	④農林漁業
	⑤専門・技術職	⑥自由業	⑦自営業	⑧会社役員
	⑨会社員	⑩専業主夫・主婦	⑪パート・アルバイト	
	⑫無職	⑬その他（　　　　）		

このハガキは差出有効期間を過ぎても料金受取人払でお送りいただけます。

ご記入いただきました個人情報については、許可なく他の目的で使用することはありません。ご協力ありがとうございました。

12月3日、第34節。［○ジュビロ磐田1－0ヴィッセル神戸●］Ⓗ

「いろいろ新しい選手に来てもらって、これまでの固まったジュビロのスタイルを1回壊して、世界で戦える新しい基礎づくりを考えてやってきました。まだまだ改革の道半ばですが、新しい面も出てきました。来年は、そういう部分もさらに伸ばしていきたい。若い選手にはかなりチャンスを与えたので、全体的に伸びてきました。来年は今年より高いステージでスタートラインに立ち、切磋琢磨できたらいいと思っています。運動量に関しては、世界に通じる高いポテンシャルを持っています。試合のかけひきを覚え、賢く走り、効果的に動くようになれば、おもしろくなる。若い選手に関してはすごく期待の持てる1年だったし、わたし自身、ポテンシャルの高さを感じることのできる1年でした」

このシーズン、山本が記者会見で〝若い〟〝若さ〟〝若手〟を口にしたのは39回、〝ベテラン〟は7回を数えた。チーム史上、山本以前に記者会見で〝ベテラン〟という言葉を使った監督はいなかった。〝若い〟〝若さ〟〝若手〟が使われたのはJリーグ昇格後の11年間で5回だった。

山本が積極的に取り組んだ世代交代は、しかしコメントほどには進まなかった。シーズンが深まるにつれて〝ベテラン〟の出場機会は増えていった。黄金期の中核を成した選手たちの、前シーズンの出場試合数／出場時間とこのシーズンの出場試合数／出場時間の比較にそれは明らかだった。

中山雅史2004年24試合／1749分→2005年28試合／1219分
名波浩2004年25試合／2113分→2005年26試合／2072分
服部年宏2004年26試合／2290分→2005年28試合／2429分

２００５Jリーグディビジョン１
６位　勝ち点51　14勝11敗９分け　得点51失点41

2006

〝改革3年計画〟の2年目、第4代ヤマハFC代表取締役、右近弘が設定した目標は〝若手選手の成長を促しながら主要大会でのタイトル獲得〟。

シーズン前、サポーターズマガジンのインタビューで山本昌邦は言った。

「昨年のベースがあるから、今年は選手に考えさせます。答えを出し合ってより良い答えを見つけて整理していってほしい。熟成とはそういうもの。すでに一度樽に詰めたのだから、あとは自然発酵していくはずです。それを楽しみに待つシーズンだと考えています」

つづくページに名波のコメントも掲載された。

「チーム改革を具現化していくなかで、去年はいろいろな波に飲まれてしまった。ジュビロ磐田がめざすサッカーのビジョンが薄れ、みんなの足並みがそろわなかった。それで6位は悪くないかもしれないけれど、上位との差はある。サッカーを改善するために変えないといけないところもあると思います。

若手には、練習から細かいことを意識すること、その大切さを伝えたい。入団したときに、オフトに1〜2メートルの細かさでプレイを修正されたが、それがあったからいまがある。若いうちにそれをたたきこめば、やがて血となり、肉となるし、そうなれば、ずっとみんながおなじビジョンを持って向上していける。顔を見るだけで、互いにどう動き、なにをするかがわかるというレベルにみんながいけば、そうとういいチームになると思う。

見る人が、楽しそうにやっているなと感じるようにプレイしたい。背負ってきたいろいろなプレッシャーをすべて取り払って、今年はほんとうに純粋にサッカーが好きだった子どものころの気持ちで、サッカーをしたい」

3月5日、第1節。[△ジュビロ磐田1-1アビスパ福岡△]Ⓗ

試合後の記者会見で、監督、山本昌邦は言った。

「コンビネーションがまだまだ50〜60パーセント程度。これから成熟させていかなければならない。お互いの特徴やコンビネーションを、理解し合えていないところがまだまだたくさんある。少し時間が必要です」

4月2日、第6節。[○ジュビロ磐田2-1大分トリニータ●]Ⓐ

「非常にハードなゲームで、最後に勝ち点を拾えたのは、すごく大きな結果だったと思う。こういう勝ちをつぎにつなげていけるようにしたいと思います。いままで積み上げてきたことが、まちがっていなかったという確信を選手も持ったと思います」

4月8日、第7節。[●ジュビロ磐田1-3FC東京○]Ⓐ

「若いフォワードがまだ1点も取れていないが、長い目で見たとき、そういう経験をさせていかなければならない。日本人ストライカー不足が叫ばれているからこそ、しっかりチャンスを与えていきたい」

4月30日、第10節。[○ジュビロ磐田2-0ヴァンフォーレ甲府●]Ⓗ

「開幕からここまで、立ち上がりで苦しんだが、徐々にチームの調子が上がってきたので、これをワールドカップ・ブレイク後につなげていきたい。これからのカップ戦のなかで、若い選手がチャンスを生かしてくれればと思う」

5月6日、第12節。［△ジュビロ磐田2－2名古屋グランパス△］Ⓗ

第12節を終えた時点で4勝3敗4分け、リーグ11位に沈むのは7期ぶりだった。

ボールの動きが久保のファインダーからはみ出ることが、ほとんどなくなっていた。うまい選手はいたが、プレイが連鎖し、チームがひとつの命のように躍動することはなくなっていた。考えもしなかったような写真が撮れることも、ゴールシーンを撮り逃して頭を抱えることもなかった。久保は淡々とシャッターを押しつづけた。

6月8日、ヤマハスタジアム。ヤマザキナビスコカップ決勝トーナメント準々決勝第2戦。前半19分にゴールを奪われ、33分、茶野隆行にレッドカード。後半43分に失点。

［●ジュビロ磐田0－2横浜F・マリノス○］

「早い時間に10人になって、選手はよく戦ったと思う。ぼくが来たときスターティングメンバーの平均年齢が30歳前後だったことを考えれば、平均年齢24歳前後のチームが、このメンバーでマリノスとこれだけ戦っているのは評価したい。個々にはすごく評価できる選手もいる」

ワールドカップ・ドイツ大会のための中断期及びその後について聞かれた山本の回答に、記者席がざわめいた。

「休みのあとはぼくにはありません。いま、社長に辞表を出したので、身を引くことにします」

――辞表は受理されたのですか？

「はい、受理されました。今日のマリノス戦をもって、監督の職から身を引くということで、辞表を社長に渡したし、選手にも話しました」

――前々から決めていたことですか？

「昨日、決断しました。いろいろなことを考えて。サポーターの皆さん、関係者の皆さん、メディア・プレスの方々には、本当に多大なるご協力、応援をしていただきました。本当に感謝を申し上げます。さまざまな思いはあるが、ジュビロにとって、わたしが身を引くことが最善であるということがぼくの決断です」

――今日勝ったら辞任はなかったのですか？

「今日勝っても辞表は出しました」

――辞任の一番大きな理由はなんでしょうか？

「いま、ここで話をしてもしょうがない。ジュビロにとって、ぼくが身を引くことが最善だと考えたことが一番の理由です。数え上げればきりがないくらい話は出てきます。ただひとつではありません。ＯＢでもあるし、ジュビロ磐田のこれからの発展をお祈りしたい」

――選手たちにはどう伝えたのでしょう？

「みんながんばってくれたので、ありがとうということだけです。いま、社長に辞表を出して受理されたので、今日でお別れということを伝えました」

――今後の予定は？

「まったく。明日からドイツに行く予定なので、それは仕事としてしっかりやりたいと思っています」

3日後に行われたワールドカップ・ドイツ大会予選C組、アルゼンチン対コートジボワールの一戦。山本は、NHKの実況中継の解説席に座っていた。


6月22日、練習前のミーティングで、1997年から1999年にかけて、ディフェンダーとしてジュビロ磐田に在籍したアジウソン・ディアス・バティスタの監督就任が選手たちに伝えられた。

ミーティング後、フロントがメディアに言った。

「何人かの候補者がいたが、（アジウソンは）ジュビロでもプレイしているので慣れています。人間性はわれわれもよく知っているし、チームに早くとけこめるということが一番のポイントになりました。若手を育てることなども評判がいいとの報告を受けています」

6月29日、アジウソンが来日、翌30日、記者会見が行われた。

「選手としては勝利者になったと思います。そのジュビロで、今度は監督としても結果を出して勝利者になりたい。38歳でジュビロの監督になるということは、ふつうではできないことだと思っています。これは神様からいただいた機会、黄金時代を取りもどしたいと思います」

アジウソンがブラジルからフィジカルコーチを連れてきたため、菅野淳は居場所を失うことになった。

7月12日、第11節。［△ジュビロ磐田2-2ガンバ大阪△］Ⓐ
山本が指揮をとった12試合で先発は6度、アジウソンの初戦は前半の45分間で交代、以後4試合連続してベンチを温めるだけに終わった名波は、第16節の清水エスパルス戦後、出場機会を求めて降格争いの最中にいるセレッソ大阪への移籍を決断した。

11月11日、第30節。［○ジュビロ磐田3－2セレッソ大阪●］Ⓐ

セレッソ大阪の選手として後半9分に交代出場した名波は、ジュビロ磐田に失望した。優勝争いができるチームじゃない。全体から細部に至るまで、すべてがぬるい。そこそこ給料が上がればいい、いいところに住めて、いい車に乗れて、ちやほやされればいいという意識からくるぬるさだと思った。

12月2日、第34節。［●ジュビロ磐田0－3鹿島アントラーズ○］Ⓐ

なにもできなかった。ふりまわされて終わってしまった。中山は鹿島アントラーズに爪痕のひとつも残せなかったことがどうにも悔しかった。アジウソンが求めるサッカーは、アジウソンがジュビロ磐田でプレイしていたときと正反対だった。パスで相手のディフェンスをこじあけるアクションサッカーではなく、相手のストロングポイントを消し、カウンターを仕掛けるリアクションサッカーだった。

監督交代から23試合戦い、13勝7敗3分け。後半戦に限れば2位。数字だけを見れば悪くはなかったが、やっていることに自信が持てなかった。こちらからアクションを起こさず、すべて相手次第。勝つには勝ったが、安定感がなかった。カウンターの撃ち合いで、相手がミスし、ジュビロが点を入れて勝ったゲームがいくつもあった。口に出すことはできなかったが、勝ってもおもしろくなかった。

相手によって、戦い方を変えるうちに、ジュビロを貫いていた芯がなくなってしまった。ひとつまちがえれば、入れ替え戦にまわることになると覚悟していた。中山は思った。這い上がれなければ下がっていくだけだ。それだけはぜったいにしたくない。そんな自分ではありたくないし、そんなチームにもしたくない。

2006Jリーグディビジョン1
5位　勝ち点58　17勝10敗7分け　得点68失点51

「すぐに、強引にでもアクションサッカーにもどさないと、手遅れになります」

12月23日、契約交渉の席に臨んだ中山がチームの危機を訴えるとフロントは答えた。

「そのことはもうアジウソンに伝えてある。ちゃんと修正していくという返事をもらっている」

12月27日、クラブが服部年宏の退団を発表した。

――この度、ジュビロ磐田では、服部年宏選手（MF）との契約について、クラブ側からの契約更新の意向を示しましたが、本人の強い希望により、当クラブとの契約を更新しないことが決定しましたのでお知らせします。

同日、スポーツ紙にJ2の東京ヴェルディ1969への移籍が決まった服部のコメントが掲載された。

――去年ぐらいから試合に出られないことがあって（移籍を）考えてきた。選手は試合に出てこそ。（先発出場という）張りがほしい。不安もあるけれど、楽しみの方が大きい。残り少ないサッカー人生でもう1回勝負したい。来年J1に上げて、翌年ジュビロと戦いたい。

12月29日、スポーツ紙が名波の東京ヴェルディ1969への移籍の可能性を報じた。

――磐田からC大阪へ期限付き移籍中のMF名波浩が、J2東京Vへ移籍することが28日までに濃厚となった。クラブ関係者らの話や経緯などから、期限付きか完全かなど服部と同様に移籍形態を含め、交渉は最終的な詰めの段階となっているようで、年内にも確定する可能性がある。（中略）今年8月、アジウソン監督の進めるサッカーと噛み合わず、「納得した形でプレーしたかったが、かなわなくなった」と苦渋の選択で、C大阪に期限付きで移籍した。その際、選手として磐田へ復帰する可能性も低いことを示唆していた。

同じ日、山本昌邦の監督辞任後、ホームタウン推進部育成センターに移り、ラグビーのジュビロの臨時フィジカルコーチ等を務めた菅野は、14年間在籍したジュビロ磐田を離れ、ヴィッセル神戸に活動の場を移すことになった。

年が明けて1月22日、クラブの公式ホームページを通して、フロントから、福西崇史のFC東京への移籍が発表された。

——越年に渡る話し合いにおいて、2007シーズンでのチーム戦略並びに福西選手に対する役割と期待等を伝える中で、条件面での再考案をも示しながら、なんとしてもジュビロ磐田でプレイしてもらいたい旨の慰留に努めてまいりましたが、最終的に、御承知の通り、FC東京への移籍という結果になってしまいました。引きつづき中心選手としての活躍を2007シーズンの大前提としていただけに、また大変多くの皆様から「ジュビロの福西選手」に大きな御声援を戴いていただけに、今回の結果については、クラブの力及ばず、大変申し訳なく思っております。

1995年、愛媛県立新居浜工業高等学校からフォワードとして入団した福西は、中山、藤田、名波、ファネンブルグ、スキラッチたちの練習を見て途方にくれた。

止める、蹴るという基本の次元がけたはずれにすごかった。ボールまわしに入ると、いつもぼくのところで流れが止まった。練習が終わると頭も体もくたくただった。毎日、誠和寮にまっすぐ帰り、ベッドに倒れこんだ。名波さんが食事に連れていってくれることが、唯一の息抜きだった。

このままでは終わってしまう。どうすればいいのだろう？　半年経っても、サテライトの登録メンバーにも選ばれなかった。いよいよ追いつめられたとき、オフトからボランチへの転向を打診された。ここを乗り越えなければ、プロとしての未来はないと、覚悟を決めた。

ドゥンガはただただ怖かった。「同じミスをくりかえすな」「頭を動かせ」「どこを見ているんだ」。いまにも顔が触れそうな距離で、数えきれないほど怒鳴られた。

ボールまわしに入れるようになり、ドゥンガに自分の考えを伝えられるようになったとき、入団してから2年が経っていた。

フロントの評価は、悔しさだけを糧にレギュラーになり、黄金期の一員となり、日本代表に這い上がったぼくのプライドに見合うものではなかった。10年以上かけて、培ってきたものを必要ないと言われているように感じられた。

磐田が大好きだった。離れたくなくて迷い、悩んだ。若い選手にアクションサッカーを伝えたかったが、アジウソンが来年も監督をつづける以上、新しいチャレンジをするよりほかに道はないと思った。

名波、服部、福西がチームを去り、黄金期の中核を成した選手は、中山、鈴木秀人、田中の3人になった。

こんなに急に流れが変わるとは思ってもみなかった。山本昌邦が指揮を執った1年8カ月、怪我と出場停止を除く全試合に先発出場した田中は思った。歯車が狂い始めたと感じたのは、2003年に柳下さんが突然辞任したときだった。あれ以降、俊哉さんをはじめ、上の人たちは試合から遠ざけられ、フラストレーションを溜めるようになった。下の若い選手たちは、実力で中山さんや名波さんや服部さんを押しのけたと勘違いをする人間と、自分が上の人の代わりに出ていいのかと萎縮する人間の大きくふたつに分かれた。なんとかして流れを変えようと思い、若手に対して要求したり、がまんしたりしたが、歯車の狂いは大きくなるばかりだった。

荒田忠典はメモ用紙にボールペンを走らせた。礼状の下書きだった。

〈藤田、名波、服部、福西の移籍話には、スカウトし、育てた私には、一抹の寂しさがありますが……〉

2007

〝強いジュビロ、輝きのあるジュビロ〟を取りもどすための〝改革3年計画〟の最終年となったこのシーズン、第4代ヤマハFC代表取締役、右近弘は、リーグ優勝、ナビスコカップ優勝、天皇杯優勝を目標に掲げ、言った。

「滞り気味になり、多少いびつな形になっていた世代交代が、この2年間で大きく進捗しました。今シーズンは変貌するチームのなかで、精神的・技術的にチームを引っ張る経験豊かな選手、新たな時代の中軸となる中堅選手、そしてチームに活力をもたらすフレッシュな若手選手と、バランスの取れた戦力構成のチームづくりをさらに進めていきます」

2月7日、チームは基礎づくりのための鹿児島キャンプに入った。

少し動くとアジウソンの笛が鳴り、修正が行われ、ようやく再開されるとすぐに笛、修正。アジウソンが納得するまで同じ練習がくりかえされた。紅白戦でも笛は鳴りやまず、次第に、考える力が選手たちから失われていった。

汗をかききれない、いやな疲れを感じながら中山は思った。監督がだれであろうと、選手には最低限やらなければいけないことがある。しっかりパスをつなぐ、ミスをしない、ボールを取られたら追う、パスを出したら走る、フォローに寄る、そういうあたりまえのことがどんどんできなくなっている。

数多く練習試合が組まれ、トレーニングは戦術練習が中心になり、フィジカル・トレーニングは練習試合のための調整程度の質量になった。

J2の愛媛FCとの練習試合の前、相手の選手の特徴と、それに対応するためのディフェンスの方法の指示に終始するアジウソンに、中山は言葉を失った。J2のチームとの練習試合でリアクション・サッカーをするのか。2001年、2002年のような相手のディフェンスをパスでこじあけるサッカーが、いまのメンバーではむずかしいことはわかるが、アクションを起こさないのではなにも始まらない。

中山はミーティングで選手たちに言った。

「長く中心を担っていた選手が出ていったいま、ひとり一人が危機感と向上心を持たないと、すごく厳しいシーズンになる。とにかく選手としてやるべきことをやろう」

「こんなのやったことないですよ」

シーズンが始まると、ヴィッセル神戸の選手たちから悲鳴が上がり、故障者が続出した。

原因は菅野淳がつくったトレーニングメニューだった。菅野は驚き、思った。ジュビロであたりまえにやっていた練習はそんなに厳しかったのか。

3月4日、第1節。［●ジュビロ磐田0-4柏レイソル○］Ⓐ

4失点の完敗。最下位からのスタートになった。

4月22日、第7節。［●ジュビロ磐田2－5ガンバ大阪○］Ⓐ

4勝2敗と立て直し、勝てば2位浮上の可能性があったこの第7節、7分に先制点を許すと、14分、23分と前半だけで3失点。ディフェンスのマークが甘く、ほとんどフリーの状態で打ちこまれたシュートばかりだった。

試合後、ゴールキーパーの川口能活は言った。

「長くサッカーをつづけているが、こんなにひどい試合への入り方は初めて。結果も屈辱的、言葉で言い表せないほどひどい。強くもないのに勘違いしている」

練習スケジュールやメニューの突然の変更が相次いだ。試合に負けると予定になかったランニングメニューが組みこまれ、勝つと軽いランニングとプールで終わりになった。不安を感じた選手が自主的に走ろうとすると、アジウソンに止められた。


5月20日、第12節。ヤマハスタジアム。

なつかしいな、あの声。歯切れの良いかけ声が久保の耳に響いた。振り向くとヴィッセル神戸の選手たちの中に、ウォームアップを仕切る菅野の姿が見えた。見慣れていたはずなのに、なんだかかっこよく見えて仕方がなかった。

試合前のウォームアップ中、中山は耳に入った口笛に反応し、苦笑した。約14年間聞きつづけた菅野のメニューチェンジを告げる口笛だった。

ジュビロ磐田はこの日の立ち上がりも集中力に欠け、前半10分、14分に失点。目を覚ましたかのように、前半28分、37分にゴール。同点に追いつき、決定的なピンチを川口が防いだが、後半31分に失点。ヴィッセル神戸に、リーグ戦17回目の対戦で初の敗戦を喫することになった。

[●ジュビロ磐田2－3ヴィッセル神戸○]

ヴィッセル神戸のゴールキーパー、榎本達也は言った。

「ジュビロが強かった当時を知っている人は（いまのチームには）ほとんどいませんし、苦手意識というか、マイナスイメージはなかったと思います」

あんなに強かったジュビロが、こうなってしまうのか。本気でジュビロ磐田を倒そうと分析に打ちこみ、目的を達成した菅野は複雑な気持ちになった。ジュビロの内情は、人づてに耳に入っていた。外から見ていても歯車が嚙み合わなくなっているのがわかった。菅野は思った。それでも、チームのだれかがアクションを起こせば、きっと下降を止められるはずだ。

6月30日、第18節。[●ジュビロ磐田0－2浦和レッズ○]Ⓗ

リーグ7位でACLのための約40日の中断期に入った。

8月11日、第19節。[●ジュビロ磐田0－4ヴィッセル神戸○]Ⓐ

もしかしたら中にいる人間には、チームの状態がわからないのかもしれない。中断明け、ふたたびジュビロ磐田に大勝した菅野は思い直した。そうだとしたら、一度、落ちるところまで落ちなければ、立て直しはむずかしいだろう。

開幕戦が［0－4］、中断明けも［0－4］。何回同じことをやれば気がすむのか。中山は思った。おそらくシーズン途中で監督が替わることはないだろう。残り15試合、しのぎきるしかない。とにかく残留を確定させて、残る時間を来シーズンへの準備期間に使いたい。テーマを設定し、実戦でチャレンジし、修正し、それを重ねていけば、来年はもっとましなスタートを切れるだろう。ぼくがこのチームにいられるかわからないけれど。

9月1日、第24節。［●ジュビロ磐田0－1清水エスパルス○］Ⓗ

ダービーマッチ連敗後の記者会見をアジウソンはこう結んだ。「オブリガード、ジャパン、チャオ（ありがとう日本、またいつか）」

翌日、ジュビロ磐田の公式ホームページがアジウソンの辞任を報じた。前任の山本昌邦と同じように唐突な幕切れだった。

――本日9月2日（日）、アジウソン監督から成績不振を理由に辞任の申し入れがあり、クラブはこれを受け入れることと致しましたのでお知らせ致します。また、イヴァイルコーチ、オスカーGKコーチ、ゼ マリオ・フィジカルコーチからも同様の申し入れがあり、これを了承することと致しました。

今後は、現トップコーチ兼サテライト監督の内山篤氏がチームの指揮を執ります。また、新コーチに柳下正明氏が就任致します。その他、ゴールキーパーコーチ、フィジカルコーチにつきましては、決まり次第ご報告致します。

ヤマハ発動機の時代から積み上げてきた土台は崩れてしまった。ここからつくり直さなければならない。土台を広く、大きくしなければ、建物を高くすることはできない。内山は選手たちに言った。人もボールも動くアクションサッカーを取りもどそう。ジュビロをジュビロ化しよう。

１９８２年、日本リーグ２部に降格したヤマハ発動機サッカー部がハンス・オフトをコーチとして招聘した年、内山は志田文則、柳下正明とともにヤマハ発動機サッカー部に入部した。

入部３年目の１９８４年に日本代表に選ばれ、２年連続して国際Ａマッチに出場。１９８６年から３年つづけてヤマハ発動機サッカー部のキャプテンを務めた。

１９９１年、中山雅史の入部の翌年、監督の長澤和明にコーチを要請され、引退。まだ31歳、Ｊリーグ開幕の足音は２年後に迫っていたが、ずっと指導者になりたいと思っていたから迷うことはなかった。

１９９２年、コーチ１年目、中山がＪＦＬ１部リーグの得点王になり、リーグ優勝。翌年はリーグ２位となってＪリーグ昇格を決定。それ以後、フェリペ監督の下で働いた１９９８年を除いて、畑を耕し、種を蒔《ま》き、芽を育てることに専念。サッカー興しで地域をめぐり、ユース監督、サテライト監督を務めた。

むずかしいのは親に無理やりサッカー教室に連れてこられた幼稚園児だった。土いじりをしたがる子どもの気持ちを、１時間でサッカーに向かせること以上に困難な課題はなかった。

ユースの監督を務めた３年間、毎朝６時半に誠和寮に行き、ひとり一人学校に送り出した。毎日顔を見ていると、言葉を交わさなくても、気持ちを感じられるようになった。そこからが指導のスタートだった。

時代はＪリーグを見て育った〝Ｊリーグ世代〟に移り変わっていた。かつて日常的だった、仲間と向き合い、ぶつかり、理解を深めていく光景はほとんど見られなくなっていた。仲はいいが、絆が弱かった。逆境に立たされるとうまくコミュニケーションを取ることができなかった。日本のすべてのスポーツの指導者がぶつかっている現実なのだろうと思った。

内山が思う良い選手とは、苦しいときにチームのためにがんばれる選手だった。がんばれない選手は、おれはやっているのにあいつが悪い、と人のせいにすることが多かった。うまい選手はたくさんいたが、良い選手は滅多にいなかった。

黄金期の選手はみんな良い選手だった。そのDNAを絶やさないためにも、名波を引きもどし、ジュビロ磐田で終わらせたい。中山にサックスブルー以外の色を着させたくない。このチームでとことんサッカーにのめりこませたい。

これ以上現役をつづけても、なにも起こらない。プレイヤーとしての発見はない。名波はそう思い、東京ヴェルディ1969で選手生活を終えようと考えていた。ジュビロ磐田のことは気になっていたが、帰るつもりはなかった。もどるときは指導者としてと決めていたが、強化部長の鈴木政一と監督の内山から、ジュビロらしいサッカーを取りもどしたい、ぜひ力を貸してほしいと重ねて言われ、心が動いた。

アジウソンからチームを引き継いだ内山は、4勝3敗3分けでシーズンを終了。シーズン9位はクラブ史上最低の順位だった。

2007Jリーグディビジョン1
9位　勝ち点49　15勝15敗4分け　得点54失点55

「まだ見ていないけれど、鏡を見てもきっといい気持ちになれるでしょう。監督がめざすサッカーを具現化させて『やっぱり名波は水色だったな』と思われたい」

2008

1月28日、開幕に向けて始動したチームに、半年間のピンク、1年間のグリーンを経て、サックスブルーにもどった名波浩の姿があった。背番号は7を1と6に分けて並べた16。練習後、名波は言った。

「目標達成に全力でサポートしたい。思っていたほど、意識は低くないが、やっていることはまだ幼い。つまりサッカーではないということです」

2003年までのアクションサッカー。山本昌邦が推進したダイレクトプレイ。アジウソンのリアクションサッカー。5年間で6回監督が替わり、右から左へ、左から右へと価値観は揺れ動いた。なにが正しいのかが、いつのまにか、どちらが正しいのかになり、生じた亀裂で土台は傾いていた。

試合を重ねるうちにアクションサッカー復活の兆しは見えるようになっていったが、90分間信じきることができなかった。流れをつかみかけたときの失点が多く、リードされると目に見えて勢いを失った。

5月に入ると、引き分けに始まり、3連敗。J2降格圏の16位まで順位は下がった。

ぼくが若手のときも連敗はあったが、落ちこまなくて怒られたくらいだった。鈴木秀人は思った。ミスを抱えこむのではなく、笑って話せるくらいのふてぶてしさが若い選手たちにほしい。

苦しさを糧にすることは若い選手の義務。それができないと未来はない。田中誠は思った。悪い状況を変えるためになにより必要なのは、仲間を信頼して思いきりプレイすることだ。

先制点を奪われたぐらいのことで落ちこんでいたら戦えない。中山雅史は若い選手たちに呼びかけた。下を向くひまがあったら動こう。ハードワークが連動して、勝利につながれば、いろいろな意味でポジティブになっていくはずだ。

失うものはないなどと言っている状況ではない。名波は自分に言い聞かせた。もっとしっかりチームをバックアップしよう。若手がコーチに言えないことや疑問を投げかけてきたら100パーセントの誠意を持って応えよう。ピッチに立ったら、流れを変えるプレイをしよう。

8月9日、ヤマハスタジアム。第20節、ヴィッセル神戸戦。後半43分、フォトグラファーの久保暁生はタッチラインとセンターラインが交差する場所にレンズを向けた。

いつものように左の拳で胸の右側を一度、右の拳で胸の左側を一度叩いた中山は、村井慎二に替わってピッチに走りこんだ。スコアは0‐1。6試合ぶりの出場だった。

中山と周囲の選手たちに温度差が見えるようになったのは、アジウソンが監督になったころだった。モノクロームに沈んだチームのなかで、この日も、全身から怒りに似た感情が立ちのぼっていた。

久保は中山にレンズを向けた。もし、つぎの瞬間に怪我をして、完治に半年かかるような重傷だったら……。そう思うと、どうしてもレンズをほかに向けることができなかった。3分後、ノータイムの笛が鳴るまで、久保は中山を追いつづけた。

［●ジュビロ磐田0－1ヴィッセル神戸○］

8月27日、降格圏内のチームの直接対決となった第23節。ヤマハスタジアムに集まった観客はわずか8555人。

後半31分に名波を、終了間際に中山を投入、計16本のシュートを放ち、ジェフユナイテッド市原・千葉の6本を大きく上まわったが、無得点。

［△ジュビロ磐田0－0ジェフユナイテッド市原・千葉△］

チーム史上ワーストタイ記録となる6戦未勝利で、J2との入れ替え戦にまわるリーグ16位。

ゴール裏からブーイングと指笛が沸き起こり、横断幕の『内山ヤメロ』の文字が揺れた。

「社長出てこい」

「監督もだ」

「このままじゃJ2に落ちる」

「決断しろ！」

ゲームが終わってから1時間が経とうというとき、4月に右近弘に代わってヤマハFC代表取締役となった馬淵喜勇《よしお》が姿を現した。このシーズン2度目の事情説明だった。

「覚悟はできています。低迷の責任は自分と監督、強化部長にあります。決断と言ってもいろいろあります。明日、監督、強化部長ともいろいろなことを話し合って、後先を含めて、セットで考えます。しばらく待ってください」

「しばらくって、どのぐらいなんだ！」

「一両日中には」

翌日、馬淵、内山、辻、鈴木政一が顔をそろえた。

内山が口火を切った。

「勝ちきれずにいますが、内容は上向いています」

馬淵が応えた。

「いま、必要なのは、内容ではなく、結果なんだ」

「1勝すれば、かならず浮上できます」

「いまのままだと地獄だ。指揮官を代えても地獄かもしれないが、責任を取らなければならない」

病気というものは、気づいたときには、深く広く進行しているものだ。馬淵は思った。大なたを振るわないと、手遅れになる。

この日、トップチームの練習が予定されていた大久保グラウンドには、内山はもとより、コーチの姿もなかった。選手へのインフォメーションもなかったので、急きょ、ゴールキーパーコーチの大橋昭好が練習の指揮をとることになった。

田中は思った。上がうまくいっていないことは感じていたが、ここまで来ていたのか。

8月29日、公式ホームページで内山の解任が発表された。

――ジュビロ磐田では、8月28日付けをもって内山篤監督を成績不振により解任いたしましたのでお知らせします。尚、後任監督につきましては、現在交渉中ですので決定次第お知らせいたします。

広報部から離れた志田文則は、未来のJリーガーを育てるために立ち上げられたJリーグ・アカデミー・ジュビロ磐田育成センターのスタッフとして、幼稚園、保育園、小学校を巡回していた。柳下正明、山本昌邦、内山は、志田のヤマハ発動機サッカー部時代のチームメイトだった。それぞれがそれぞれにすばらしいサッカーを描いていると感じていた。うまく補強して、長い目で温かく見守ってあげれば、いい結果を出せる人材だと思っていた。勝負は結果がすべてだということはわかるが、ジュビロにはジュビロのやり方があっていいはずだ。志田はチームが手の届かないところにいってしまったように思え、寂しかった。

8月30日、馬淵の自宅に辻取締役、鈴木政一強化部長、新設される強化部次長のポストへの異動が決まった尾畑正人が集まった。

「オフトでどうだろう。いつでも協力すると言ってくれているんだが」

「いまさらオフトじゃないでしょう。サッカーが古いですよ」

2003年に浦和レッズの監督を退任してから、オフトは指導の現場から退いていた。

「オフトのサッカーをやってもらうために呼ぶわけじゃない。残留のためだ」

「コーチはどうする？　必要だろう？」

「だれか入れなければだめですね」

「いまの現場を知っているのはヘッドコーチの柳下しかいない」

「頼んでみよう」

「いや、われわれから頼んだら、ぜったいに断られます。監督代行だって、内山が辞めさせられたのに自分がやるわけにはいかないと断ってきたじゃないですか」

「じゃ、どうしたらいいんだ？」

「オフトから柳下に直接電話してもらうようにしましょう。それだったら、ノーとは言えないと思います」

柳下正明はオフトがジュビロ磐田の監督を務めた1994年と1996年にトップチームのコーチを、1995年にサテライトのコーチを務めていた。

「いままでありがとう、がんばってくれ」

3日間のオフが明け、内山が挨拶のために大久保グラウンドに姿を現した9月1日、オフトの監督就任が公式ホームページで発表された。

9月10日、オフトが12年ぶりにジュビロ磐田に合流。

「目標はただひとつ。リメイン（残留）J1！　スタイルをつくることはやりません。やりたいサッカーもやりません」

仕込みに時間がかかる攻撃よりも失点しないことを最優先し、言いつづけた。

「ビハインド・ザ・ボール！（ボールより前に出てはいけない）」

9月13日、第24節。［●ジュビロ磐田0－2京都サンガF.C.○］Ⓐ

シュート数は京都サンガF.C.の6本に対して13本だったが、7試合連続未勝利に終わった。試合後、サポーターと選手の感情が衝突、激しい口論になった。
9月20日、第25節。［●ジュビロ磐田0－1横浜F・マリノス○］Ⓗ
15位の横浜F・マリノスとの残留争いとなった第25節、前節の口論をきっかけに批判は応援に塗り替えられた。『肩組ンデ共ニ進モウ最後マデ』の横断幕がかけられ、『12』と書かれたサックスブルーのプラカードが掲げられたが、チームワーストタイ記録の3試合連続ノーゴールで敗戦。9年ぶりの8戦未勝利。自動降格圏の17位ジェフユナイテッド市原・千葉との勝ち点差は2。
9月23日、第26節。［●ジュビロ磐田1－5FC東京○］Ⓐ
このシーズン最多の5失点で3連敗。ジェフユナイテッド市原・千葉が勝ったため、初めて自動降格圏の17位に陥落。残り8試合。
9月28日、第27節。［○ジュビロ磐田1－0アルビレックス新潟●］Ⓗ
PKで上げた1点を守りきり、7月17日の名古屋グランパス戦以来、10試合ぶりの勝利。
10月5日、第28節。［○ジュビロ磐田5－0コンサドーレ札幌●］Ⓗ
リメインJ1に向けて、応援はますます熱を帯びていった。
選手を乗せたバスがスタジアムに到着すると、〝Top of the world〟の歌声が沸き起こった。『肩組ンデ共ニ進モウ最後マデ』の文字の周囲をサポーターの署名が埋め尽くした横断幕が掲げられ、ホームタウン推進委員会が作成したステッカーとチラシが入場者に手渡された。ステッカーには『おらんまちのジュビロだもんで応援せにゃあいかんら』と書かれていた。ベンチには全国から寄せられた3500羽の千羽鶴が飾られた。

——ほっとしましたか？

「ただの2勝です」サポーターズマガジンのインタビューに、オフトは歯切れの良い口調で答えた。「少し希望を持てるようになっただけで、それ以上のものではありません」

——最大の問題はなんだと考えていますか？

「自信を失っていること。もっとタフにやる必要があるということ。相手に対してだけではなく、自分に対しても。自分たちのサッカーが悪い、コンディションが悪いとなげいていたらなにもできません。だれのせいにもできない。自分でやるしかないのです」

——ここから大事なことは？

「なにより負けても『関係ない、つぎに行くぞ！』と立ち向かうメンタル的な強さが必要です。勝利しても祝福の時間はないし、負けても悲しむ時間もありません。ここから8週間、われわれは〝ゾーン〟に入らなければいけない。限界までがんばらないといけない。疲れていても、まだまだできると思わないといけない。完全に消耗しない限り、自分の真の限界に近づき、乗り越えることができます」

——前回、監督を務めた1994年からの3年間としごとの質が違いますね？

「イエスであり、ノーでもあります。ジュビロはわたしの人生の一部。わたしのベイビー。いまは残留にベストを尽くします」

10月18日、第29節。［●ジュビロ磐田1－2ガンバ大阪○］Ⓐ

後半44分に失点。入れ替え戦にまわる16位。

10月25日、第30節。［△ジュビロ磐田0－0名古屋グランパス△］Ⓐ

シュート数はジュビロ磐田の6本に対して、名古屋グランパス14本。順位は17位。残り4試合のうち3試合がホーム開催。

11月8日、第31節。［○ジュビロ磐田1－0清水エスパルス●］Ⓗ

暫定15位に浮上し、降格圏から脱出。

11月13日、フロントが名波のこのシーズン限りの引退を発表。翌日、記者会見が行われた。

――これまでサッカー選手として一番うれしかった瞬間は？

「俗に言う〝黄金期〟というのを築けたのが、一番いい思い出です。その試合、そのゴールとか瞬間的なものではなく、強くなるまでのプロセスに、自分自身がチームの力になれて、たずさわれたのが一番の思い出です」

――ここまで応援してくれたサポーターに伝えたいことは？

「14年間といってもすべてジュビロにいたわけではありませんが、応援していただいて、感謝の言葉を並べても並べても足りないくらいです。ぼくは中山さんと一、二を争うくらいジュビロを愛していますし、今後もジュビロの力になりたいという気持ちはだれよりも強いです。そういうものを全身全霊をかけてやっていきたいと思っているので、引退後も温かく見守ってほしいということがまず一番です」

――「ジュビロ愛」という言葉が出ましたが、セレッソ、ヴェルディでもプレイしましたが、ほかのチームにないジュビロの魅力はなんでしょう？

「将来のビジョンをつねに持っていて、何年後かの理想の結果や目標に向かって、フロント、選手一体となってそれをつくり上げていこうというスタイルがぼくは大好きです」

11月23日、第32節。［△ジュビロ磐田3－3柏レイソル△］Ⓗ

2点を先行しながら、3連続失点。試合終了間際、引き分けに持ちこむゴール。

11月29日、第33節［●ジュビロ磐田0－1鹿島アントラーズ○］Ⓐ

試合終了間際に失点。下位チームも敗れたため、順位は残留圏の15位のまま。最終節の大宮アルディージャ戦に勝てば残留が決定。引き分け以下の場合は降格圏に落ちる可能性が生じることになった。

最終節、大宮アルディージャ戦のチケットは約5年ぶりに完売。急きょ、ホーム戦では初めて磐田駅前のスポーツ交流プラザでパブリック・ビューイングが行われることが決定された。

11月30日、フロントが鈴木秀人に引退を勧告し、育成コーチへの就任を打診。鈴木から現役続行の意志が表示されると、年俸60パーセントダウンを提示。

「本来ならば11月上旬にでも、ぼくの将来についての話があってよかったのではないでしょうか」。鈴木は言った。「長年、ジュビロに尽くした選手に対する対応ではないと思います」

12月5日、フロントは田中誠に戦力外通告。田中は現役続行を決め、スタッフ就任を辞退。

12月6日、第34節。［●ジュビロ磐田0－1大宮アルディージャ○］Ⓗ

0－0で迎えた後半30分に失点。この時点で下位のジェフユナイテッド市原・千葉は同点、東京ヴェルディ1969は1点のビハインド。ふたつの試合がそのまま終了すれば、ジュビロ磐田が敗れても残留決定だったが、同35分すぎ、ジェフユナイテッド市原・千葉が勝ち越しのゴール。

最低でも引き分けに持ちこまなければならなくなったオフトは、ディフェンダーのひとりを前線に上げるパワープレイを指示。大宮アルディージャの3倍を超える18本のシュートを放ったが、無得点でノータイム。前後して、東京ヴェルディ1969の敗戦が決定したため、ジュビロ磐田の16位が確定。12冠の鹿島アントラーズに次ぐ6冠を積み重ねてきたジュビロ磐田が入れ替え戦にまわることになった。それまでの4年間、入れ替え戦にまわったJ1クラブは3度、J2に陥落していた。

最終節を終えたヤマハスタジアムの照明が落とされ、1万6593人が詰めかけた観客席は暗闇に包まれた。

――つづいてジュビロ磐田全選手を代表し、中山雅史選手から、記念の花束と、全選手サイン入りユニフォームが贈られます。

中山は、スポットライトの中を名波が待つセンターサークルに向かった。ユニフォームの背中に〝7〟が揺れていた。

花束を名波に手渡して握手を交わし、両腕をまわすと、小刻みな震えが伝わってきた。まさか、名波が……。考えてもみなかったできごとに、止める間もなく涙があふれ出た。身内に不幸があっても泣けないのではないかと心配になるほど、涙から遠かった。どんなに感情が高ぶっても、ピークの直前に、いつも不意に醒めた。ドーハの悲劇と呼ばれたあのときもそうだった。そんな自分が泣いている。中山の驚きは、止めどなく溢れ出る涙に押し流された。

……ここまでよくがんばってきたな……試合に勝って、この引退セレモニーをやりたかった、もうしわけない……あと2試合、戦いきろう……ぜったいにチームをJ1に残そう……。

時折、まわした手で互いの体を叩きながら、無言の会話は約20秒間つづいた。

両腕をほどいた中山は、ユニフォームを脱いで名波に手渡し、両手の平で顔をぬぐった。受け取ったユニフォームに袖を通しながら、名波はその襟元で顔をぬぐった。

ふたりはもう一度、抱き合い、なにかをたしかめるように、ポンポンと互いの背中を叩き、離れた。

つづいて夫人とふたりの子どもから花束を受け取った名波は、マイクの前に立った。

「本日はまず、情けないゲームを披露してしまい、まことに申し訳ありません。ただゴンちゃんが言ったように、まだ2試合、ぼくたちには未来につながるゲームが待っています。それを制して、来年以降も、また楽しいジュビロ、常勝軍団をつくるために、来週1週間また努力したいと思います。そして、私事ですが14年間の現役生活を終えることになりました。みなさんご存知だと思いますが、もう右ひざはぼろぼろです。ぼく自身、まさかこんなにサッカーをやれるとは思いませんでしたし、まさかこんなにたくさんの人に支えられて、応援してもらい、フィールドに立てるとは思ってもいませんでした。選手のみんなやスタッフ、メディカルスタッフ、それから対戦相手のみんな、そしてジュビロのサポーター、そして今日に限って言えば大宮サポーターも、こんなにたくさん残っていただき、本当にありがとうございます。本当にみなさんに厚く支えられた14年間だったと思います。これからはこの（自分の）子どもたちが〝なでしこ〟になりたいとか〝日本代表〟

になりたいと言ったときに、ぼく自身がこの子たちにちゃんと教えられるように、そしてそれ以上に、このヤマハスタジアムへもどってきて、サックスブルーのユニフォームを常勝軍団へ導けるように、たくさん勉強して、またこの磐田の地にもどってきたいと思います。まだまだぼく自身の人生は長くつづきますが、ピッチに立てなくても、みなさんが陰でぼくを支えて背中を押してください。本日は本当にありがとうございました」

鈴木秀人を先頭に駆け寄ってきたチームメイトの手の上で、名波の体は7度宙に舞い、セレモニーは終わった。


12月10日、ユアテックスタジアム仙台。J1・J2リーグ入れ替え戦第1戦。ベガルタ仙台が積極的な仕掛けで優位に立ち、前半41分に先制。後半8分にジュビロ磐田が同点ゴール。

[△ジュビロ磐田1－1ベガルタ仙台△]

第2戦も引き分けて合計スコアで並んだ場合、アウェイでの得点が多いほうが勝者となることが決められていた。

12月13日、J1・J2入れ替え戦第2戦。ヤマハスタジアム。スタンドは〈12〉と書かれたプラカードのサックスブルーと〈絆〉と書かれたプラカードの黄色で染め分けられた。

前半41分、ジュビロ磐田が先制ゴール。後半25分、ふたたびゴール。後半44分、ベガルタ仙台にフリーキックを直接決められ2－1。

逃げきれば残留、同点に追いつかれてゲームが終了すれば降格が決定。決着は36試合目のアディショナルタイム4分間にもつれこんだ。

べガルタ仙台の攻撃をしのぎつづけ、決定的なシュートをゴールキーパーの川口能活が顔でブロック。ボールがゴールのわずか左外にはじき出された直後、試合終了のホイッスルが鳴った。

[○ジュビロ磐田2－1べガルタ仙台●]

ピッチに突っ伏した川口は、重ねた両腕に顔をうずめた。

シーズン終盤は余裕がなかった。前向きになろうとしたが、頭の片隅にいつも最悪のケースがあって、プレイが消極的になった。ほかのチームの結果が気になって、自分たちの戦いに集中しきれなかった。残り11試合での監督交代に選手たちは動揺した。受け入れるのに努力を要した。オフトにさいしょに指摘されたのは、フィジカルの弱さだった。それでは戦えないと言われた。トレーニングがかなりハードになって、試合でも球際の激しさ、強い気持ちを出せるようになった。12月に入ってからの2週間、重圧でなかなか眠れなかった。降格という言葉を使いたくなくて、残留争いと言った。入れ替え戦もいやで、プレイオフと言った。のしかかってくる重圧はワールドカップ予選とはまったく種類が違っていた。

大宮から勝ち点1を取れば残留が決まる最終節。1点を意識するあまり、ものすごく消極的になってしまった。J1のチームが勝てていないというデータが気になって、眠れなかった。

それまで経験したプレッシャーは勝てば褒美があったが、入れ替え戦は、勝ってもなにもないし、負ければすべてを失う。最終節が終わってからプレイオフまでの1週間は恐怖の日々だった。

あの川口が。声を上げて泣きつづける姿をレンズ越しに見つめながら、久保は降格の重さを改めて思い知らされた。

「わたしからアナウンスがひとつあります」

試合後の記者会見でオフトは言った。

「明日は10時から練習、月曜はオフ、火曜日は10時に練習。そしてわたしはジュビロを辞め、休暇に入ります。この4カ月間のためにきて、やるべき仕事が終わりましたから。来季フレッシュなスタッフで、フレッシュなスタートを切ることができます」。オフトはつづけた。「人生に波があるように、ジュビロにも波があります。非常にいい10年があって、ここ5年は、毎年少しずつチーム力が低下していました。チームが眠ってしまうこともあるが、そこでこん睡状態に陥ることがあるから気をつけないといけません。クラブのあらゆる部分に新しい血を注入する時期だと思います。それを行う時期だと思ったので、フレッシュなスタートという言葉を使いました」

記者会見をセットした広報部の松森亮は〝新しい血〟の受けとめ方に迷った。ジュビロの中の新しい血に入れ替えなさいということなのだろうか？　それともジュビロの外から新しい血を入れなさいという意味なのだろうか？

２００８Jリーグディビジョン１
16位　勝ち点37　10勝17敗７分け　得点40失点48
12月15日、公式ホームページで第５代ヤマハＦＣ代表取締役、馬淵喜勇の退任が発表された。
――弊社代表取締役社長馬淵喜勇より、今季のチーム成績の不振ならびに今期の業績が大幅な赤字となる見通しであることを重く受け止め、その経営責任をとるとともに、重責による心労で職責を果たせないため、社長の職を辞したいとの申し出が11月下旬にありました。クラブとしては、任期途中でありますが、本人の意思が固く、本日、これを正式に受理いたしました。

また、馬淵社長の辞任を受け、株式会社ヤマハフットボールクラブにて人選を進めてきた結果、吉野博行氏（現ヤマハモーター台湾株式会社総経理）に新代表取締役社長をお願いすることとなりました。

なんの前触れもなく辞令を交付された吉野は言った。

「通算15年の海外生活で、Ｊリーグも海外に赴任したあとに始まりましたので、まったくの素人です。海外に行くときと同じで、新しい挑戦だと考えています。課題を正面から分析し、前向きに対応していきます」

12月17日、鈴木秀人の２度目の契約更改が行われ、前回より10パーセントアップが提示されたが、保留。

「金額じゃない。ほかのクラブの話も聞きたくなります」

12月18日、中山が年俸50パーセントダウンの提示を保留。

「ダウンは仕方ない。ジュビロでやれるのが一番ですが、本当に必要とされているのか疑問に思うところもあります」

12月27日、フロントは柳下正明の監督就任を発表。Ｊ１の18クラブのなかで、もっとも遅い新体制発表だった。

…第5章…

苦闘

2009〜2013

「こんなにクラブのことを思っているのに」

２００９

成績の降下はクラブの経営に連鎖、純利益はマイナスを重ねていた。
２００５年▲１億６００万円（▲はマイナス）
２００６年▲２億１４００万円
２００７年　８５００万円
２００８年▲２億５８００万円
吉野博行が第６代ヤマハＦＣ代表取締役に就任したとき、クラブの累積赤字は５億５６００万円に達しており、放っておけば、負債総額が資産総額を超える債務超過に陥る可能性もあった。
健全経営があってこそのチーム強化であって、その逆はない。吉野はさっそく財政の立て直しに取りかかった。

このシーズン、強化部次長から強化兼育成部長になった尾畑正人は、チームの復活を賭けたこの時期を、マネージャーから転身したばかりの自分の力で乗りきることはむずかしいと思い、フロントにスタッフの補充を頼んだ。

「FC東京の服部健二を採ってもらえませんか。強化を経験しているし、ポルトガル語もできる。ぜったいに戦力になると思うんです」

1997年に東京学芸大学を卒業した服部健二は、1年間のブラジル留学を経て東京ガス㈱に入社し、1999年からFC東京に出向。トップチームマネージャー、強化部強化担当を経て、2008年からホームタウン活動に従事。マネージャーのネットワークを通して、尾畑と知り合っていた。

1月7日、50パーセントダウン提示を受けた中山と鈴木秀人が、それぞれ微増の提示を受け、残留をほぼ決定。

1月15日、田中誠のJ2アビスパ福岡移籍が決定。

1月24日、名波浩がジュビロ磐田のアドバイザーに就任。契約期間は2月1日から翌年の1月31日までの1年間。発表された活動内容は大きくふたつ。

・営業、強化、ホームタウン等の活動を中心に、クラブのイメージアップのための活動をサポート
・地域のサッカーの普及活動

業務には週2回のサッカースクール、ジュビロアカデミー及びクラブに関わるイベント、パーティ等への参加が含まれていた。

開幕を前に、吉野は2009年10位、2010年5位、2011年優勝を目標に掲げ、言った。

「具体的にはあるべき姿の絵を描き、だれが監督、クラブ社長であろうと、これを貫くというものをつくって

いきたい。1年目の姿、2年目の姿の絵を、現場の監督、コーチ、育成・強化のスタッフとしっかり話し合いながら描き、彼らをしっかりサポートして進めていきたい」

3月7日、第1節。［●ジュビロ磐田2－6モンテディオ山形○］Ⓗ

前シーズン、J2だったモンテディオ山形に、クラブ史上最多の6失点。3年連続して開幕戦黒星。大量失点に気力を失ったかのような選手たちのプレイにサポーターからブーイングが浴びせられた。

3月14日、第2節。［●ジュビロ磐田1－4ガンバ大阪○］Ⓐ

クラブ史上初の開幕2連敗。開幕2戦で9点以上失点したチームは過去3チーム、いずれもJ2に降格していた。

フロントは10位以内をこのシーズンの目標に掲げたが、監督の柳下正明、ヘッドコーチの石井知幸、ゴールキーパー・コーチの森下申一、尾畑がめざしたのはJ1残留だった。

J2降格の瀬戸際まで追いつめられ、シーズンが長引いたために補強らしい補強ができなかったチームをそう簡単に強くできるわけがない。4人は5年後の3位以内を見据え、選手を入れ替えながら強化を進めていこうと話し合った。ともに東京農業大学から杉山隆一が率いるヤマハ発動機サッカー部に入部。腹を割って話し合える関係だった。

名刺を手に、名波はさまざまな場所に出かけていった。「御社」「弊社」という言葉に馴染むまで、それほど時間を必要としなかった。

チームが強かったときを知っている人も、知らない人も、口にする不満は同じだった。「フロントと現場、どうなっているんですか?」

その人たちと同じ場所に立ってクラブをふり返ると、指摘されていることがよくわかった。一枚岩からほど遠く、意志の疎通に欠けていた。なにより、サッカーを通して、世の中になにを訴え、どう貢献しようとしているのか、理念が見えなかった。

新しい出会いはどれも興味深かった。声をかけられればどこにでも出かけていった。夜のつきあいを自分から切り上げることはなかった。

営業だけが仕事だとは思っていなかった。選手を取りに行くとき、必要なら〝名波〟を看板に使ってほしいと伝えた。直接口説いてくれと言われたら、喜んで行くつもりだった。もし強化部が周囲の理解を十分に得られないままに選手を取るようなことがあったら、名波も荷担していたと言ってほしいと伝えた。チームの力になれるのなら、勝手なやつだと思われてもかまわなかった。

日韓プロリーグのオールスター対抗戦〝JOMOカップ〟のための中断期に入った8月、吉野は取締役営業統括となった辻鎮雄、尾畑、中山雅史を浜松グランドホテルに呼び寄せた。

会食の目的ははっきりしていたが、吉野も辻も切り出そうとしなかった。

ふたりのどちらが言っても、おそらく場が感情的になる。尾畑は思った。おれが言うしかないな。

「ゴン、今シーズン限りで引退しないか」

人件費を削減するために、とうに出されていた結論だった。

「いや尾畑さん、まだ終われません」

尾畑は首を横に振った。吉野が結論を撤回するとは思えなかった。

「もう、いいだろう。アドバイザーになってくれないか」

「年俸が問題ならば、お金はいりません。1シーズンが無理なら、半年でもかまいません」

結論が出ないまま、この日は解散となった。


開幕から5試合つづけて18位。7月の半ばに7位まで順位を上げたが、8月の半ばを過ぎるとふた桁順位に停滞。

8月22日、第23節。[●ジュビロ磐田1－5清水エスパルス○]Ⓐ

5失点は静岡ダービー史上最多だった。

鈴木秀人は入団したころのことを思った。毎日、ドゥンガに厳しい言葉で追いこまれたが、頭を下げて従ったわけではなかった。『うるせえよ』と思い『やってやるよ』と内心で反発していた。そのくりかえしのなかで、負けず嫌いや反骨心が鍛えられた。ぐだぐだ言っていないでとにかくやるんだ、という意識が体に染みこんでいった。

ドゥンガから学んだことを身をもって若い選手に伝えようとしたが、はね返ってくるものがなかった。『うるせえよ』も『やってやるよ』もなかった。『関わらないようにしようぜ』というような、冷ややかな空気が流れるだけだった。

8月29日、第24節。[●ジュビロ磐田1－3ガンバ大阪○]Ⓗ

通算失点44はこの時点でリーグ最多。残り10試合で勝ち点32。前シーズンに自動降格した東京ヴェルディの同時期の勝ち点は31だった。

届くかもしれないボールを本気で追いかけていないように見えるシーンが増えた。悔しい負けよりもあきれてしまう負けが多くなった。やがて試合結果よりも、選手の試合に対する姿勢への批判がサポーターから上がるようになった。

ピッチの片隅でサポーターのブーイングを背中に受けながら、フォトグラファーの久保暁生は思った。選手たちはボールを追いきろうとしない自分を受け入れてしまっているのだろうか？

練習で走らなければ試合で走れるわけがない。中山は若い選手たちの練習量が納得できなかった。42歳と同じでいいのか？

10月25日、第30節。［△ジュビロ磐田3－3名古屋グランパス△］Ⓐ

後半3分、前田遼一がハットトリックを達成。3－0としながら、後半15分以降に3失点、このシーズンを象徴する試合展開になったが、4試合を残してJ1残留を決定。

クラブ通算18回目（7人）のハットトリックはガンバ大阪を抜いてJ1単独1位。同時に、鹿島アントラーズの552戦を抜き、J1最速の538戦目での通算1000ゴール到達となった。

17年間であげた1000ゴールのうち、1998年から2003年までの黄金期の5年間の得点は417点、4割を超えた。

あれから決定を覆そうとがんばったけれど、だめだったか。11月9日、吉野との話し合いを終え、クラブハウスを出た中山は思った。まだリーグ戦が3試合と天皇杯が残っている。ジュビロの選手として最後まで精いっぱい努力しよう。

同じ日、戦力外通告を言い渡された鈴木秀人は思った。プロとして16年間やってこられたのは、どうしても試合に出たいという気持ちと、練習からまったく手を抜かない中山さんがそばにいたからだ。人は人を見て育つ。天井が高ければ高いほど大きく伸びる。年上の人にあそこまでやられたら、がんばらないわけにはいかなかった。

クラブから戦力外だと言われてから、中山さんといろいろ話をした。中山さんは、もう1年やれたら、ジュビロで引退するつもりだと言っていた。

あれだけの功労者をほかのチームに出してしまうということは、ぜったいにやってはいけないことだと思う。ジュビロで気持ち良く引退してもらうのはあたりまえのことで、クラブはあたりまえのことができない状況になっているのだと改めて感じた。

近づくことができない緊張感を放っていた。広報部の松森亮は13年前に選手として入団し、ヤマハスタジアムのピッチで初めて中山に出会ったときの衝撃を、忘れることができなかった。場の力、周りの選手の力、スタッフの力、サポーターの力、すべてを吸収して、自分の力に変えることができる人だった。松森は思った。人件費の削減だけが解雇の理由なのだろうか？　中山さんがいる限り、クラブの流れを変えることはできないという判断があったのではないだろうか？

11月28日、ジュビロ磐田の選手たちを乗せたバスがヤマハスタジアムに到着すると、ゴール裏から歌声が沸き起こった。

〈おーナカヤマ、おーナカヤマ、ナカヤマナカヤマ、ゴンゴール〉

Jリーグ第33節、ジュビロ磐田とサンフレッチェ広島の一戦。中山がジュビロ磐田の選手としてホームで戦う最後の日、上空はサックスブルーに塗りつぶされていた。

後半35分、控え選手から拍手が沸き起こった。

タッチラインの横に立った中山は、右手でユニフォームの心臓のあたりをわしづかみにした。それから左の拳で右胸を一度、右の拳で左胸を一度叩き、大きく息を吸いこんだ。

2分後、交代を告げられ、11分後、試合終了を告げるホイッスルが鳴り響いた。

[●ジュビロ磐田0－1サンフレッチェ広島○]

足を止めた中山はユニフォームの左袖で顔をぬぐった。それまでの20年間、チームが負けたときにいつも浮かべた表情がそこにあった。

――最後に中山選手よりサポーターの皆さんにごあいさついたします。

試合後に行われたセレモニーで壇上に上がった中山は、四方に向かっててていねいに頭を下げた。

「おれがジュビロの中山だ！　サンキューサンキューサンキュー！」

マイクをとおして最初に場内に響き渡ったのは、ジュビロ磐田がJリーグに昇格する前、日本代表入りしていた中山が、ひとりでも多くの人にチームの名前を知ってもらいたいと、報道陣やサッカーファンに向けて幾度となく口にしたフレーズだった。

「ヤマハ発動機に入社しまして、ここまで20年間、いろんなことがありました。そのなかで、良い思い出も悪い思い出もありますけれども、いつもぼくの背中を押してくれたのは、みなさんでした。どれだけ大きく成長できたかはわかりませんけれども、みなさんの声援があったからこそ、ここまでがんばれてきたと思います。

ここで終わるのが一番きれいな終わり方かもしれないいんですけれど、まだ、やりたいという気持ちが、情熱が、ぼくのなかに残っているので、プレイヤーをつづけたいと思っています。

まだチームは決まっていませんけれど、行ったチームでも、ここで培った、成長させてもらった魂を胸に、ピッチで走りたいと思います。あと1試合残っています。ジュビロの勝利のために、成長のために、一所懸命、努力していきたいと思います。ありがとうございました」

あいさつを終えた中山は、ふたたび四方に向かっててていねいに頭を下げた。

選手、スタッフがメインスタンドを起点に場内を1周。中山がゴール裏に差しかかると、待ちかねていたように熱がはじけ、暮れ始めた空に燃え上がった。

中山は語りかけ、走り、フェンスを乗り越えて炎の中に飛びこんでいった。

差し出されたサポーターの手の上で、中山の体が幾度となく宙に舞い、すべてが終わった。

出口まで歩いていった中山は、ふり返ると、月明かりに照らされたグラウンドに向かって深々と頭を下げつづけた。最後まで涙はなかった。

12月18日、大久保グラウンドで、ジュビロ磐田のこのシーズン最後の練習が行われた。この日のメニューは

10分間走2本とミニゲーム。シーズンを締めくくるクールダウンのような全体練習が終わると、選手とスタッフは観客席に向かって横一列に並び、キャプテンの中山がチームを代表して言った。

「1年間ありがとうございました。また来年も応援をよろしくお願いします」

それから中山はヤマハ発動機サッカー部に入部してから20年間、いつもそうしてきたように、ひとりグラウンドを走り始めた。

かつて野球場だった大久保グラウンドは、ほかのチームのグラウンドより大きく、中山はその「だだっ広さ」が好きだった。

グラウンドを囲むように広がる広葉樹の森が赤く色づいていた。冬の匂いがするツンと澄んだ空気が頬に冷たかった。

外野のフェンスに中山の20年間の足跡を記した横断幕が、サポーターの手で年を追って並べられていた。

『1996年チームキャプテン中山雅史降臨』『1998年4連続ハットトリック』『2000年J通算100ゴール』『2001年中山と共に雪辱を誓う』『2002年中山雅史と共に完全優勝』『2005年中山雅史300試合出場』『2006年雨の等々力に背番号9が舞う』

走り終えた中山は少し肩を怒らせながら、だれもいないグラウンドを横切り、クラブハウスに向かった。12月の柔らかな光の中に、久保のシャッター音が響いた。

フォトグラファーにとってなにより重要なことは、魅力的な被写体と巡り合うことだった。中学生や高校生のなかに明日のスターを探し、これはと思う選手とメールアドレスを交換し、独占的な関係をつくろうとするフォトグラファーは少なくなかったが、久保は違った。客観性を大事にしたかったから、選手たちの肩に手をまわしたり、食事に誘ったりすることはなかった。17年間、撮りつづけてきた中山も例外ではなかった。

中山について思いをめぐらせるとき、まっ先に頭に浮かぶのはゴールシーンではなく、この大久保グラウンドにいる中山だった。だれよりも早くクラブハウスに来てアスレティックトレーナー、佐々木達也のケアを受け、練習後、ひとり走る姿だった。

クラブハウスまでやってきた中山は、いつものように両手の指をまっすぐそろえグラウンドに一礼してから階段を上っていった。

悔しい。久保はファインダーを覗きながら思った。まだ物語はつづくのに、明日から立ち会えなくなることが悔しくて仕方がなかった。

2009Jリーグディビジョン1
11位　勝ち点41　11勝15敗8分け　得点50失点60

12月10日、大阪・長居スタジアムで〝2009Jリーグ合同トライアウト〟が行われ、中山、鈴木秀人を含む118人が参加した。

合同トライアウトは、日本プロサッカー選手会第3代会長を務めた中山の提案から生まれたシステムで、2002年から実施。前回は117人が参加し、24人がJリーグのクラブへの入団をかなえていた。

ピッチはサッカーをつづけたいという思いと、あとがないという危機感に満ちていた。だれもが200人近く集まったスカウトにストロングポイントを見せようともがいていた。とりわけディフェンダーにとって、中山は絶好の標的となった。

これだけやれるのに、どうしてこの場に来なければならなかったのか。中山は練習試合の想像以上の激しさに驚き、思った。ジュビロ磐田の若手にこの場を経験させたい。この危機感をチームに持ち帰らせたい。

12月7日、Jリーグ・アウォーズが行われ、前田遼一が得点王とベストイレブンの2部門で表彰された。J1リーグにおける日本人の得点王は7年ぶり、ジュビロ磐田からは中山の2回と高原直泰につづくタイトル・ホルダーの輩出となった。

——7年ぶりの日本人得点王です。先人は高原選手、その前は中山選手が2度、となると、得点王とジュビロの因果関係、ジュビロ・フォワードの系譜というものを感じずにはいられません。

サポーターズマガジンのインタビューに応えて前田は言った。

「ジュビロにいるから、いまの自分になったし、得点王になれたと本当に思います。中山さん、高原さんがどうプレイして、どう点を取っていたかを、試合でも、日ごろの練習でも、ぼくは間近で見ることができました。いいやり方を、いつもそばで見ることができたからだと思います」

——どんなことを学び、あるいは啓発されたのでしょうか。ふたりは、前田さんの目にどう映りましたか？

「ぼくは中山さんはすごいと思います。フットサルとかなら勝てるかもしれないけれど、サッカーに本当に必要な技術はかなわないし、とてもうまい。ぼくはトラップにはすごく自信があったけれど、試合のなかで楔《くさび》が入ってきたときのプレイは、中山さんより全然へたくそだなと思いました。そういう基本技術が、自分に一番足りないと、プロに入ってすぐ、中山さんを見て感じました。もちろん、ゴール前に恐れずに入っていく強さはすごい。それはタカさんもですけど。ふたりからは本当にいろいろなものを学びました」

――中山選手が移籍する年に得点王になったことについては？

「いま、思うとよかったな、と。そういう姿を見せることができて。ただ、ふがいない姿もたくさん見せているので、あまり誇らしげにはできないですけれど。たぶん中山さんは『もっとやれよ』と言いたいと思います」

シーズン終了後、鈴木政一は退社を決めた。N－BOXを編みだし、黄金期を指揮したサラリーマン監督もまたジュビロ磐田の歴史から姿を消すことになった。

2010

年が明けても、鈴木秀人の気持ちは定まらなかった。現役をつづけたいという思いは変わらず胸の内にあった。いくつかオファーはあったが、金銭面で大きな妥協が必要だった。新たな可能性を探す一方、ここで選手生活にピリオドを打つべきなのかという思いもあった。鈴木以前、静岡県出身で、ジュビロで始まり、ジュビロで終わった黄金期の選手はいなかった。

迷っている鈴木に名波が言った。

「もし引退するなら、今度のおれの引退試合で秀人の引退セレモニーもいっしょにやろう」

そこまで言ってもらえるのか。名波の言葉に心が決まった。

1月8日、クラブから鈴木秀人の現役引退と、育成部門のスタッフとして残ることが発表された。

1月10日、エコパスタジアム。名波の引退試合に4万3077人が集まった。

名波は、試合前半は1998年のワールドカップ・フランス大会の日本代表チームを中心とした〝アズーリ・ジャポーネ〟で、後半はジュビロ磐田の黄金期の選手が結集した〝ステッレ・ジュビロ〟でプレイ。アディショナルタイムに左足のボレーシュートで試合を決めた。

[○ステッレ・ジュビロ5－4アズーリ・ジャポーネ●]

この日のMVP、鈴木秀人がマイクの前に立ち、いつものように木訥とした口調で言った。

「ジュビロ磐田のサポーターのみなさん、そしてここにいる選手のみなさん、17年間、本当にありがとうございました。そして名波浩さん、この場を与えてもらって本当に感謝しています。ありがとうございます」

つづいて名波がマイクの前に立った。

「本日は名波浩引退試合、並びに鈴木秀人引退試合、並びに札幌でがんばれゴン中山メモリアルマッチに、こんなにもたくさんの方々に応援していただき、まことにありがとうございます。今年はワールドカップイヤーです。日本代表はベスト4という高い目標を掲げました。それに伴い、われわれサッカー関係者も日ごろから協力していき、そしてみなさんも大きな応援をよろしくお願いします。ご来場のみなさまがすべてジュビロ磐田ファンとは限りませんが、ジュビロ磐田も末永く、そして厚く応援してくださるよう、重ね重ねよろしくお願いします。本日はどうもありがとうございました」


強化兼育成部長、尾畑正人は監督の柳下正明とチームづくりについて話し合いを重ねた。即戦力を移籍で取る金銭的な余裕はなかった。高校生をスカウトして育てる時間的な余裕もなかった。考えられるのは新たに大学を卒業する選手を取って、4、5年後に勝負できるチームをつくることだった。尾畑はこれはと思う選手のところに何度も足を運び、これからのジュビロの土台づくりを担ってほしいと口説いた。

海外の選手に関しても、名のある選手には手が届かなかった。リスクを承知で安い選手に賭けるよりほかになかった。

獲得に合わせて、選手の入れ替えを進めた。チームをJ1の上位に押し上げることを期待できない選手を、いたずらに拘束することは避けたかったので、出場の可能性のあるチームを探し、移籍を進めた。

２００７年、34歳で東京ヴェルディ１９６９に移籍した服部年宏は、出場停止１試合を除く47試合に出場。15アシストを記録し、Ｊ１昇格に貢献。キャプテンとなった２年目、親会社の日本テレビが赤字を理由に経営から撤退。環境は目に見えて悪くなっていき、ふたたびＪ２に降格。３年目の２００９年、経営規模縮小のあおりを受けて退団、このシーズンからＪＦＬのガイナーレ鳥取でプレイしていた。

ＪＦＬにはＪ１の選手には知り得ない世界があった。練習場所は毎日のように変わり、自動車で１時間かかる場所で行われることも珍しくなかった。自分たちの手で降り積もった雪をかき出し、ボールを追って泥だらけになった。真夏の午後１時にキックオフの笛が吹かれ、試合後、審判がシャワーを浴び終えるのを待った。

アマチュアの選手といっしょに試合を戦うのも初めてだった。こんなこともできないのかと何度も思った。やがて、いらだつのは状況や感情をコントロールできないからだと自分をふり返るようになり、選手たちの心に響く言葉を探すようになった。

驚かされることが少なくなかったが、すべての経験が財産だった。指導者になろうと思うなら、一度はＪＦＬを経験するべきだと思った。

７月24日、第14節。［●ジュビロ磐田２－３鹿島アントラーズ○］Ⓗ

開幕から一度も順位をひと桁台に上げることなく迎えた鹿島アントラーズ戦。前半に２点を先行したが、後半に３失点。２００２年の２ｎｄステージで対戦し、２－１で勝利して以来、15試合連続勝ちなしとなった。

それからまもない真夏の昼下がり、磐田市の閑静な住宅街の一角。サポーターズマガジンに掲載される座談会のために集まった6人の男女が、スポーツ紙1面の見出しを見つめていた。

〈史上初の完全V日本に敵なし〉

日付は2002年11月24日。

「わたしもずっと（新聞を）取ってあるよぉ」

「おれなんかも、強いときの取ってある」

「強かっただもん、このときは」

「熱かったねぇ」

「9割以上が鹿島の応援でさぁ」

「鹿島には何度も行ったけど、あーれはやばかったねぇ」

遠州弁のぶっきらぼうを装ったやさしさと、底流を成す熱が、座談会に同席したフォトグラファーの久保暁生の心にしみ入った。

「あのころは、本当に強かっただもん、なにしろすごかったよな。夜の11時頃に磐田に着いた人に、どこから来た？って聞いたら、九州の奥からだって。名波の追っかけだっつってね」

「おれもスタジアムまで車に乗して行ったことがある」

「ホームは満員があたりまえ」

「徹夜して並ばなきゃ、チケットが手に入らなかった」

「それがいまは、どうだ？」

「うんとイライラするよ」

「シュートなんか入りゃせんだ」

「パスだって、パーッと横から走ってきて取られちゃってさ」

「まず勝つことだよ。1回勝ちゃあ、それだけで観客の1000人や2000人、ぜったいに増えらぁね」

「新聞を見ると、いまはこういう時期で、これからはこうなるって書いてあって、こんどはだいじょうぶかなと思って行きゃあ、また同じことが起きる」

「ほうぼうからの寄せ集めの選手ばかりじゃないの、いま。生え抜きの選手なんかいないら。だからパスも気持ちもつながんないんじゃないかって思うよ、いつも」

「ドゥンガみたいにバカーって怒鳴る選手がいないだね。引っ張っていく人が」

「負けて泣く選手もいないだよ」

「試合を見ていると、これはいい、これはだめだろうって、先を読みすぎちゃっているんじゃないかっていう気がしますよね」

「なんとしても勝とうという覇気が感じられないだよ」

「骨身を惜しまずに動いている選手なんか、ありもせん」

「おいしいとこだけ、狙っている」

「おいしいとこなんて、あるわけねえじゃん」

「ボールなんていうものは、走りまわっていると、いつか転がりこんでくるで。ゴンちゃんなんかは、ぶきっちょこの上ない人かもしらんけど、惜しみなく動いていただよな。だから点も取ったし、みんなから愛されたと思うでよ」

「まあ、それでも自分らは近所だからいいで、負けてもぶつぶつ言ってりゃあ家に着いちゃう。だけど遠くから来ている車のナンバーあるじゃん、あの衆はいやになっちゃうよ、本当に」

6人とともに磐田市内在住でJリーグに昇格する前からジュビロ磐田ひと筋。ひとりを除いて古稀を迎えていた。

「こんな小さな町にプロが来るなんて考えられなかったけんさ、とにかくみんなで応援して、強いチームになってもらおうって、みんな必死になってやっていたよな。いまに見とけーって」

「せっかく地元にプロがいるのに応援しないのは、やっぱりおかしいじゃないかって」

「わしら歳だもんでさ。ジュビロができなきゃ、サッカーなんて」

「全然知らなんだもん」

「それがいまは野球よりサッカーでさ、みんな一所懸命だよね」

「このあたりにゃあ、おれたちみたいなのはいっぱいいらぁね」

「やっぱり勝ってもらいたいもん。だけど、なかなかそうはいかないから、このあいだなんか、それでも引き分けだでまぁいいねって、おとうさんと言っていたら、ロスタイムもう終わるときにバーンと入れられちゃったもんね。もうふたりともなんにも物言わずに帰ってきたよ」

「ジュビロを応援するようになったのは、サッカーが好きで、ジュビロでサッカーをやりたいって言った、いま23歳になる長男のおかげなんですよ。ものすごい人気で、けっきょくジュビロのサッカーチームに入ることはできなかったのですが、当時の子どもたちは、みんなジュビロの選手の技術に本当にあこがれていましたよね」。小さくため息。「今度高校に上がる次男もサッカーが好きでずっとジュビロを見ていたんですが、最近、見たいって言わないんですよね」

「このあいだなんか7000人だよ。寂しいホームだら」

「ここの近所でも、怒ってサポーターをやめちゃった人いるだよ」

「本当に、どうにかして強くなってもらわないと」

「むかしが強かっただけに、よけいにそう思うよ」

「がんばれがんばれジュビロ」

「わたしらより熱い衆、ジュビロを愛している人はいっぱいいると思うよ」

「その熱が伝わっていないだ、選手にも上の衆にも」

「わたしらがどういう気持ちでいるのか、選手や上の衆が一度来て、みんなの声を直接聞きゃあいいだね」

「本当に、応援しているこっちだって、必死だもんね」

「ジュビロに勝ってほしいと思わない磐田市民なんかいないだ」

「本当に好きだもんで、こうやって言えるだもんでさあ」

「今日はせいせいしたよ、言いたいことが言えたで」

4勝1敗1分けで4年ぶりに予選リーグを突破した2010ヤマザキナビスコカップ。準々決勝はベガルタ仙台に「2－1」(Ⓗ)、「0－0」(Ⓐ)で勝利。

準決勝の相手は川崎フロンターレ。第1戦は序盤から想定外の激しいプレッシャーを受け、リズムをつかみきれずに0－1で敗戦。第2戦で2点以上の差をつけて勝つことが決勝進出の条件となった。

10月10日、等々力競技場。日本代表にふたりが召集され、主力3人が怪我と累積警告による出場停止とマイナス材料が重なった準決勝第2戦。

35分に先制したが、3分後に追いつかれ、1－1で前半を終了。後半33分、入団4年目、21歳の山崎亮平がプロ初ゴール。終了間際の後半43分にさらに1点を奪い、決勝進出を決定。

勝ち越しのゴールを入れ、右手の人差し指を突き上げながら、一目散にベンチに向かう山崎の後ろ姿をファインダーにとらえた久保は、広報部の松森亮に言った。

「これでポスター、つくろうよ」

「いいですね、会社に提案してみましょう」

チーム、サポーター、クラブから久しぶりに立ちのぼる熱を、決勝に向けてさらにかきたてたかった。

第22節から3試合連続の4ゴールで通算96ゴール。前田遼一の通算100ゴールが近づいてきていた。

「記念のノベルティグッズ、そろそろ準備しないと。なににしようか」

松森が久保に言った。

「ほかのどこもやったことがないようなものがいいですね」

黄金期は、頂点に向けて駆け上がっていく選手にクラブが引っ張られた。営業や広報が特別なことをしなくても大勢の人が集まってくれたが、もはやそういう時代ではなかった。クラブはなんとかしてチームを盛り上げたかった。予算は乏しかったが、気持ちとアイデアはどこにも負けたくなかった。7月にはマスコットのジュビロくん、ジュビィちゃんの着ぐるみをかついで富士山登頂にチャレンジした。暴風雨のために8合目で撤退することになったが、翌週、再チャレンジし、登頂に成功。頂上を背景に、ジュビロくんが選手たちのサインの入ったフラッグを高々と掲げ、その写真を〝頂上へ〟の文字と組み合わせてポスターに仕上げた。

数日後、新幹線でサンフレッチェ広島との試合に向かう途中、松森と久保は新大阪で下車。待ち合わせた喫茶店で前田製菓の営業の人間と向かい合った。

「どういったご用件でしょうか」

「うちに前田遼一という選手がいまして、通算100ゴールが近づいているんです。ついては、記念試合に前田製菓さんの〝あたり前田のクラッカー〟をノベルティグッズとして配らせていただければと思いまして」

昭和30年代の人気テレビ番組〝てなもんや三度笠〟で一躍全国に名を知られた〝あたり前田のクラッカー〟は、ロングセラーとして根強い人気を維持していた。

「わかりました。お話、社に持って帰らせてもらいます」

回答は早かった。

「社長の『おもしろい』のひと言で決まりました。やらせてもらいます」

ほどなくして段ボールの箱が球団事務所に積み上げられた。オリジナルのパッケージはむずかしかったので、顔写真とイラストを組み合わせたシュートシーンに『前田遼一Jリーグ通算100ゴール記念ゴールにポン』の文字を組み合わせたサックスブルーのシールを作成。手分けして1万5000袋に貼り付けた。

〝YAMAZAKI〟の文字が躍る山崎の後ろ姿に〝いざ、国立へ!!〟のキャッチコピー。10月23日、浦和レッズとの第27節。ファン感謝デーのこの日、エコパスタジアムのすべての通路の壁は、刷り上がったばかりのポスターで覆われた。

[○ジュビロ磐田2－1浦和レッズ●]

11月3日、サンフレッチェ広島とのヤマザキナビスコカップ決勝。東京・国立霞ヶ丘陸上競技場の上空は真っ青に晴れ渡っていた。

サポーターの人たち、来てくれるだろうか？　スタジアムに到着した尾畑は、刻々と変わっていく風景に目を見張った。

スタンドはホーム扱いの磐田サイドから埋まり、ゲームが始まるころには聖火台下のエリアまで広がった。ブルーとホワイトのコレオボードが整然と掲げられ、電光掲示板直下にビッグフラッグが波打った。

発表された入場者数は3万9767人。

前半36分、ジュビロ磐田が先制したが、前半43分と後半3分に失点。広島の引いた守りに時間が吸いこまれ、敗戦の予感が漂い始めた44分、同点のゴール。

後半終了のホイッスルの直後、前年の残留争いのときに歌いつづけられたチャントが沸き起こり、ゴール裏から指定席に広がっていった。

〈われらとともに勝利をつかめ、おれたちの誇り磐田〉

延長戦はジュビロ磐田のペースで進んだ。前半12分と14分に得点。18分に1点返されたが、後半5分に追加点を上げ、ノータイム。水色のテープがいっせいにピッチに投げこまれた。
［○ジュビロ磐田5－3サンフレッチェ広島●］
12年ぶり、2度目のヤマザキナビスコカップ優勝だった。

11月20日、第31節。［△ジュビロ磐田0－0モンテディオ山形△］Ⓗ
シュートわずか4本。リーグ戦と天皇杯合わせて3試合無得点に終わったが、獲得した勝ち点1で、前シーズンよりも1試合遅くJ1残留を決定。
試合後の記者会見で柳下は言った。
「去年はすごくほっとしましたが、今年はナビスコのタイトルを獲得しているチームですから、恥ずかしいなという気持ちのほうが強いです」
12月4日、第34節。［●ジュビロ磐田2－6セレッソ大阪○］Ⓐ
リーグ戦4年ぶりの勝ち越しを賭けた最終節に大敗。最高11位、最低18位、一度もひと桁順位を記録することなくシーズンを終了。
ホームゲームの1試合あたりの平均入場者数1万2137人は前年から約10パーセント減。

2010Jリーグディビジョン1
11位　勝ち点44　11勝12敗11分け　得点38失点49

シーズン終了後、ヴィッセル神戸を離れた菅野淳は、日本海を渡り、韓国のプロサッカーリーグに加盟するFCソウルのフィジカル・トレーナーになった。

２０１１

柳下体制3年目のこのシーズン、前年に比べて、大きくはないが確実な前進を見せ、開幕からひと桁順位をキープしたまま前半の17試合を終了。

翌日の6月23日、クラブは２０１０年度の決算を発表。純利益が前年の４００万円から大幅増の2億９００万円となったが、この数字は収入増によるものではなかった。減収を上まわる経費節減によって実現された数字だった。

［営業収入（広告料、入場料、Jリーグ配分金、アカデミー関連収入、物販収入、その他）］

２００９年度34億２２００万円

２０１０年度31億５１００万円→マイナス2億７１００万円

［営業費用（人件費、試合関連経費、アカデミー運営経費、女子チーム運営経費、販売管理費及び一般管理費）］

２００９年度33億９５００万円

２０１０年度29億１００万円→マイナス4億９４００万円

「黒字、黒字と書くのはやめてくれよ」。第6代ヤマハＦＣ代表取締役、吉野博行は冗談とも本気ともつかぬ顔で番記者のひとりに言った。「トップレベルの外国人を補強しろとサポーターに言われるから」

11月16日、天皇杯3回戦［●ジュビロ磐田0－1ジェフユナイテッド千葉○］Ⓗ

翌日、クラブから監督、ヘッドコーチの退任が発表された。

――このたびジュビロ磐田は、契約満了に伴い、柳下正明監督並びに石井知幸ヘッドコーチと、来季の契約を更新しないことが決定いたしましたので、お知らせいたします。

天皇杯3回戦敗退は15年ぶりのことだったが、リーグ戦は31節中26節でひと桁順位を確保（最高位5位、最低位10位）。総得点で前年の同時期を15点上まわり、総失点40は前年と同じ。ゆるやかではあるが上昇の途上だった。前シーズンの12年ぶりのナビスコカップ優勝を考え合わせると、リーグ戦3試合を残しての退任を円満なものと受けとめることはむずかしかった。

2011Jリーグディビジョン1
8位　勝ち点47　13勝13敗8分け　得点53失点45

最終節の勝利から3日後の12月6日、吉野はコーチの森下仁志（39歳）の監督昇格を報道陣に伝えた。

「確固たる哲学、指導スタイルを持ちながら、進化する次世代サッカー理論をつねに意識し、森下氏自らもつねに成長し続けようとする向上心がある。磐田が求める監督像にふさわしい人物だと確信しています」

和歌山県海南市出身。帝京高校に進んだ森下は、名波浩と同じ年に順天堂大学に入学。卒業後、ガンバ大阪

（1995〜2001）、コンサドーレ札幌（2001〜2003）を経て、2004年にジュビロ磐田に入団。2005年を最後に選手生活にピリオドを打ち、コーチに転身。ユースチーム、サテライトチーム、トップチームを経験していた。

新監督の決定と歩調を合わせて、フロントは組織の大幅な変更に踏みきった。ゼネラルマネージャー（GM）制の導入を決定。チーム運営の全権を担うGMに服部健二（38歳）を抜擢し、強化兼育成部の機能を服部の下に配置。それに伴い、尾畑正人は新設された普及全般を担う部署に異動となった。

さらに従来のチーフマネージャーの上にチーム統括マネージャーを新設。2005年に通訳として入団、2007年にマネージャーに転じた李哲洙《リチョルス》（41歳）の昇格を決めた。

潮時だなと尾畑は思った。いっしょに再建のプランを描いてきた柳下が辞めることになってしまった以上、強化部にいても仕方がない。

異動後、尾畑に最初に与えられた仕事は海外研修だった。場所の指定なし、テーマなし、期間はおよそ半年。思いきりサッカーに浸ろうと思った。マネージャー時代に築き上げたネットワークを生かすのならヨーロッパではなく南米だった。パルメイラスの監督だったフェリペを頼ってブラジルに渡り、ホームゲームに通った。2007年のゴールキーパー・コーチ、オスカーの運転でサントスのクラブハウスに入った。出入りは自由、ネイマールの練習を目の当たりにし、朝食も昼食もクラブハウスで取った。ドゥンガにグレミオのチケットの手配を依頼、選手と同じバスに乗って試合会場に行き、同じバスで帰った。グレミオのU—19の監督は

1997年にジュビロ磐田でプレイしたマビリアだった。無職だったアジウソンの家に泊まり、ブラジルのカップ戦、コパ・ド・ブラジルを見に行き、パルメイラスの優勝に立ち会った。クラブチームの南米大陸選手権、リベルタドーレスの準決勝のサントス対コリンチャンス、決勝のコリンチャンス対ボカ・ジュニアースを観戦した。

思い出話になると、だれもが〝ナカヤマ〟を口にした。

ジュビロ磐田2代目監督を務めたフェリペは目を輝かせて言った。

「よく覚えているよ。ナカヤマは本当にすごかった」

尾畑はパルメイラスの優勝記念誌をフェリペに手渡し、言った。

「ゴンへのみやげにするから、ここにサインしてもらえるかな？」

「もちろん」

2009年の夏を、尾畑は忘れたことがなかった。どうしてあのとき、あと半年でいいからゴンに現役をやらせてあげてほしい、ジュビロで引退させてほしいとフロントに対してがんばれなかったのだろう。思いがたどりつく場所はいつも同じだった。余裕がなかった。申し訳ない。

2012

1月15日、2012シーズンの新体制記者会見が行われ、新加入選手の紹介と併せて、FC東京のトップチームのコーチだった長澤徹のヘッドコーチ就任、鈴木秀人のU―18チーム監督就任が発表された。

席上、GMになった服部健二は言った。

「われわれは地域の方、ファン・サポーターのみなさま、スポンサーのみなさま、報道関係のみなさま、多くの方につねに感謝の気持ちを持ってプレイ、行動していかなければいけないと思っております。そのなかでわれわれトップチームはみんなが〝ジュビロマインド〟、『誠実、謙虚、ひたむき』というジュビロの一員として持つべき気持ちを持ち、そして〝ジュビロイズム〟として感謝の気持ちを持ってチームのために、仲間のために行動できるような、そういったものをめざして進んでいきたいと思います」

シャッターを押しながら久保暁生は思った。ジュビロらしさも変わっていくのだろうか。

「ぼくはタイプとしたら指揮官ではなく指導者のタイプだと思う」。サポーターズマガジン誌上で森下は言った。「ぼくがグラウンドに入るだけで雰囲気が引き締まるような存在でありたい」

森下は練習時間を1時間半から2時間に変え、2部練習を増やした。使われていなかった大久保グラウンドのナイター照明のスイッチを入れた。選手に対してだけではなく、報道陣に対しても、グラウンドで歯を見せることを禁じた。移動は原則、駆け足、報道陣も例外ではなかった。

紅白戦の最中、どんなに激しいコンタクトプレイが起きてもプレイを継続させ、選手たちにくりかえし言った。試合を止めるのは審判だけだ。笛が鳴るまでは、なにがあってもプレイをつづけろ。倒れた相手に手を差し伸べたり、ボールを蹴り出したりする必要はない。

集中力を高め、情報の漏洩を防ぐために、一般の人々の入場を制限する非公開練習、一般の人々及び報道陣の入場を制限する完全非公開練習の回数を増やし、さらに2002年のクラブハウス完成当初から、建物の一角に設けられていた番記者用のスペースを撤去。さらにクラブハウスに隣接する駐車場への報道陣の出入りを禁止、一般見学者と同じルートを移動することを求めた。

試合当日のサポーターへのあいさつの方法も変更された。前年まではスタジアム到着後とウォームアップ前に行われていたスタンドへの一礼が、ウォームアップ前のみとなった。惰性で2回あいさつするより、心をこめた1回のあいさつのほうがいいという森下の意向だった。

3月10日、第1節。［△ジュビロ磐田0-0コンサドーレ札幌△］Ⓐ

——このゲームで見えた課題はどのようなものでしょうか？

試合後の記者会見、森下は硬い表情で質問に答えた。

「課題としてとらえるか、良くするための改善点と見るか、そのとらえ方は違うと思いますし、ぼくは良くするための改善点だと思っているのでそれは選手に明日伝えます」

2日後、ヤマハ発動機サッカー部の時代からチームをサポートしつづけてきた誠和寮が閉寮。土地は地主に返還され、無数の会話が染みこんだ建物は4月に取り壊されることになった。

トップチームの選手たちの多くはひとり暮らしを選択、ユースの選手たちはヤマハ発動機の社員寮に移り、食事のメニューを含め、生活が一般社会人のなかに組みこまれることになった。

3月31日、第4節。［○ジュビロ磐田1-0柏レイソル●］Ⓗ

——これで3月の（ナビスコカップ予選1試合を含めた）公式戦、負けなしとなりましたが、やはり選手にとって自信になりますか？

森下は答えた。

「ぼく自身、カレンダーや順位表をまったく見ていません」

4月7日、第5節。［△ジュビロ磐田2-2ベガルタ仙台△］Ⓐ

ここまでリーグ戦は3勝2分けで4位。ナビスコカップ予選は2戦全勝。

「先日のナビスコの浦和戦のあとも、これがフットボールではないかという話をしましたが、ぼくは今日のゲームもまた、違った種類ではありますが、これもやはりフットボールかなと思いました。すばらしい、いいゲームだったと思います」

試合後の記者会見で〝フットボール〟という言葉を口にした監督は、ジュビロ磐田の歴史において森下が初めてだった。

――違った意味でこれもフットボールというお話でしたが、具体的にはどのようなことなのでしょうか？
「戦術とかテクニックとかフィジカル的な要素といった部分がサッカーと言われるかもしれませんが、ぼくはその底辺にあるのは勇気だとか、思いだとか、やはりそういう部分がないとつながっていかないと思っています」

こんな状態ではアドバイザーをつづけても仕方がないと名波は思った。強化に関する情報が、クラブからまったく伝わってこなかった。新しく入ってくる選手について、プレイも、特徴も、性格も、キャリアも、獲得に要した金額も、知らされなかった。

こういうことはチーム全体で共有するものではないのだろうか？　遠まわしな言い方が苦手だったから、思うことをそのままクラブにぶつけた。

この年からU―18の監督になった鈴木秀人が驚いたのはスローイングがまともにできない選手がたくさんいることだった。鈴木にとってスローイングは練習させせられるものではなかった。失敗し、考え、工夫し、身につけていくものだった。

自分が小さかったころのことを鈴木は思った。学校が終わるとボールを持って公園や空き地に行った。いろいろなプレイを思い浮かべながら、ボールを蹴った。いま、そういうひとり遊びができる場所は少なくなっている。スクールがサッカーをやる場所になっているために、どうしても指導者から与えられることが多くなり、そのために考える力が失われているのだろうか。

ユースチームに入ってくる子どもたちは、エリートばかりで雑草育ちはいない。挫折らしい挫折を味わったことがない。だからプロになって、上の人間から強く言われると、『うるせえよ』や『やってやるよ』ではなく『関わらないようにしようぜ』になってしまうのかもしれない。

総じて、幼く、弱い。18歳が昔の15、16歳ぐらいに思える。ユースチームに限ったことではなく、世の中が地盤沈下しているように感じられる。鈴木は思った。そういう時代だからこそ、スポーツという、追いこまれ、向き合い、乗り越えていくことを求められるものが必要なのだ。

5月3日、第9節。[●ジュビロ磐田3 - 4川崎フロンターレ○]Ⓐ

このシーズン初の連敗。前節と合わせて7失点を喫した試合後、記者会見で森下は言った。

「自分たちがやろうとしていたことが、一番できていたゲームで、選手たちは最後までよくやりきってくれたと思います」

5月26日、第13節。[○ジュビロ磐田4 - 0大宮アルディージャ●]Ⓗ

リーグ戦3連勝で一時は9位に落ちた順位を3位に押し上げたが、入場者数1万7５２人は第13節全9試合の平均入場者数1万６０７２人を大きく下まわった。

6月に入り、２０１１年度の決算が公開された。

純利益はJリーグトップの1億８６００万円。吉野が代表取締役になった２００９年の４００万円から劇的な上昇を記録。2位は柏レイソルの1億６４００万円、3位はアビスパ福岡の1億３０００万円。

一方、人件費12億9900万円はリーグ10位（前年は13位）。1位は名古屋グランパスエイトの21億6700万円、次いで鹿島アントラーズの20億6600万円。

6月16日、第14節。［●ジュビロ磐田1－3ヴィッセル神戸○］Ⓗ

後半、前がかりになり、空いたスペースにボールを運ばれて2失点。6年ぶりのリーグ4連勝とホーム9連勝を逃し、5位に後退。

――失点場面についてですが、何か足りない点はありましたか？

「ぼくが選手を怒るのは手を抜いたときだけですし、選手が一所懸命やったなかでの結果ですし、それを受け入れてつぎに進みたいと思います」

6月23日、第15節。［●ジュビロ磐田0－2名古屋グランパス○］Ⓐ

2度目の2連敗を受けて森下は言った。

「みなさんにどうとらえていただいたかわかりませんが、ぼく自身は90分を通して、わたしたちの未来が見えたようなゲームだったと思います」

6月30日、第16節。［○ジュビロ磐田3－1FC東京●］Ⓗ

「FC東京の映像は見ていませんし、対策はまったく練っていません。自分たちがなにをやるかというその一点だけで選手に出てもらいました」

7月7日、第17節。［●ジュビロ磐田0－2サンフレッチェ広島○］Ⓐ

「毎日みなさんに見ていただきたいくらいのトレーニングを、選手が、真摯にやっている」。第5節の記者会見で森下はそう言ったが、実際は、多くの練習が外部の視線を排除したなかで行われていた。前半戦を終えた時点で一般見学者を対象とした練習非公開は22回、メディアを含めた完全非公開は37回で、合計59回。前年の監督、柳下正明の前半は非公開、完全非公開合わせて20回だった。

そうした変化と歩調をそろえるように、チームをめぐる風景も変わっていった。選手同士がサッカーについて話すことがめっきり少なくなり、アウェイのロッカールームにスパイクが運んできた芝が残るようになった。

9月1日、第24節。［△ジュビロ磐田1－1サンフレッチェ広島△］Ⓗ

――残り10試合。これから徐々に順位のことを考え始めるのか、それとも最後まで順位にこだわらず、ひとつ一つの試合を意識していくのか、そのあたりはいかがですか？

「最終的な結果に行くまでにはどういう信念で、どういう行動を取るかということがぼくはすごく大事だと思っています。結果だけを追い求めるとそれは可能になりませんし、その前にどういう信念でトレーニングをして、そしてゲームでどういった行動に出るかということだと、常々選手たちには言っています」

9月半ばの週末、引っ越しを済ませた藤原志織は、筆記用具とＩＣレコーダーが入ったバッグを肩にかけ、カメラを手に、毎日のように大久保グラウンドに通った。

スポーツはプレイするのも見るのもずっと好きだった。大学時代は部活動でスポーツ新聞を制作、Ｊリーグに進むサッカー部の同級生をはじめ、さまざまな部のさまざまな選手を取材し、活字にして送り出した。

卒業から約4カ月後の8月1日、ジュビロ磐田のツイッターでサポーターズマガジンがスタッフを募集していることを知り、迷わず転職を決意。喫茶店に飛びこんで書き上げた履歴書を送付、インターンシップのハードルを乗り越え、夢見ていた世界で新たな一歩を踏み出した。

目に映る光景、耳に入る言葉のひとつ一つが新鮮で、興味深かった。なぜそうするのか、どうしてそう言うのか、少しでも早くジュビロ磐田を理解しようと、すべてに意味と理由を探した。

9月22日、第26節。［△ジュビロ磐田0-0アルビレックス新潟△］Ⓗ

初めて試合の取材を終えた藤原は、チームの雰囲気がどことなく暗いように感じたが、照らし合わせる経験がなかったので、こういうものなのだろうと自分に言い聞かせた。

11月7日、第31節。［●ジュビロ磐田2-3サガン鳥栖〇］Ⓐ

5戦勝ちなしで10位に降下。

「ぼくたちはこうしたい」「こう戦いたかったができなかった」といった、自分たちを主語にしたコメントが選手からほとんど聞かれなかった。

返ってくるのは「監督がこうやろうと言ったので」「こういう結果になってしまいましたが」「ぼくはこう言ったのですが」。どうして勝てないことをひと事のように話すのだろう？　選手の言葉に首をかしげる藤原に、長くジュビロ磐田を取材している記者が言った。

「どうして負けたのか、理由を知りたかったら、相手チームの選手に聞いたほうが早いよ」

11月24日、第33節。［●ジュビロ磐田0-2大宮アルディージャ〇］Ⓐ

6試合つづけて先制点を奪われ、8戦未勝利（6敗2分け）、2度目の3連敗。昼のゲームで16位のガンバ大阪が引き分けたためJ1リーグ残留が確定。

——得点を取るための連携の部分で、コミュニケーションが大事だと思いますが、いま、チーム内のコミュニケーションに関してはどう感じていますか？

森下は記者の質問に答えた。

「1月15日にチームがスタートした時点から、いいときもありましたし、いまのようにむずかしい状況もありました。そういう状況のなかでもだれひとりぶれることなく、本当に真摯にやりつづけてくれていると思います。まったく問題ないと思います」

11月29日、クラブが森下との契約更新を発表。

12月1日、第34節。［○ジュビロ磐田2－1ガンバ大阪●］Ⓗ

最終順位12位は、入れ替え戦にまわった2008年に次いで低い順位だった。

ビデオカメラのファインダーの中で選手たちが喜んでいた。スタンドから拍手が聞こえた。選手たちはがんばっているのだからと、ブーイングしたい気持ちを抑えて拍手をしているように感じられた。ファインダーをのぞきながら藤原は思った。磐田の人はやさしいな。

2012Jリーグディビジョン1
12位　勝ち点46　13勝14敗7分け　得点57失点53

12月15日、天皇杯4回戦。［●ジュビロ磐田1－3鹿島アントラーズ○］
サポーターとチームの距離は、物理的にも開く一方だった。この日の午前を含め、シーズンを通しての完全非公開練習は79回、非公開練習は42回、計121回を数えた。前年の柳下は53回（完全非公開練習43回、非公開練習10回）だった。

2013

Jリーグ昇格を果たしてから20年目のメモリアルイヤーが始まった。

1月20日、チームはタイキャンプで始動。27日に帰国し、大久保グラウンドでの3日間の完全非公開練習を経て、鹿児島トレーニングキャンプに入った。

2月5日、クラブは吉野博行の代表取締役退任と高比良慶朗の就任を発表した。中国・上海でヤマハ発動機の系列会社の代表取締役を務めていた高比良への辞令もまた前触れがなく、周囲を驚かせた。

吉野の徹底したコストカットによって累積赤字は一掃されていたが、チームは、車止めがはずれたかのようにJ2降格圏に向かって転がり落ちていった。

3月2日、第1節。[△ジュビロ磐田1‐1名古屋グランパス△]Ⓐ
3月9日、第2節。[●ジュビロ磐田0‐1大宮アルディージャ○]Ⓗ
3月16日、第3節。[●ジュビロ磐田1‐2横浜F・マリノス○]Ⓐ
3月30日、第4節。[△ジュビロ磐田3‐3サガン鳥栖△]Ⓗ
4月6日、第5節。[●ジュビロ磐田1‐2浦和レッズ○]Ⓐ

4月13日、第6節。［●ジュビロ磐田0－1清水エスパルス○］Ⓐ
4月20日、第7節。［●ジュビロ磐田0－2サンフレッチェ広島○］Ⓗ
「監督を代えてください。このままではどうにもなりません」。GMの服部健二が高比良に言った。「候補を絞りこんでおきました。決断の時期です」
おれが？　就任してまだ1カ月なのに？　それから高比良は思った。多少負けても、がまんして、4年、5年とやらせなければ、ほんとうの強さを身につけることはできないのではないだろうか。
4月27日、第8節。［○ジュビロ磐田4－0湘南ベルマーレ●］Ⓗ
5月3日、第9節。［●ジュビロ磐田0－1ヴァンフォーレ甲府○］Ⓐ
開幕から9試合を戦い、1勝6敗2分け。リーグ17位。
試合後、監督の森下仁志は記者会見に臨み、言った。
「ゲームに関してはひと言、ペナルティキックのシーンに象徴されるようにサッカーの本質的な部分で負けたと思います」
――ペナルティキックの場面については、やってはいけないミスと見てよいのでしょうか？
「やってはいけないというより、準備の部分を含め、あのシーンが球際を含めて、今日の試合を象徴したシーンだったと思います。90分通して戦いつづけたのは甲府さんだと思いますし、それが今日の試合の結果だと思います」

翌日、クラブはJリーグに昇格してから20年間で8回目となるシーズン途中の監督交代を決定。暫定監督に指名されたヘッドコーチの長澤徹は言った。「チームとして大きな傷を負うことになってしまった」


森下の解任が発表されると、数人のスタッフから名波に連絡が入った。

「監督の話、来ていますよね」

「いや、まったく」

「えっ？　つぎは日本人だと聞いたんですけど」

ほどなくして、関塚隆が新監督に内定したというニュースが流れた。関塚は早稲田大学出身、監督としての戦績はJ1リーグで74勝43敗33分け。J2リーグで34勝7敗3分け。２０１０年から２０１２年までU―23日本代表監督を務め、オリンピック・ロンドン大会でチームをベスト4に導いていた。


5月18日、第12節の川崎フロンターレ戦の解説のためにヤマハスタジアムに行った名波は、関塚が来ていると聞き、会いに行った。

「こんにちは」

「おう、名波」。笑顔を浮かべ、関塚は言った。「ジュビロの試合見ているか？」

「ええ、ずっと見ています」

「そうか。おれ、今日、浜松のホテルに泊まるんだ。ちょっと細かい話をしたいんだけどいっしょに飯食わないか」

「いいですよ」

「あとで連絡する」

「わかりました」

結局、関塚と会うことはなかった。どうして連絡が来なかったのか、思い当たる節はあるが、仮定の話で気持ちを落としても仕方がないことだ。持ちを落としても仕方がないことだ。名波は思った。とにかく、実績のある人だから、いいチームをつくってほしい。

暫定監督、長澤は2敗2分け。バトンを受け取った関塚はリーグ中断期間を利用して、6月3日から1週間、和歌山市・紀三井寺公園陸上競技場で戦術を確認するための合宿を実施。

関塚は熱心に指導に取り組んだが、チームを包む空気は、とりとめがなかった。J2に落ちてしまうかもしれないということを、現実のものとしてとらえていないように藤原には感じられた。

8月3日、完成した新スタジアム〝ヤマハスタジアム〟のこけら落としのセレモニーで、黄金期のメンバー――オフト、ファネンブルグ、スキラッチ、中山雅史、藤田俊哉、名波浩――が、久しぶりに一堂に会することになった。

セレモニーに引きつづき行われた第19節、名古屋グランパス戦。

前後半ともにゲームの入りの部分の集中力に欠け、失点。後半37分に1点差に詰め寄ったが、膠着状態がつづき、ノータイム。

［●ジュビロ磐田2－3名古屋グランパス○］
8月28日、第23節。［●ジュビロ磐田2－4アルビレックス新潟○］Ⓐ
前半に2点取りながら、後半4失点。無惨な逆転負けを目の当たりにした磐田信用金庫（現浜松磐田信用金庫）会長、高木昭三はJ2降格を視野に入れ、地元企業が集まる会合で言った。
「1年間は待ってやってくれないか」
高木のサポートはジュビロ磐田が誕生した1993年から始まった。キャラクターをあしらった総合口座預金通帳とキャッシュカードをつくり、成績に応じて金利が上乗せされるジュビロ磐田応援定期預金を実現させ、スタジアムボード・スポンサーになり、マン・オブ・ザ・マッチをスタートさせた。企業だからできる応援をしようと〝歓喜会〟を発足、呼びかけに応じた企業は250社を数えた。
それでも空気は緩んだままだった。マスコミに対しては最後の1秒までがんばりますと言いながら、引き上げたクラブハウスで笑い転げている選手がいた。2008年の川口能活のように、本気で降格を恐れる人間がほとんど見当たらなかった。
8月31日、第24節。［△ジュビロ磐田1－1ヴァンフォーレ甲府△］Ⓗ
降格圏脱出へのターゲット、勝ち点9差で15位のヴァンフォーレ甲府と対戦し、勝利目前の後半41分に失点。
サッカー用語で説明できるような状況じゃない。あるスポーツ紙の女性記者は思った。もしかしたら、あの祠《ほこら》に触れたからじゃないのかしら？

新スタジアムに移行する際、ホームのスペースを広げるために、敷地に余裕のあるアウェイと場所を入れ替えることを決定。傾斜地の雑木林の伐採に取りかかったところ、古い祠を発見。調べてみると、氏子の多くは引っ越していたが、1年に一度、お参りに集まっていることが判明。さっそくクラブは古い祠を新調し、玉砂利を敷いて整備。氏子総代を捜し当て、神主にお祓《はら》いを依頼するなど、手を尽くしていたが、女性記者のつぶやきはチームの惨状と結びつき、都市伝説のように広がっていった。

9月13日、第25節。アウェイでの柏レイソル戦、ヤマハスタジアムでパブリックビューイングが開催された。前半5分にジュビロ磐田が先制ゴール。前半7分、後半18分に前田遼一がゴールを決め、10試合ぶりの勝利を引き寄せた。

勝ってよかった。藤原志織は心から喜んだ。降格という言葉を見るのも聞くのもいやだった。

10月5日、第28節。[△ジュビロ磐田1－1ベガルタ仙台△]Ⓗ

第18節から10試合つづけてJ2降格圏の17位に停滞。残り7試合で迎えた第28節、入場者数8218人はこの日行われたJ1リーグ8試合で最低の数字だった。

この試合を含むホーム3試合の入場者数の総計は2万8352人。降格危機に直面した2008年、まったく同時期に行われた3試合のホーム入場者数は4万5262人。サポーターの気持ちが離れつつあることを、数字が物語っていた。

10月19日、第29節。[●ジュビロ磐田1－2川崎フロンターレ○]Ⓐ

後半28分にジュビロ磐田が先制のゴール。1－0のまま時間は経過、後半30分を過ぎたころ、勝利を確信した第7代ヤマハFC代表取締役、高比良慶朗はキャリーケースを手に観客席から立ち上がった。

それからまもなく、等々力スタジアムにどよめきが沸き起こった。後半39分に同点に並ばれ、さらに後半48分に失点。もぎとられるようにジュビロ磐田のシーズン4勝目は消えた。

29節が終了した時点で総失点49。そのうち60分以降の失点が19。19点のうち同点に追いつかれた試合が4。逆転負けは5試合を数えた。

スタジアムをあとにした高比良は、その足で中国に向かった。岡田武史を説得して、服部健二に代わるGMになってもらうためだった。杭州緑城足球倶楽部の監督だった岡田は、任期を1年残し、このシーズン限りで退任することになっていた。

「わざわざ来ていただいても、GMはできませんよ。これからはチームの経営に携わろうと思っているので」。電話では就任を断られたが高比良はひるまなかった。行動し、気持ちを言葉にして伝え、それでだめなら仕方がないと思っていた。

初対面だったが、一対一の話し合いは2時間に及んだ。岡田は改めてGM就任を断り、代わりに加藤久を高比良に薦めた。同じ歳で、早稲田大学で1学年上だった加藤は、ヴェルディ川崎、湘南ベルマーレ、沖縄かりゆしFC、京都パープルサンガで監督を務めていた。

その後も、高比良は、なんとかチームを立て直そうと、周囲のアドバイスに耳を傾けながらさまざまな人間に会った。日本代表監督を務めたフィリップ・トルシエもそのひとりだったが、ビジョンが重なることはなかった。

10月27日、第30節。負ければ降格決定の可能性があった清水エスパルス戦の入場者数はJ1リーグ9試合でもっとも少ない1万2467人。

フラッグに書かれた『バーカ・アホ・メガネ』『じぇじぇじぇーつう?・』『片道切符の島流し』等の文字。穴を開けられ、赤いペンキでJ2と殴り書きされたジュビロのフラッグ。焼き鳥にされたジュビロくんのイラスト。編集者として初めて静岡ダービーに臨んだ藤原は、清水エスパルスのサポーター席にすっかり目を奪われた。

［●ジュビロ磐田0－1清水エスパルス○］Ⓗ

残留圏内の15位のヴァンフォーレ甲府との勝ち点差は11。残り4試合に全勝することが残留の絶対条件だったが、仮に全勝してもヴァンフォーレ甲府が勝ち点2を上乗せすればJ2降格が決定。早ければ第31節、サガン鳥栖戦でそのときが訪れることになった。

11月10日、日曜日。あと10分ほどで午後6時になろうというころ、静岡新聞のニュース速報が携帯電話に流れた。

――J1磐田はサッカーJリーグ1部（J1）第31節で鳥栖に0－1で敗れ、クラブ史上初のJ2降格が決まった。次節以降磐田が全勝、甲府が全敗しても勝ち点で及ばず、3試合を残して降格圏の16位以下が確定した。J1リーグでは16―18位のクラブは自動的にJ2に降格する。

それから約2時間後、ジュビロ磐田公式フェイスブックに久保暁生の写真がアップされると、ネット上に非難の声が相次いだ。

『こんな姿をサポーターに見せたいと思う選手がいますか？　いくらなんでもひどくないですか？』『降格したことをなにかドラマチックに表現したい？』『クラブの品格を落とすような広報の仕方はやめてほしい』

ベルギーに向かう機中で名波は思った。こんどこそ、ぼくの番だ。

11月19日、ボードワン国王スタジアム。

［○日本代表３－２ベルギー●］

試合の解説を終え、夜が明けてまもない時刻に帰国した名波は、その足でＧＭに内定した加藤久と会い、思いのすべてを伝えた。

聞き終えた加藤は言った。

「わかった。いまから話しにいこう」

ふたりは、高比良とジュビロの上層部の人間に会うために、皇居前の事務所に向かった。

12月7日、第34節。［○ジュビロ磐田３－１大分トリニータ●］Ⓗ

ヤマハスタジアムで４勝目をあげ、Ｊリーグ昇格20年目のシーズンが終わった。

最終節の入場者数８５３４人もＪ１最低だった。ホームゲームの総入場者数は前年より24パーセント減の18万５２０７人でリーグ17位。リーグ１位は浦和レッズで63万７０１人、46万７４２５人の横浜Ｆ・マリノスが2位、3位はアルビレックス新潟で44万3906人。

12月26日、フロントは関塚隆の退任を発表。

去り際、関塚は藤原に右手を差し出し、言った。

「ぼくはなにもできませんでしたが、みなさんは、これからもがんばってください」

2013Jリーグディビジョン1
17位　勝ち点23　4勝19敗11分け　得点40失点56

「立て直せる存在は個人的な見解として名波以外はない」。静岡放送の〝みなスポ〟でJリーグとスペインリーグでプレイした安永聡太郎は言った。「名波の下で新たに動き出すジュビロが見たい。そこにはジュビロ愛がかならずあるはず」

「ジュビロをよく知る人物を監督にしてほしい」。長く清水エスパルスでプレイし、日本代表で10番をつけた澤登正朗も名波の名前を挙げた。

1980年にヤマハ発動機サッカー部に入部し、日本代表としてワールドカップ予選に3度出場。引退後はジュビロ磐田U―18の監督として高松宮杯を制した吉田光範は自身のブログで表明した。

〈今、「名波浩」が監督に就任しなければジュビロ崩壊の可能性があるでしょう！〉

きっと監督のオファーが来る。名波は自分に言い聞かせたが、フロントから連絡はなかった。

待つことに疲れ、心が揺らいだ。これ以上、この状態をつづけることに意味があるのだろうか？　チームから離れるべきなのだろうか？　どう行動すればいいのか考えていると、クラブのスタッフが家にやってきて涙を流しながら言った。

「名波さん、ジュビロを助けてください」

「もしもし……そうですか、わかりました」

東名高速道路の日本坂トンネル付近を、東京に向かって移動していたときだった。

携帯電話を切った名波は、すぐに家に電話をかけ、夫人の未来に言った。

「シャムスカが新しい監督に決まった」

引退してから、住む場所を変えようと思ったことは一度もなかった。いつかはジュビロにもどると決めていたから、テレビ番組のレギュラー出演をはじめ、首都圏や関西圏の仕事は、すべて浜松から通った。鈴木秀人をジュビロ磐田で引退させたのも、いっしょにチームのために働く日が来ると信じていたからだった。

涙が溢れて、止まらなかった。

こんなにクラブのことを思っているのに。こんなにクラブに尽くしたいと思っているのに。一点の曇りもなく恩返しの準備ができているのに。

どうして名波で行こうと決断してくれる人がいないのだろう。うらむ気持ちはなかった。ただただ悔しかった。

電話の向こうで夫人も涙にくれていた。

前年、38歳の服部はJFLガイナーレ鳥取からJ2FC岐阜に移籍。子どもが幼稚園を卒園するまで、最低でも3年間は岐阜でプレイしようと決めた。

1年目からキャプテンになり、全42試合にフル出場。つづく2013シーズン、開幕前のプレシーズンマッチで左ひざ半月板を負傷。

とうとう、やってしまったか。サッカー人生で初めてのひざの怪我だった。致命傷ではなかったが、心に重く響いた。

ジュビロ磐田の戦いぶりから目を離したことはなかった。毎試合、チェックしていたが、浮上のきっかけを見つけることはできなかった。

どうなってしまうのだろう。現場でつらい思いをしている人たちが頭に浮かんだ。

高比良から声をかけられたのは、ジュビロ磐田のJ2降格が避けられない現実になろうとしていたときだった。

「力を貸してくれないか」

どういう立場で関わるのか、具体的な説明はなかった。

FC岐阜は、現役続行を受け入れてくれていた。年俸が上がることも聞かされていた。迷った末、最後は左ひざの怪我が現役引退の決め手となった。

差し出された契約書に書きこまれていた〝強化部長〟の文字を見て、思わず言った。「いいんですか?」

すでにGMとして活動を開始していた加藤久とチームづくりに取りかかった。最優先事項は監督選びだった。テーブルに並べられていた候補者に〝名波〟を付け加えたが、提案する一方、このタイミングではないかもしれないという思いもあった。まだ自分に強化部長としての力がない状態で名波を監督にしたら、つぶしてしまうことになるかもしれないと思った。

久しぶりに間近に見るチームはチームになっていなかった。ひとり一人はうまかったが、それだけだった。だれのためになんのために出すパスなのかという意識が決定的に欠けていた。ひと言で言えばチームへの愛情が希薄だった。降格するのも無理はないと思った。

新監督に決まったペリクレス・シャムスカはゴールキーパー・コーチとフィジカル・コーチを自分で決め、それ以外のコーチの選択はクラブに委ねた。

服部は鈴木秀人に会い、言った。

「ヘッドコーチをやってくれないか」

初めてのトップチームのヘッドコーチで、しかもブラジル人の下、大変だろうとは思ったが、鈴木と自分のコミュニケーションがチームの変革の第一歩になると服部は確信していた。

「いや、名波さんの下以外でやることは考えていないよ」

「秀人がヘッドコーチをやっていたほうが、名波さんが入りやすくなると思うんだ」

鈴木秀人は思った。長澤さんのあとも、関塚さんのあとも名波さんではなかった。どうして?なぜ?ばかりだった。たしかに服部とおれがトップチームに関われば、そういう流れが変わるかもしれない。

「わかった。やってみる」

J2への降格が決まると、契約の継続を渋るスポンサーや、契約金の減額を要請してくる企業が相次ぎ、2

月に入っても、スタジアムの広告が埋まらなかった。

高比良はクラブのスタッフに言った。金はなんとしてもかき集めてくる。たとえ赤字になっても補強はする。経営のことは心配しないで、チームのことを考えてくれ。

…第6章…

J2

2014〜2015

「ジュビロを頼む」

2014

1月16日、ヤマハスタジアムで新体制が発表された。

2008年に大分トリニータを率いてナビスコカップを制覇、その手腕を〝シャムスカ・マジック〟と形容されたペリクレス・ライムンド・オリヴェイラ・シャムスカ（ブラジル）は言った。

「ジュビロがいるべき場所にもどすことがわたしの仕事。新しい挑戦に自信を持っています」

同日、クラブが名波浩のアドバイザー契約の更新を発表。契約内容から前年まで明記されていた〝強化〟の2文字が消えていた。

だいじょうぶだろうか。服部は指導を始めたシャムスカに危うさを感じた。十分なキャリアを持ち、サッカー哲学は興味深かったが、どこかいまの生活に満足しているように感じられた。ぜったいにジュビロ磐田を昇格させるという覚悟が感じられなかった。

すべてが不足している。降格するのも無理はない。ヘッドコーチとしてトップチームに接した鈴木秀人は思った。とにかく、あるものをかき集めて、なにがなんでも1年でJ1に復帰させよう。そのためにできることをすべてやろう。そう覚悟を決め、意見を率直にシャムスカに伝えたが、わかったという返事がもどってくるだけだった。鈴木の熱はチームにほとんど反映されず、逆に、納得のいかないシャムスカの考えを選手たちに伝える役割ばかりを担わされることになった。
シャムスカの笑みを浮かべた口元からこぼれる言葉はいつも同じだった。「チームはファミリーです」「大切なのは一体感、みんなが同じ目標を持つことです」。その本心が藤原志織には見えなかった。

3月2日、第1節。［●ジュビロ磐田0－1コンサドーレ札幌○］Ⓗ
黒星スタートとなったが、攻撃力で対戦相手を上まわり、13勝4敗4分け、リーグ2位で前半の21節を終了。
J2は、戦い方を絞りこむという点で、厳しく激しいリーグだった。徹底的に引いたディフェンス。徹底的なカウンターアタック。非常識なまでに人数をかけるディフェンス。パスサッカーを阻むでこぼこで乾ききったピッチ。人並みはずれたロングスローやトリックプレイ。時間をかけて仕こんだセットプレイ。12キロを超える1試合の総走行距離、40回以上のスプリント。リーグ後半戦に入ると、ジュビロ磐田は、そうしたストロングポイントを磨き、相手の長所を徹底的に消す戦い方に飲みこまれていった。

7月1日、法人名が㈱ヤマハフットボールクラブから㈱ジュビロに変更。

夏を迎えると、1試合を走りきれなくなり、60分を過ぎると、ボールに行けない選手、休みたい選手、勝ちにこだわれない選手によってチームは内側から崩れていった。途中出場した選手は、がんばればがんばるほど孤立し、自分勝手なプレイをしているように見えるようになった。いつのころからか、荒田忠典の姿が、練習にも試合にも見られなくなっていた。

第22節で20位の東京ヴェルディに1－2と敗れ、つづく23節で18位の横浜FCに0－4と大敗したが、それでもシャムスカ・マジックがふるわれる気配はなく、鈴木秀人はストレスでどんどん痩せていった。

「一度、離れてやってみてもいいんじゃないか？」

J1の3つのクラブから監督のオファーを受けた名波浩は、親しい人間の後押しを受け、ジュビロから離れることを決めた。

2クラブに断りの連絡を入れ、2日後、心に決めたクラブと東京のホテルで契約を交わす約束をした直後、ジュビロ磐田から監督就任を打診する連絡が入った。

「いや、無理です。もう決まっているんです」

あいだを置かず、加藤久と服部年宏が名波の家にやってきた。喫茶店、レストランと場所を変え、話をつづけるうちに、心の奥底に封印したはずの思いがのど元までせり上がってきた。

9月23日、第33節。[●ジュビロ磐田1－4水戸ホーリーホック○]Ⓐ

18位の水戸ホーリーホックに完敗し、16勝9敗8分けの3位。2位松本山雅FCとの勝ち点差は8。

試合後の記者会見でシャムスカは言った。

「残り9試合ですが、われわれの最終目標であるJ1昇格のために松本をしっかりとらえなければいけません。それを達成できるチャンスはまだ残っています。達成するためには一定の力を出さなければいけませんが、今日の試合は技術的なところも戦術的なところもあまりにひどかった。そこは認めます。試合についてはあまり言うことはありません」

帰りの電車に乗りこんだ鈴木秀人がやり場のない怒りを持てあましていると、携帯電話が光った。鈴木は席を立ち、デッキに移った。

「もしもし」

電話の向こうで名波が言った。

「いま、どこにいる？」

「もうすぐ東京駅です」

「おれも東京で仕事だったんだ。いっしょに飯食わないか？」

「いいですね」

つぎの日、チームはオフだった。

テーブルにつくと名波が言った。

「オファー、来たよ」

「どこから？」

「ジュビロから。やるよ」

鈴木秀人は思った。視界が開けるとはこういうことなのか。

「あと、1週間遅かったら、おれ、ジュビロをやめていましたよ」

名波のうれしそうな顔を見ながら鈴木秀人は思った。たぶん、一番うれしいのはおれだろうな。

ふたりは、元Jリーガーが経営する居心地の良い店に向かった。

店には大勢のジュビロ磐田ＯＢが名波を激励するために集まっていた。遅れてドアの向こうから姿を現した中山がまっすぐ名波に歩み寄り、両腕を名波の体にまわして言った。

「ジュビロを頼む」

9月25日、シャムスカの解任が発表された日、名波は家のリビングルームに椅子を並べ、4人の子どもを座らせた。

「明日からジュビロの監督になる」。ひとり一人の顔を見ながら、名波はつづけた。「おまえたちはここに住み、学校に通っている。負けたら、あんな負け方をしやがってと言われるだろう。うしろ指を指されることもたくさんあるだろう」

家族がつらい思いをすることは、ワールドカップ・フランス大会で思い知らされていた。監督経験者から、子どもが最初にバッシングの標的にされることを聞かされていた。

「がまんできるか？」

「だいじょうぶ」。長男が即答し、長女がつづいた。まだ幼いふたりは、うまく理解できない様子だった。

9月26日、金曜日。ヤマハスタジアムに１００人を超える報道関係者が集まった。Ｊ2のチームの監督就任記者会見としては異例の光景だった。

「みなさん、こんにちは。遠路はるばるお越しいただき、本当にありがとうございます。選手としての入団会見、そして引退会見。それから監督就任会見と、この3回の会見にすべてている方も何人かいるようで非常にぼくとしては心強く思っています。ジュビロに関してはすべてのことを把握していると自負していましたが、それでも、内情、非常に厳しい状況であると、昨日、より強く感じました。ちょっと余談ですが、大久保練習場の近くにセブン‐イレブンができていたことを知らなかったです。そういった情報も入っていないなか、この職務を引き受け、どこまで建て直せるか。それからどこまで強いチームをつくり上げられるかは未知数です。それは監督としての経験がないということが第一にあると思いますが、ただ、いまの選手といっしょにすばらしいサッカー、美しいサッカーをめざしてやっていきたいという気持ちが非常に強いので、みなさんにそこを見守っていただけたらと思います」

——今日の練習は（シャムスカの予定では）非公開でしたが、公開練習にした理由は？

記者の質問に、名波は迷わず答えた。

「それはみなさんに来ていただけると思ったからです。見られないよりも見られたほうがいいですよね？　今後もすごいことがない限り、非公開にするつもりはありません。ワールドカップを見ていてもオランダ代表あたりはずっと公開していて、セットプレイも全部見せてくれていたので、その必要はないかなと。それから見られているという緊張感は感じると思いますし、メディアのみなさんもそうですし、サポーターのみなさんからも見られていると感じながらプレイしてほしいと思います」

フォトグラファーの久保は思った。もっともジュビロを強く思う人間がついにもどってきた。

クラブ、サポーター、マスコミ、だれもが笑顔になっている。監督の経験も実績もないのに、こんなにみんなに歓迎されるなんて、なんてすごい人なんだろう。サポーターズマガジンのスタッフ、藤原志織はすっかり感心し、うなずいた。きっと、もうだいじょうぶ。

チーフ・アスレティックトレーナーの佐々木達也は3年前の鹿児島キャンプでのできごとを思い浮かべた。

スタッフのみんなと食事に行ったとき「夢はなに？」と名波に聞かれた。「Jリーグのチャンピオンになることかな」と答えたら「ちっちゃいな」と笑われた。あのときのぼくにはあれが精いっぱいの答えだった。佐々木はわくわくしながら、思った。この先、どんな夢を見ることができるのだろう。

記者会見を終えた名波は、ミーティングルームのホワイトボードに4箇条を書きこんだ。

〈シュートの意識〉
〈攻守の切り替え〉
〈セカンドボール〉
〈コミュニケーション〉

特別なことではなかった。サッカー選手ならだれでも知っていることだったが、やりきれる選手は限られた。

それから選手、スタッフを集め、言った。

「可能性がある限り、上を見よう。下を見るな」

急きょ決まった練習公開で、平日だったにもかかわらず、詰めかけた見学者は300人を超えた。

たしかに、これだけたくさんの人に見られていれば、サボれないし、いい加減なプレイはできない。ヘッドコーチ、鈴木秀人は思った。非公開にして、人の目の届かないところで小さな武器をつくるのではなく、見られたところでどうということはない底力をつけようということか。さすがだな、名波さん。おれにはそういう発想はなかった。

秀人から聞いてはいたが、これほどとは。ピッチに立った名波は、勝ちたいと思う気持ちが伝わってこないことに驚いた。選手同士の会話は想像していたよりはるかに少なく、聞こえてくるのはコーチの声ばかりだった。

言葉を投げかけると、たいてい「はい」という返事で終わった。「いいえ」も「でも」も「なぜ？」もなかった。

練習が終わってからも、会話らしい会話はなかった。その日をふり返ることも、明日を話すこともなく、それぞれにクラブハウスを出ていった。名波にとって、それは、サッカーで生活し、サッカーを通して多くの人と夢や希望を分かち合うプロのふるまいではなかった。

4箇条をホワイトボードに書きつづけ、言いつづけた。その一方、『この選手はだめだ』と『おれたちの時代は』はぜったいに口にしないと決めていた。

「もしもし、菅野さん」

「おう、名波」

「ジュビロの監督やることになったんです。知っていますか？」

「ついさっき、インターネットで知ったところなんだ」

「いっしょにやってくれますよね」

菅野淳のフィジカルコーチとしての仕事の水準を、名波は身をもって理解していた。長くともに戦ったから気心も知れていた。7歳年上だったが、対等に話をさせてくれる懐の広さを持っていた。すっかり落ちてしまったチームのフィットネスを引き上げるために、ぜったいに必要な人間だった。

「FCソウルとの契約があるから、年内いっぱいはこっちにいなければならないんだ」

「わかっています。来シーズンからお願いします」

「とにかく監督と話をしてみる」

電話を切った菅野は思った。帰ろう、ジュビロに。


9月28日、第34節。ヤマハスタジアム。試合前、ホワイトボードに〈戦〉と〈闘〉の文字を並べて書いた名波は、〈戦〉を×で消し、選手たちに言った。

「緻密な計画を立て、すべての兵がそれを理解して戦うのが〈戦〉。わずか2日間ではそこまでの準備はできなかった。今日は〈闘〉だ。目の前の相手、ボール、相手のゴール、自分たちのゴールと闘おう」

［○ジュビロ磐田2－0愛媛FC●］

試合後、名波は監督として初めての記者会見に臨んだ。

「前半の30分くらいまでは不細工な試合になってしまいましたが、球際のところとか、おたがいのコミュニケーションとか、短い時間でしたが、言いつづけたことを選手たちはやってくれたなと。その部分に愛媛側が若干、圧を感じて、なかなか前に出てこられない状況をつくれたんじゃないかと思います。後半は入りが非常に大事でしたが、セカンドボールの反応と奪ったボールのファーストプレイをミスするなと。とくにこのふたつは大きく言っていて。もうひとつ言ったな……。ちょっと待ってください」。手もとのメモ帳には、良かったことは黒字で、課題は赤字で書きこまれていた。「あと、サイドを変える意識です。サイドチェンジの意識。この3つはハーフタイムに言ったところで、まさにそれがいいシーンにつながりましたし、とくにゴールシーンで、左でつくって右サイドからクロスという意味ではパーフェクトなゴールだったと思います。じつはやりたいシュートシーンというのはああいった形かもしれませんが、そこまで手がまわらなかった現状を考えると、みんながぼくの考えを理解してやってくれたんじゃないかなと思います」

社交辞令や常套句を取り除くと、ほとんどなにも残らないコメントではなかった。光景が立ち上がり、動き出す言葉だった。質疑応答が終わったとき、名波の言葉は4000字を大きく超えていた。過去5年間の開幕戦の記者会見の平均は1000字に満たなかった。

どうしたいのか。なにが良くてなにが足りないのか。できる限り具体的に提示したいと名波は思っていた。チームがめざす方向に進むためには、選手だけではなく、サポーター、番記者をはじめ、関わるすべての人に、同じ船に乗ってもらいたかった。

なにもかも見透かされているようで、藤原は名波の視線が怖かった。わかったふりはやめよう。もっともっとサッカーを勉強しようと思った。

10月4日、第35節。
13時3分キックオフ。［○松本山雅FC2‐0横浜FC●］
14時3分キックオフ。［●ジュビロ磐田0‐2大分トリニータ○］Ⓐ
第35節を終了した時点で1位湘南ベルマーレ。2位松本山雅FC、ジュビロ磐田は3位。自動昇格圏の松本山雅FCとの勝ち点差は8。

松本山雅FCのキックオフがジュビロ磐田に先行するスケジュールがつづいた。その背中はいつまでも遠く、やがて試合中に、勝ったところで追いつけるわけではないという負の感情が、時折、チームに漂うようになった。

10月11日、第36節。
13時3分キックオフ。［○松本山雅FC2－0大分トリニータ●］
15時3分キックオフ。［○ジュビロ磐田3－1FC岐阜●］Ⓗ

10月17日早朝、1994年から2001年までジュビロ磐田に在籍、フェリペに才能を見出され、黄金期の一員となった稀代のドリブラー、奥大介が沖縄県宮古島で交通事故死。享年38。

10月19日、第37節。
13時4分キックオフ。［△松本山雅FC0－0京都パープルサンガ△］
16時3分キックオフ。［△ジュビロ磐田0－0ロアッソ熊本△］Ⓐ

チームに漂い始めた負の感情は、名波の熱に追い払われた。チームは勝負へのこだわりを見せるようになっていったが、客観的に見て、自動昇格の可能性は薄かった。昇格プレイオフを視野に入れ、チームの出力を10段階の真ん中当たりにいるいまの状態から、一気に最大に引き上げなければならないと名波は思った。
10月の半ばを過ぎると、戦力外になる可能性がある選手が、怪我を怖れて力をセーブするようになった。ベンチに入れればそれでいいという態度が、チーム全体に悪影響を及ぼすことはわかっていたが、問題の本質に向き合う余裕はなかった。

10月26日、第38節。
13時3分キックオフ。［○松本山雅FC2－1カターレ富山●］
15時4分キックオフ。［△ジュビロ磐田2－2京都サンガF.C.△］Ⓗ
11月1日、第39節。
19時4分キックオフ。［○松本山雅FC2－1アビスパ福岡●］
19時3分キックオフ。［△ジュビロ磐田2－2ジェフユナイテッド千葉△］Ⓐ
松本山雅FCのシーズン2位が確定。残るひとつの椅子は、4位と5位の対戦の勝者と3位が戦って決めることになっていた。
試合後の記者会見で名波は言った。
「今週の頭に目標設定を変えていますし、選手はすでに切り替わっています。月並みな言葉で言えば『一戦必勝のトーナメント』という気持ちでいてくれていると思います」
11月9日、第40節［△ジュビロ磐田1－1ザスパクサツ群馬△］Ⓐ

11月11日、荒田忠典が他界した。享年81。
膵臓が癌に冒されていることがわかったのは、6月中旬、人間ドックの検診でのことだった。ゴルフを楽しんだ翌日だった。自覚症状はまったくなかったが、すでにステージ3を過ぎていた。ジュビロ磐田のチームドクター、横地眞と荒田のつぎのヤマハFC代表取締役、松崎孝紀に状況を伝えたが、選手たちには言わずにおいた。

1964年、31歳のときにヤマハ発動機に転職。夢は叶えるものだった。昨日より今日を大切にした。どんなことを前にしても、気持ちがぶれることはなかった。

34歳で結婚し、仕事以外のいっさいを、夫人に預けた。家ではいつもおだやかで、外でどんなことがあっても、疲れたという言葉を口にしたことは一度もなかった。夫婦げんかも一度もなかった。

結婚から5年後、ヤマハ発動機サッカー部が誕生、荒田家のカレンダーの週末は、将来にわたって塗りつぶされることになった。

試合の日の食事は、夫人がつくるカツ丼かカツライスに決まっていた。勝ったときに身につけていた下着を試合のたびに着用し、負けると捨てた。日課の朝の散歩のコースとそのときに着る服も負けるまで変えようとしなかった。

選手たちの生の声が聞きたくて、ガラス張りのVIPルームを出て、ピッチの近くに向かった。敗色が濃厚になると、試合が終わる前に席を立った。「おれは帰る」。車中で逆転を知ると、途端に仏頂面がほどけた。夫人が見た最高の笑顔は、優勝したときの笑顔だった。

ふたりの娘をこよなく愛し、選手たちを息子のように可愛がった。チームを離れるドゥンガを車で掛川まで送った。イタリアに名波を激励に行き、目を潤ませながらいっしょに写真に収まった。

「おう」が口癖だった。来る者は拒まなかった。マスコミから自宅にかかってくる電話にもかならず出た。

夫人への感謝の気持ちを花束に託した。クリスマスなのにカーネーション50本だった。1998年のワールドカップ・フランス大会、2000年のオリンピック・シドニー大会で、夫婦水入らずの時間を過ごした。2020年のオリンピック東京大会をいっしょに見に行くことを楽しみにしていた。

入院中、ジュビロ磐田の試合がテレビで放映されないときは、娘から試合の様子を知らせる電話を待った。入院日誌には、折りに触れて、夫人と娘たちへの感謝の言葉が書きこまれていた。

夫人の運転で出かけた本屋で買い求めたサッカーダイジェスト10月28日号が、最後に手にしたサッカー雑誌になった。表紙に〈見えてきた〝名波スタイル〟〉の文字が並んでいた。


1999シーズンを前に、名波は荒田に思いの丈をぶつけた。

「日本代表としてワールドカップを戦う夢をかなえたいま、海外で自分を試したいんです」

「ジュビロにはおまえが必要なんだ」

前のシーズン、ドゥンガが退団、チームは転換期を迎えていた。

本音のぶつけあいは、荒田の歯切れの良い口調で締めくくられた。

「おまえの言うことはよくわかった。希望を飲む。ただし、条件がある。優勝してから行ってくれ」

小学校のときから勝利は前提だった。勝ちたい、タイトルが欲しい、優勝したいという言葉を一度も口にしたことがなかった名波が言いきった。

「わかりました、優勝します」

それまでのサッカー人生のどの時期よりも燃え、勝ちに執着した。アジアクラブ選手権を制し、1stステージを制覇。荒田の笑顔に見送られ、イタリアに旅立った。

田中誠も荒田の笑顔が忘れられなかった。しょっちゅう現場に足を運んでくれ、入団したばかりのぼくにも声をかけてくれた。見てもらえているんだと思い、このクラブのためにがんばりたいと思った。たくさん活躍して、チームをもっと強くしたいと思った。細かいことは言わず、ドゥンガやスキラッチのような一流選手をつれてきても、しれっとしていた。みんなから小さな巨人と呼ばれていた。

社長というより、親やおじさんのような存在だったなと鈴木秀人は思った。いつも温かく迎え入れてくれて、親身になってアドバイスをしてくれた。言われたことを信じてがんばろうと思えた。

松森亮が母校の市立船橋高等学校の試合を観戦するために、全国高校サッカー選手権大会に行ったときのことだった。ジュビロのスタッフとして申請した入場パスを受け取り、観客席に行くと声をかけられた。

「おう、松森」

聞きまちがいようのない声だった。

「どうしたんですか、荒田さん」

「やっぱり、選手は自分の目で見ないとな」。荒田さんは手もとのプログラムを指して言った。「この選手は、いいぞ」

ヤマハFCの代表取締役を退いていた荒田は、ひとり競技場に足を運び、チケットを買って観戦していた。プログラムにはラインが引かれ、メモが書きこまれていた。松森は首にかけた関係者用のパスが恥ずかしかった。

ピンと伸びた背筋が佐々木達也の頭に焼きついていた。

「ちゃんと選手たちの面倒を見てやれているか？　なにかあったらいつでも言いに来いよ」

スタッフ全員の名前を覚えていて、入ったばかりのぼくにも声をかけてくれた。プレイヤーばかりでなく、メディカルスタッフに関しても海外から一流の人間を呼び、勉強する仕組みをつくってくれた。天井はいつも高くて、頭を押さえつけられたことはなかった。

11月14日、浜松市内で告別式が執り行われ、約500人が参列。第2代代表取締役、松崎孝紀につづいて中山が弔辞を読み上げた。

「荒田さんの訃報を聞いたとき『そんなに早く』と本当に驚きました。週に1回程度、病院に通っていることは知っていましたが、まさかこんなに早く、こんな日が来ようとは思いもしませんでした。25年前、ヤマハ発動機に入社し、サッカー部に所属したときから、つねに厳しくも温かい目でサポートしてもらいました。いつも、お会いするときの第一声は『おい、ゴン、元気か』でしたよね。おだやかな口調で話しかけてもらい、つづけて、ぼくの調子の善し悪しを荒田さん独得の視点で、たとえばヘディングでのジャンプの高さ、滞空時間や歩幅、速度やタイミングなどから鋭く指摘し、自分でも気づかないことを気づかせてくれました。そしてジュビロはもちろん、Jリーグ全体、日本代表においても、つねに選手のことを第一に考えて戦ってくれました。荒田さんはクラブの社長という立場でありながらも、日本代表選手の待遇面の向上を訴えてくれました。おかげでいまの日本代表選手の待遇があると言っても過言ではないはずです。ぼくのなかで、強烈な記憶として残っているのは、1998年、ワールドカップ・フランス大会から帰国したぼくを成田まで迎えに来てくれ、浜松の自宅まで送り届けてくれたことです。足を骨折していたとはいえ、社長自らが選手の送迎をするなんて、それまで聞いたこともありませんでした。それほど選手を大事に思ってくれていると感じました。ヤマハ発動機サッカー部に入団し、Jリーグ開幕10チームから漏れたときは、心も揺れましたが、このチームに残り、荒田さんの下でサッカーをつづけてこられたことにまちがいはありませんでした。いま、ジュビロは苦しい戦いの連続です。しかし、どんなことがあってもめげない、苦境を力に変える荒田イズムは、脈々といまのチームにも受け継がれているはずです。そちらの世界から強く厳しく、そしてやさしく見守ってください。また、そちらでも、楽しく強いサッカーチームをつくって楽しんでください。そこに（奥）大介をよろしくお願いします。本当に感謝の念でいっぱいです。荒田さん、あなたに出会えてよかった。あなたと話せてよかった。あなたに大きく成長させてもらいました。本当にありがとうございました。やすらかにお眠りください」

夫人が目にしたことがない手帳が出てきたのは、すべてが終わり、荒田が使っていた引き出しを整理していたときだった。ページをめくると〈無念〉の2文字が何度も書きつけられていた。

11月15日、第41節。［●ジュビロ磐田0－2モンテディオ山形○］Ⓗ
11月23日、第42節。［△ジュビロ磐田1－1北海道コンサドーレ札幌△］Ⓐ

2014Jリーグディビジョン2
4位　勝ち点67　18勝11敗13分け　得点67失点55

リーグ戦のホームゲーム総入場者数は18万4261人、1試合平均8774人は、ジュビロ磐田がJリーグに参入してから最低の数字だった。

3位ジェフユナイテッド千葉、4位ジュビロ磐田、5位ギラヴァンツ北九州、6位モンテディオ山形。

ギラヴァンツ北九州がJ1ライセンスを所持していないため、ジュビロ磐田は、1週間後、6位のモンテディオ山形とプレイオフ準決勝を戦うことになった。試合時間は延長なしの90分。引き分けの場合は年間順位が上位のジュビロ磐田が勝ち上がることになっていた。

11月30日、ヤマハスタジアム。いつものようにスターティングメンバー、リザーブメンバーがスタジアムビジョンで紹介されたあと、つづけてベンチ外の選手の名前もコールされた。チーム全員で戦おうという意志表示だった。

前半26分、モンテディオ山形が先制。前半48分にジュビロ磐田が追いつき、1－1で90分が終了。発表されたアディショナルタイムは4分。ここまでのシュート数はジュビロ磐田15本、モンテディオ山形7本。

アディショナルタイム2分が経過したところでモンテディオ山形、右サイドからのコーナーキック。右のニアサイドに上がったゴールキーパー山岸範宏がノーマークでヘディング。ボールはジュビロ磐田のゴールに吸いこまれた。

試合後の記者会見で名波は言った。

「今日の90分を通しての内容云々をふり返るだけのメンタリティではないので細かいことは割愛しますが、奇跡を呼ぶ力が山形にはあって、ぼくらにはその力がなかったということだと思います」

――J1復帰が最大の目標で監督に就任されて、それが達成できなかったことについてはどう思われますか？

「冷静にこの10試合をふり返ってみないとわからないですが、責任はぼくにあると思います」

あのとき、すでに交代枠を使いきっていた。ベンチワークとしては具体的にやれることはなかったが、選手に指示を出すことはできたはずだ。失点してからの光景をたどった名波は、モンテディオ山形にゴールを入れられてからの記憶が、約30秒間抜け落ちていることに気づいた。

強化部長、服部年宏は思った。口に出せば、まちがいなくスポンサーをはじめ、いろいろな人に怒られるだろうが、この敗戦はけっして悪いことではない。

服部の、現実を一歩引いたところから観察し、最良の対応策を探す習慣は、ディフェンダーの経験を通して培われたものだった。

負けたことは悔しいが、いまのチーム状態でＪ１にもどれば、負けつづける可能性が高い。ふたたびＪ２に降格することになれば、監督を代えろという話になりかねない。もう1年名波にＪ２で経験を蓄積してもらい、チームの土台をつくり、それからＪ１で勝負したほうが本当の強化につながるはずだ。

シーズンが終わると高比良は辞表を提出した。Ｊ２に降格したクラブの責任者が留まることは考えられなかった。

磐田に移り住み、熱気を肌で感じた。こんなに小さな町に、本気で日本のトップをめざすチームがあることの価値とその重さを知った。だが、どんなにすばらしい理想も、どんなにすばらしいやり方も、結果を出さなければ否定される。負けたが正しかったという言い方は、良いか悪いかはべつとして、この世界では認められない。高比良は思った。そのことをつくづく思い知らされた2年間だった。

韓国のKリーグが終わり、帰国した菅野は、FCソウル監督、チェ・ヨンスが所用から解放されるのを待って電話をかけた。

「ジュビロに行って、名波の力になりたいんだ」

「いや、きっと認めてもらえないでしょう」

翌日、菅野は飛行機でソウルに飛び、FCソウルの社長、会長に韓国語で言った。

「わたしを育ててくれたジュビロがJ2で苦しんでいます。今年、監督になった名波がいっしょにやろうと言ってくれています。彼をサポートすることは、ぼくがやらなければならない仕事だと思っています」

FCソウルでの4年間、菅野は通訳をつけずに働いていた。

会長は笑顔を浮かべ、言った。

「わかりました。その代わり、韓国にもどってくるときは、かならずFCソウルに来てください。ほかのチームはだめですよ」

「約束します。長いあいだ、本当にありがとうございました」

「ジュビロでやってみる気はあるか?」

川口信男は名波に即答した。

「ぜひ、やらせてください」

FC東京からトップチームのコーチの契約更新を提示されていたが迷いはなかった。クラブには買い物や交通の便を考えて浜松に住む人間が多かったが、川口はジュビロ磐田がある町で生活したかった。すぐインターネットで不動産情報を調べ、引っ越しの準備を進めた。

2006年、ジュビロ磐田からFC東京に移籍したとき、幼稚園の年中だった双子の娘は中学2年生になっていた。友だちと別れたくないと思ったが、父親が名波とジュビロを思う気持ちがわかっていたから、寂しさを口にすることはなかった。

時を同じくして、田中誠にもクラブから声がかかった。

「ユースの監督をやってもらいたい。OBにもどってきてもらえば、地域も含めて盛り上がる。ジュビロの立て直しは、まずそこからだと思う」

名波は思った。公式行事や納会に参加しない選手がいることに、問題の本質がある。

2015

1月9日、大久保グラウンド。シーズン初のスタッフ・ミーティングで名波は言った。

「われわれがやるべきことはひとつ。目標をクリアするためには、スタッフのひと言がとても大切になる。毎日、毎時間、毎分、選手にうるさいと言われるくらい声をかけつづけてほしい。足下を見ながらやっていこう」

チームは人に形づくられ、人から崩れる。ひとりのストレスが、そのひとりの枠のなかに留まることは少ない。言葉や態度を通して、多かれ少なかれ、チームに広がっていく。

どうしてストレスを溜めることになったのか、原因を探すと、ボタンの掛け違いや思い違いにたどりつくことが多かった。そうしたストレスの芽を見逃すことがないよう、名波は選手たちの言葉や仕草を注意深く見守った。顔色、言葉、コンディション、パフォーマンスをチェックし、ひとり一人に1日最低1回は話しかけた。いまの練習、なにを考えてやっていた？　アフターはどうするんだ？　スパイク、変えたのか？　ベテラン選手に言った。若いやつらを飯に連れていってやれよ。なんのために金をたくさんもらっているんだ？

激しいコンタクトプレイで相手が倒れたときは手を差し伸べることを、握手を交わすことを、自分に非がある場合はあやまることを全員に求めた。

ミスが起きたとき、それがどんなに初歩的なミスであっても、仲間を仲間と思わないような口調や舌打ちは許さなかった。即座にプレイを止めて注意した。

ピッチの外でもモラルは前提だった。人としてあたりまえのことをあたりまえにすることを選手に求めた。

「脱いだユニフォームやソックスを、裏返しのまま洗濯かごに入れるな。だれがそれを表に返していると思っているんだ？」

『うるせぇなぁ』という表情を返されることもあったが、いっさい妥協する気はなかった。

クラブハウスとグラウンドを結ぶ出入り口に脱ぎ散らかされたサンダルやスパイクも、正すべきことのひとつだった。

「全部片づけろ」

「いや、もう下駄箱に入らないんですよ」

「いらないのを処分しろ」

「いらないの、ないんですよ」

「じゃあ、ドレッシングルームの自分のロッカーに入れておけ。とにかくここには1足たりとも置くな」

4箇条と同じように言いつづけた。

服を裏返したまま洗濯に出すなとか、靴をそろえろとか、まるでお母さんみたいだな。藤原志織は思った。

そんなことを言われなければならないような状態だったんだ。

1月29日、チームは鹿児島キャンプに入った。

ビジョンがない戦い方、J2で勝つためだけのサッカーでは、昇格できたとしてもすぐに落ちることになる。名波はそう思い、J1を想定した〝人もボールも動くサッカー〟の構築をクラブ史上最長のキャンプの目標に掲げた。全員の力を引き上げ、だれが出ても変わることのないチームをつくりたいと思った。

菅野は名波の練習メニューをやり切れる体力づくりに取りかかった。とりわけ走力の低下は著しく、黄金期の面影はまったくなかった。

海外の指導者の多くは、ゲーム形式のメニューでフィジカルを上げるピリオダイゼーション理論を採用していたが、ボールに関わる1、2人と関わらない選手とのあいだにどうしても運動量に差が生じがちで、ひとり一人のフィジカル・レベルを均等に押し上げることはむずかしかった。加えて日本の場合、中学、高校時代、指導者に走らされた選手が多く、そういう選手がプロになって自由を与えられると、自分に甘くなってしまうケースが多かった。

重要なことは選手が納得するトレーニングをすることではなく、選手に必要なトレーニングをすることだった。菅野はボールを使わない〝素走り〟を、選手に合わせて距離、本数、インターバルに変化をつけ、数多くトレーニングに組み入れた。

名波に呼ばれてキャンプに参加した中山雅史は、毎日、一番早くグラウンドに姿を現した。一所懸命シュート練習に取り組む姿は、ほかのだれよりも選手らしく藤原の目に映った。

練習試合の最中だった。

藤原のそばでクールダウンをしていた選手のひとりが、審判に言った。

「違うだろう、それ」

つぎの瞬間、ピッチに集中していると思っていた名波が振り向き、強い口調で言った。

「おまえは黙っていろ！」

審判にものを言うのはプレイヤーではない人間の役割だと名波は考えていた。

3月8日、第1節。［○ジュビロ磐田3－1ギラヴァンツ北九州●］Ⓗ

逆転で手にした約4カ月半ぶりの公式戦勝利だった。

試合後の記者会見で名波は言った。

「これだけ長く勝てなかったことは、自分のサッカー人生にはありませんでした。（奥）大介が亡くなり、荒田（忠典）さんが亡くなり、勝利やJ1昇格を報告したいと言っていましたが、それでも勝てず、自分のなかにもやもやしたものがありました」


3月25日、フロントは、4月1日付けでジュビロ代表取締役が高比良慶朗から木村稔に交代することを発表した。

第8代代表取締役となる木村は大阪府出身、1954年7月16日生まれ。1977年3月にヤマハ発動機株式会社に入社。2007年1月、ヤマハ発動機販売株式会社の取締役に就任。2010年3月から同社常務取締役、2011年3月からは同社代表取締役社長を務めていた。

就任に当たって木村は言った。

「今シーズン、名波監督のもと、強い覚悟と熱い思いを持った選手たちが、勝利にこだわり、けっしてあきらめず、最後まで走りきるサッカーを展開し、なにより応援いただいている皆様方をわくわくさせるよう挑んでまいります」

ヤマハ発動機サッカー部の監督としてジュビロ磐田の礎を築いた杉山隆一は、一般入社からサッカー部の門を叩いた木村をよく覚えていた。オフトが愛した〝サッカーピープル〟の代表取締役就任だった。

4月19日、第8節。[○ジュビロ磐田2-0東京ヴェルディ●]Ⓗ

引き分けに終わった前節から先発4人を入れ替え、首位に復帰。

4月26日、第9節。[○ジュビロ磐田2-0ジェフユナイテッド千葉●]Ⓐ

7勝1敗1分け。滑り出しは順調だったが、相手チームが極端にラインを下げるなど、守備で対策を立ててくるようになり、第10節のアビスパ福岡戦、第11節の北海道コンサドーレ札幌戦を落とし、3位に後退。

「だれも助けてくれない。ほかのだれでもない、自分たちの手でこの流れを断ち切ろう」。名波は選手たちに言った。「勝ちたい意志をボールにこめろ」

5月6日、第12節。[○ジュビロ磐田2-1セレッソ大阪●]Ⓐ

先制点を許したが後半24分に追いつき、43分に逆転。3試合ぶりの勝利で2位に浮上。

選手たちのユニフォームや練習着の洗濯を請け負っている女性が笑顔を浮かべ、名波に言った。

「このごろ、みんな表に返してくれるようになって、本当に助かっています」

裏返しのままのウェアが洗濯かごに入っていることに気づいた選手は、それが自分のものでなくても、こっそり表に返すようになった。スパイクやサンダルは出入り口からすっかり姿を消した。

名波は4箇条に、サッカーを知らない人にでもわかるが、やりきることが4箇条より困難な3つの約束を加えた。

〈さぼらない〉

〈あきらめない〉

〈気持ちを切らさない〉

5月31日、第16節。［△ジュビロ磐田2－2徳島ヴォルティス△］Ⓐ

前半41分、後半8分に失点。後半24分に1点返し、44分に同点ゴール。

試合後、名波は言った。

「勝ち点1しか取れなかったのかもしれませんが、あの時間の選手の前向きな姿勢は勝ち点3に値すると思っています」

現役だったとき、勝利がすべてだと思ったことはなかった。プレイヤーを預かるようになったいまは、なおさらだった。重要なことは、どういうサッカーをつくっていくかということだった。たとえ負けても、チームが良い方向に進んでいることを実感できればプラスだと考えていた。

U―18の監督になった田中誠はチームの緊張感の薄さに驚かされた。自分なりのプランを持ち、トレーニングに取り組む選手もいたが、多くはのんびりしていた。いずれ壁にぶつかって挫折することも、それを乗り越える力もないことも、容易に想像できた。避けられるものなら避けさせたいと思ったが、甘さは、技術や体力ではなく、人間の問題なので修正はむずかしかった。

練習中に水を飲むなと言われ、這い上がってこいと言われて育った田中の経験は使い道がなかった。厳しさの加減をちょっとまちがえれば自信を失い、自主性に任せれば結果は見えていた。やらなければいけないことができていないことに気づくまで、ひとり一人の性格に合わせて、言いつづけるよりほかにないのだろうと思った。

6月6日、第17節。[○ジュビロ磐田2－1ツエーゲン金沢●]Ⓗ

前半11分に先制。後半39分にPKを入れたが、終了間際の45分に失点。アディショナルタイムは5分。バックスタンドに詰めかけた約3200人の小学生の、一段と熱を帯びていく声援を全身に受け、名波は鼻の奥がつんとなった。ホームタウンの子どもたちに背中を押してもらっているぼくたちは、なんて幸せなのだろう。

磐田市の全小学校23校の5、6年生とその保護者を招く〝磐田市小学生一斉観戦授業〟が初めて行われたのは2011年。最大の目標は、磐田市民全員を受講生にすることにあった。ひと区切りとなる10回目、2021年には、受講生の数は約6万2000人を数え、磐田市の人口の35パーセントを超えることになっていた。

梅雨が過ぎ、7月に入ると、気温がどんどん上がっていった。日が沈んでも気温が25度より下がらない〝熱帯夜〟がつづき、前から仕掛けていく戦い方の大きな負担になった。90分間戦うと、あたりまえのように3キロ前後体重が落ち、疲労回復に時間がかかるようになった。とりわけ、初めて日本の夏を経験する外国人選手3人が受けたダメージは大きかった。

選手のコンディションを考え、全体のラインを5メートル下げたところ、バランスが崩れ、悪循環に陥った。上げ下げはなんとか整えられたが、横へのスライドに遅れる選手が出て、ラインがそろわなくなった。

8月15日、第29節。[●ジュビロ磐田0－2アビスパ福岡○]Ⓐ

「やっぱり前から仕掛けていこう」。試合後、スタッフ・ミーティングで名波は言った。「おれたちの良さはそこにある。それでだめなら、おれたちのシーズンではなかったということだ」

一方、選手たちは自主的にミーティングを開き、全員の意見が一致していた。自分たちらしく、前から仕掛けていこう。

8月23日、第30節。ホームでの徳島ヴォルティス戦。キックオフの18時4分の気温は28・0度。

こんなに暑いのに、こんなに走るのか。後半30分、狂ったように走った末のだめ押しのゴールを見た藤原志織は、チームの奥底でなにかが大きく変わったことを実感した。

[○ジュビロ磐田3－1徳島ヴォルティス●]

８月29日、天皇杯１回戦。［○ジュビロ磐田１－０北陸大学●］Ⓗ
「ジュビロの選手たちが、（接触で倒れた）うちの選手たちに手を差し伸べ、声をかけてくれました」
対戦した北陸大学の関係者の言葉を聞いた名波は思った。勝ったこと以上に、そういう集団になれたことがうれしい。

９月23日、第33節。［○ジュビロ磐田３－２ザスパクサツ群馬●］Ⓐ

どうしてだろう？　試合当日、目を覚ました名波は首をかしげた。ぶつけたり、ひねったりした記憶はないのに右ひざが痛かった。冷やしても治まらず、どんどん腫れ上がっていった。

現役のときから、苦しい顔を見せたら負けだと決めていた。監督になってからこれまで、急性胃潰瘍、原因不明の高熱などで４回入院したが、周囲に気を使わせたことはなかった。

吐き気のなか、試合が始まった。前半32分にジュビロ磐田が先制し前半を終了。後半23分にザスパクサツ群馬が追いつき、26分に逆転。

吐き気は増す一方だった。座るとさらにひどくなるので立ちつづけた。

後半38分、ジュビロ磐田が同点に追いつき、３分後にフリーキックを直接入れて逆転。

試合後の記者会見は質疑が相次ぎ、前節の倍を超える１６００字余りが藤原のＩＣレコーダーに記録された。

記者会見から解放され、帰路についた名波は、高崎駅から東京駅、東京駅から浜松駅まで、新幹線のデッキで松葉杖にもたれ、揺られつづけた。タクシーに乗り、這うように聖隷浜松病院にたどりついて検査を受けると、右ひざの関節嚢が破れていた。それでも４日後には北九州市に行かなければならなかった。

9月27日、第34節。［○ジュビロ磐田3－2ギラヴァンツ北九州●］Ⓐ
2試合で5人が得点を記録。
「前節の逆転勝ちを生かすためにも、このアウェイ2連戦は大事なゲームでした。勝ち点3、4ではなくて、やはり6が必要でした。その意味ではよく勝ちきったと思います」
10月4日、第35節。［△ジュビロ磐田2－2大宮アルディージャ△］Ⓗ
首位を走る大宮アルディージャとの直接対決は2点を先制しながら追いつかれ、引き分けに終わった。
「試合後、選手たちからそうとう悔しさがにじみ出ていたので、うまく解消してあげたいと思います」
10月10日、第36節。［△ジュビロ磐田1－1水戸ホーリーホック△］Ⓐ
1点を追う後半32分、水戸ホーリーホックのゴール前。競り合いからクロスバーを越えたボールに対して主審がゴールキックの判定。
次の瞬間、いつも選手たちに冷静さを求めていた名波が、ペットボトルを蹴り上げ、テクニカルエリアから飛び出した。
「おれは退席でいいから、マイボールになっていることを確認してほしい」
抗議は聞き入れられなかったが、後半39分に同点ゴール。勝ち点1を獲得し、2位を確保。1位大宮アルディージャとの勝ち点差は9、3位アビスパ福岡との勝ち点差は2。名波の行為は、規律委員会から〝主審、副審の判定に対する執拗な抗議〟に相当すると判断され、1試合のベンチ入り停止処分が下された。
11月1日、第39節。［○ジュビロ磐田3－0東京ヴェルディ●］Ⓐ
前半24分に退場処分で10人となったが、このシーズン初の3戦連続完封勝利。10試合負けなし。1位大宮アルディージャに勝ち点差4と近づいたが、3位アビスパ福岡との勝ち点差は変わらず2。残り3試合。

「早々に退場者を出して苦しいゲーム展開になるとは思いましたが、われわれの息子たちは、そうとうたくましく、つねに前がかりにゴールに向かう姿勢を貫いたからこそ、いい結果が出たのではないかと思います」

試合終了直後、テレビのインタビューに応えた名波は、ロッカールームで選手たちに頭を下げた。

「ちょっと興奮して『息子たち』と言ってしまって、申し訳ない」

11月14日、第41節。［△ジュビロ磐田0－0横浜FC△］Ⓗ

大宮アルディージャのJ1昇格が確定。3位アビスパ福岡に勝ち点79で並ばれたが、得失点差で自動昇格圏内の2位を確保。残り1試合。

このシーズン最多の1万3576人が集まったホーム最終戦だったが、名波は手で顔を覆い、足早にピッチから姿を消した。

「しぶとく横浜FCが守ったので、なかなかうまく崩すことができなかったスコアレスドローだったなと思います。ただ、次節、圧倒的有利な状況には変わりないと思うので、勝ち点3をめがけて、やっていきたいと思います」

記者会見に臨んだ名波は言葉を振り絞るようにつづけた。

「私事ですが一昨日の夜、父親が他界しました。ヴェルディ戦の前々日あたりから体調が一気に悪くなり、前節、今節とスタジアムに見に来る予定でしたが、残り2試合というところで、体が持たずに逝ってしまいました」

名波はコーチ陣をはじめスタッフだけに訃報を伝え、この日までクラブには知らせていなかった。

「最後、この10日間ぐらいは心のバランスを保つことが非常に厳しく、なにを考えて、どう行動を起こせばいいのか、そういった正しいジャッジもできなかったかもしれませんが、すばらしいスタッフと選手たちのおかげで気持ちを晴らしながら、試合、トレーニングに向かうことができたと思います。最後、ピッチの中で、選手たちが歩いている後ろ姿を見ながら、こいつらならかならずやれると、勝ち点3を磐田にかならず持って帰れると確信しました。最後、メインスタンドであいさつするときに、自分の家族が目に入ってしまったので、ちょっと涙をこらえることができず、ピッチを早々にあとにしましたが、次節への思いはより強まったかなと思います」

2007年1月20日に他界した母、祥江は『人にやさしくしなさい』という言葉を、父、元一は『仲間を大切にしなさい』という言葉を名波に遺した。

11月23日、ジュビロ磐田の昇格がかかった最終節が行われるこの日、志田文則は親子サッカー教室を指導するためにヤマハリゾートつま恋にいた。集まったのは小学校1年生から6年生まで約150人。全体を低学年、中学年、高学年に分け、志田はいつものように、もっとも幼いグループを担当した。

2位ジュビロ磐田の試合と3位アビスパ福岡の試合は14時3分に始まった。ともにアウェイだった。

前半13分、アビスパ福岡が先制。［アビスパ福岡1－0FC岐阜］

ハーフタイム、名波はホワイトボードに〈勝ち点3〉の文字を殴るように書いた。選手たちは試合経過を知らされていなかったが、アビスパ福岡がリードしているのだろうと理解した。

後半が始まって10分を過ぎたころ、菅野淳に鍛え抜かれたはずの選手たちの足がつぎつぎに攣《つ》った。走りすぎと、緊張からくる筋疲労が原因だった。
後半15分、ＦＣ岐阜同点ゴール。［アビスパ福岡１‐１ＦＣ岐阜］
後半17分、ジュビロ磐田が先制。［ジュビロ磐田１‐０大分トリニータ］
アビスパ福岡の戦況は、ベンチのスタッフから名波に逐一伝えられた。
試合前の得失点差はジュビロ磐田が＋28、アビスパ福岡が＋23。後半17分、その差は1広がって6。両者ともに勝利もしくはともに引き分けの場合、アビスパ福岡に必要なのは、最低でも7ゴール。30分という残り時間を考えると、さすがにあり得ないことだと名波は思った。
後半26分、アビスパ福岡追加点。［アビスパ福岡２‐１ＦＣ岐阜］
後半28分、アビスパ福岡追加点。［アビスパ福岡３‐１ＦＣ岐阜］
後半32分、アビスパ福岡追加点。［アビスパ福岡４‐１ＦＣ岐阜］
残り時間13分、勝ちきるだけだ。名波はスタッフに言った。「もう知らせに来なくていい」
「そろそろだね」
久保暁生が着ている取材用の赤いビブスに手をかけながら、藤原志織に言った。ともにビブスの下に、チームから借りたスタッフ用のジャージィを着ていた。
「そろそろですね」
藤原はうなずき、ビデオカメラの録画ランプと、予備のバッテリーを確認した。

ノータイムの瞬間、ふたりはグラウンドに入り、久保はカメラで、藤原はビデオで選手たちの喜びを撮影することになっていた。スタッフジャージィを借りて着ていたのは、ほかのカメラマンの写真に、いかにも外部の人間の姿が写らないようにするためだった。

後半45分、大分トリニータのパウリーニョが、ジュビロ磐田の逃げ足をつかんで引きずり降ろす同点ゴール。[ジュビロ磐田1－1大分トリニータ]

糸を引くようなミドルシュートを決めたパウリーニョは、コンディション不良のため、このシーズン2試合目の出場だった。

久保と藤原は、脱いだビブスを着直し、試合の経過を見守った。

持ってないな、おれ。名波は思った。去年のゴールキーパーのヘディングといい、パウリーニョのミドルシュートといい、土壇場で考えられないようなスーパーなゴールを決められてしまうのは選手のせいじゃない。監督の運の問題だ。

発表されたアディショナルタイムは5分。

前年、アディショナルタイムに決勝点を奪われ、昇格を逃した悔しさが、チームから空白を追放した。

名波はひとつ残る交代枠の使い方を決め、ウォームアップを指示。選手たちはさぼらず、あきらめず、集中を切らさず、大分トリニータのゴールに向かった。

アディショナルタイム1分。ジュビロ磐田、左サイドからのクロスを小林祐希が左足でゴール。[ジュビロ磐田2－1大分トリニータ]

アディショナルタイム5分。ジュビロ磐田陣右サイドでボールがクリアされた直後、審判が笛を口にあてた。

サッカー教室が終わり、講評のために子どもたちの前に立った志田にスタッフが近づき、耳打ちした。

うなずいた志田のマイクを持つ手に力が入った。

「みなさん、すばらしいお知らせがあります。ジュビロが昇格を決めました」

ヤマハリゾートつま恋に子どもたちの声が響き渡った。

「万歳!」


総失点は前シーズン55から43に減少。前シーズンは0だった逆転勝利が7回。ラスト13戦を9勝4分で走りきり、自動昇格を決定。

「胴上げはいいよ。優勝じゃないんだから」

名波の指示に従う選手はいなかった。

7度宙に舞い、名波は思った。J1に上がるむずかしさ、1年間戦い抜く厳しさを猛烈に感じながら過ごした1年間だった。昇格の瞬間に、その国のトップカテゴリーではないリーグのチームで、これだけの感動ができるのだなということを知った。まさか40歳を過ぎてから、ワールドカップ予選などで味わった感動と同等の感動を味わえるとは思わなかった。ただただ選手に感謝しかない。


ロッカールームに引き上げると、ブラジルから来たアダイウトンが踊り始めた。

元イングランド代表、ジェイ・ボスロイドが藤原に言った。

「そのカメラを置いて、この携帯でおれたちを撮ってくれよ」

床を映しつづけるビデオ画面に選手の歓声が響き渡った。

シャワーを浴び終えた選手たちが集まり、シーズン最後のミーティングが始まった。

ファインダーの中で名波が口を開いた。

「こんなにひとつになったチームは、おれが現役のときもなかったと思う。みんな、本当によくやった。でも、忘れてはいけないのは、おれたちはまだJリーグで20番目のチームだということだ。ここからまたひとつ一つ上がっていこう」。ひと呼吸置いて、名波は言った。「みんなよくやった、ありがとう」

2015Jリーグディビジョン2
2位　24勝8敗10分け　勝ち点82　得点72失点43

ホームゲームの総入場者数は21万8865人。平均1万41人と前シーズンの8774人を大きく上まわり、1万人台を回復した。

キャプテン、岡田隆はシーズンをふり返り、言った。

「シーズンが始まったころは、まとまれない部分もありましたが、終盤に向かっていくときは、怪我をして出られない選手、メンバーに入れない選手も含め、全員の力をチームの力に変えていこうと、チームがひとつになれたと思います」

ゲームキャプテン、上田康太は言った。

「大事なことは自分を信じ、それ以上に仲間を信じることなのだと強く実感しました」

選手たちの言葉を聞きながら、藤原は2013年にJ2に降格したときのことを思った。あのときは選手たちの「チームのために」という言葉が定型文のように聞こえたけれど、いまは、本気で言っていると信じられる。


初めてシーズンを通して監督を務めた名波は、退席処分とベンチ入り停止処分を受けた2試合を除いて40回記者会見に出席し、〈ボール〉の3文字を133回口にした。

2011年の柳下正明は34回出席し、〈ボール〉を73回、2012年の森下仁志は34回の出席で59回。ふたりの出席数を40回に換算すると、それぞれ86回と70回。名波の〈ボール〉は群を抜いて多かった。

回数だけではなく、種類の豊富さも圧倒的だった。〈セカンドボール〉や〈ロングボール〉などのサッカー用語として定着している言葉から〈ボールに魂をこめろ〉という檄まで、72種類の表現が使い分けられた。柳下の表現は32種類、森下は37種類だった。

柳下、森下に限らず、Jリーグの監督の多くはテクニカルエリアに視点を置いて語ったが、名波は違った。遠く、近く、俯瞰し、見上げ、時間の流れの外に出てボールの動きを見つめ、選手の心に出入りした。〈ボールを奪われた〉と〈ボールを捨てている〉を、〈ボールをつなぐ〉と〈ボールに連動する〉を使い分けた。〈秒〉〈分〉〈メートル〉で事実のつなぎ目を補強した。〈もうボール1個分上〉や〈芝にからむボール〉を見極め、〈ボールが見えていない〉ことや〈ボールに対する考え方〉を指摘した。

右目でボールゲームとしてのサッカーを、左目で人間のゲームとしてのサッカーを見つめていることが伝わってくる記者会見だった。

第7章

再生

2016〜

「積み重ねこそが力」

2016

「われわれは2シーズン、J2でくすぶっていたわけでも、もがき苦しんでいたわけでもない。J1に昇格して、J1で良いパフォーマンスを出す、良い成績を残すことだけを思い描いて戦ってきた。攻守にわたって前から仕掛けていくスタイルは変えない。やってきたことを試す良い機会だと思っている。強い気持ちを持って、J1に乗りこんでいこう」

名波浩は〝J1残留〟をこのシーズンの第1の目標に掲げた。できる限り早く勝ち点40を達成し、それから次の目標を決めようと考えていた。

〝J1残留〟という目標の妥当性は、選手の経験値にも明らかだった。

開幕戦のスターティング・メンバー11人の、J1出場数の総計は783試合。J1の全18チームのスターティング・メンバー中、15番目の数字だった。

ジュビロ磐田の選手としてJ1に出場した試合に限ると、経験値は384試合と半減した。これに対して、2002年、完全優勝を達成したときの11人の総計は1784試合。全員生え抜き、ほかのチームのユニフォームを着たことのない選手たちだった。

カミンスキー　GK　0試合
櫻内渚　DF　2試合
大井健太郎　DF　191試合（アルビレックス新潟での107試合を含む）
森下俊　DF　53試合（京都パープルサンガで37試合、川崎フロンターレでの12試合を含む）
中村太亮　DF　32試合（京都パープルサンガで32試合）
上田康太　MF　172試合（大宮アルディージャでの54試合を含む）
宮崎智彦　MF　53試合（鹿島アントラーズでの4試合を含む）
太田吉彰　MF　268試合（ベガルタ仙台での153試合を含む）
小林祐希　MF　12試合
アダイウトン　MF　0試合
齊藤和樹　FW　0試合

開幕戦のスターティング・メンバーで、もっともJ1経験値が高かったのは浦和レッズ。15位のジュビロ磐田の783試合は、その3分の1にも満たなかった。

1浦和レッズ　2366試合
2サンフレッチェ広島　2080試合
3鹿島アントラーズ　1984試合

4横浜F・マリノス　1842試合
5ガンバ大阪　1750試合
6FC東京　1711試合
7名古屋グランパス　1513試合
8川崎フロンターレ　1278試合
9サガン鳥栖　1183試合
10ベガルタ仙台　1170試合
11ヴィッセル神戸　1023試合
12ヴァンフォーレ甲府　866試合
13大宮アルディージャ　823試合
14柏レイソル　807試合
15ジュビロ磐田　783試合
16アルビレックス新潟　653試合
17湘南ベルマーレ　620試合
18アビスパ福岡　329試合

2月27日、1stステージ第1節。［●ジュビロ磐田0－1名古屋グランパス○］Ⓗ
試合後の記者会見で名波は言った。

「選手たちには『ここから33試合巻き返せるチャンスがあるので、自分たちの良さを出そう、自分たちのやりたいことをやっていこう』と伝えました」

この5年間、J2からJ1に昇格したクラブは延べ15。そのうち、半分以上の8クラブが、1年でJ2に降格していた。記者会見には、3年ぶりに復帰したジュビロ磐田を降格候補にあげたジャーナリストも出席していた。

開幕戦は逃げのサッカーをしてしまった。球際で戦えず、ゲームコントロールで完敗し、勝ち点1も取れなかった。そんなプロフェッショナルとは言えないサッカーで勝とうなんて甘いにもほどがある。相手とぶつかることができない選手、ユニフォームを汚せない選手はいらない。試合前、名波はロッカールームのホワイトボードに書いた。

〈逃げるな〉

3月6日、1stステージ第2節。［○ジュビロ磐田2－1浦和レッズ●］Ⓐ

「たかが1勝なのか、されど1勝なのかはわかりませんが、ここからがわれわれのリスタートであり、再出発だと思いますので、気を引き締めてやっていきたいと思います」

第3節の柏レイソル戦から3試合引き分けがつづき、第5節（4月2日）終了時点で1勝1敗3分け、勝ち点6。

「できれば勝ち点8が欲しかったが、勝ち点6でも御の字。ミニマムではあるけれども、目標設定したとおりの数字。ひとつ一つを見れば、勝ち点を取りこぼしたゲームや勝てたゲームがありますが、現実路線の自分としては順調と言っていいと思います」

4月10日、1stステージ第6節。[○ジュビロ磐田2－1アルビレックス新潟●]Ⓐ

5戦負けなしで、リーグ7位に浮上。

名波は選手たちに言った。

「7位とか5試合負けてないとか、勘違いするな。われわれの目標はあくまでJ1残留。1試合ごとに良くなっているが、まだここから茨《いばら》の道が待っている」

4月16日、1stステージ第7節。[●ジュビロ磐田1－5横浜F・マリノス○]Ⓗ

ハーフタイム、ロッカールームで名波は選手たちに言った。

「おれは逃げも隠れもしない。おまえたちも、やるからにはプロらしく前向きなプレイ、ひたむきなプレイを見せろ、志を見せつけろ」

名波が監督になってから〝名波の後継者〟や〝藤田俊哉の再来〟や〝ジュビロサッカーの具現者〟といった言葉がメディアに見られなくなっていた。黄金期を取りもどそうとするのではなく、いまいる人材で考え得る最高のサッカーを追求しようという名波の姿勢が反映しているのだろうと、サポーターズマガジンの編集スタッフ、藤原志織は思った。

5月8日、1stステージ第11節。[△ジュビロ磐田1－1鹿島アントラーズ△]Ⓗ

1stステージの覇者に対して、下がらず、次々に仕掛けていくアクションサッカーで互角に渡り合う引き分け。

試合後、名波は記者たちに言った。

「いまのサポーターは、鹿島に対してどう感じているのかわかりませんが、ぼくは並々ならぬ思いを持っていました。キックオフ前に20秒の円陣を組んでいるあいだは、かつて鹿島にやられたシーンばかりが思い出されました。今日は自分の可愛い選手たちが借りを返してくれるんじゃないかとゲームに臨みましたが、アントラーズというチームに対して、より執念深くなる結果になりました」

6月11日、1stステージ第15節。［△ジュビロ磐田0－0FC東京△］Ⓗ

試合前のFC東京の選手紹介で、前田遼一の名前がコールされると、ジュビロ磐田のサポーター席から拍手と声援が沸き起こり、〈Thank you前田〉の横断幕が揺れた。

試合終了後、ジュビロ磐田時代の前田遼一のチャントが始まり、前田コールがスタジアムに響き渡ると、ロッカルームから姿を現した前田が小走りでサポーター席に向かい、深々と頭を下げた。

試合の総括に先立って名波は言った。

「まずはわれわれのサポーターが、前田遼一に対して、ああした立ちふるまいをしてくれて、とても気持ちの良い気分でここにいます。15年もクラブのために身を粉にして働いた人間に対しての、敬意あるすばらしい態度だったと思います」

もう少し下げよう、もう少しボールに行こう、もう少しリスクを冒してボールを追い越しに行こう。ピッチで選手たちのなかからアイデアが出てくるようになり、勝利への意欲は試合ごとに強くなっていったが、全員の足並みがそろったわけではなかった。

チームからはぐれる選手の多くは、監督が使ってくれないからだ、あいつと組むとやりづらい、監督とコーチのアドバイスが違う等と、うまくいかない理由を往々にして人のせいにした。試合に出場すると、チームよりも自分のプレイを優先しがちだった。パフォーマンスがいいと、ほら見ろと言い、パフォーマンスが悪いと、いいボールが来なかったからだ、こんなタイミングでおれを使うからだと言った。

「あいつが出ていて、おまえが出られない理由はわかるか?」。名波ははぐれかかっている選手に試合に出られない理由を具体的に説明し、課題を提示した。「この問題をクリアすれば、あいつと横並びになるか、指1本引っかかるところまで近づくことができる。うちにはいつでもグラウンドを使える環境がある。練習が午前のときは日没まで5時間ある。まずはやってみろ」。選手が本気でやるようになるまで、向き合い、アプローチをくりかえした。

1stステージ終盤、オランダのチーム、SCヘーレンフェーンから、チームの中心選手、ミッドフィルダーの小林祐希の身分照会を請求する書面が届いた。

移籍に向けて話は進められたが、大詰めでヘーレンフェーンが正式オファーを躊躇《ちゅうちょ》し、交渉は停滞。移籍が決まるのか、決まるとすればいつになるのか。小林が抜けたあとの布陣を準備することができないまま時間が過ぎ、追い打ちを掛けるように好調な選手の怪我が相次いだ。

同じころ、ジェイの練習に対する態度が目に余るようになった。チームのことを考えているとは思えない発言が増え、本気でボールを追いかけようとしなくなった。たとえエース・ストライカーであってもチームへの忠誠心がない人間をメンバーに入れることは、名波には考えられなかった。

6月25日、1stステージ第17節。[○ジュビロ磐田3-0ベガルタ仙台●]Ⓗ

試合後の記者会見で名波は言った。

「今週はいろいろあり、怪我人も出てしまって、けっしてギャンブルではなく、本当にチームのことを思っている人間を（先発）11人、それから（ベンチメンバーも入れた）18人、コンディションやパフォーマンスを含めて選んだつもりですが、満点回答をしてくれたなと思います」


1stステージを終了。6勝6敗5分け勝ち点23。リーグ8位。J2降格圏となる16位との勝ち点差は7。シーズン当初、目標を勝ち点40に置いたことを考えると、折り返し地点での勝ち点23は悪い数字ではなかったが、名波の危機感が薄れることはなかった。

「勘違いするな」。選手たちにくりかえし言った。「おれたちにはこの順位ほどの力はない」


6月29日、水曜日。朝の浜松駅。道行く人にうちわを配る名波と鈴木秀人の姿があった。2ndステージ開幕をひとりでも多くの人に知ってもらうための活動の一環だった。同時刻、磐田駅にはジュビロ代表取締役の木村稔とGMの加藤久が立っていた。

うちわを配り終えた名波と鈴木秀人は連れだって食事に行き、いつものように話しこんだ。おれたちはまだJ2から上がってきたばかりで、どのクラブもデータを取りきれていない。たまたま相手がシュートをはずしてくれたりというような幸運が重なって、いま、この順位にいるだけだ。この先、10連敗しない保証はどこにもない。

7月2日、2ndステージ第1節。［●ジュビロ磐田0-3サンフレッチェ広島○］Ⓐ
試合を客観的、具体的にふり返ったあと、名波は言った。
「0-3でも下を向かず、ゴール前に入っていく回数という意味では、1stステージで大敗したマリノス戦（1-5）もしくは神戸戦（1-4）とは違っていました。90分通してゴールに向かっていく姿勢は出せたかなと思います」
7月5日、このシーズンに入団し、前田遼一の背番号18を引き継いだ小川航基がオリンピック・リオデジャネイロの大会トレーニングパートナーに選出されたことに触れて、名波は言った。
「日本代表と名の付くものには全部行かせます。チームがたとえ16人しかいなくなったとしても行かせます。日の丸の重みは特別ですから。Jリーグをなんのためにつくったのかといえば、日本代表を強くするため、それ以上でもそれ以下でもありません。それにわれわれが乗っているだけだから（この環境の）恩恵を受けてきた人間としては、日の丸と呼べるものには選手を送り出します。日本代表という場を経験し、指導者やほかの選手とのコミュニケーションを通して、ひとまわり大きくなってチームに帰ってくると思います」
7月9日、2ndステージ第2節。［△ジュビロ磐田1-1大宮アルディージャ△］Ⓗ
7月13日、2ndステージ第3節。［△ジュビロ磐田0-0ヴァンフォーレ甲府△］Ⓐ
7月17日、2ndステージ第4節。［△ジュビロ磐田1-1川崎フロンターレ△］Ⓗ
7月23日、2ndステージ第5節。［△ジュビロ磐田1-1横浜F・マリノス△］Ⓐ
4試合連続引き分け。リーグ順位13位。
「選手みんなに言ったのですけど、ぼくが監督に就任した年も、J2で4試合連続引き分けているのですが、そのときとは、まったく意味合いが違うと。格上、Ｊ１の水に慣れているチームに対して、ましてここ2試合はてっぺんにいるクラブに対して、けっして下を向くこともなく、後ろに下がることもなく、つねに選択肢を前にプレイしてくれたと。そういう価値のある引き分けだったと」

7月30日、２ｎｄステージ第6節。［●ジュビロ磐田１－２柏レイソル○］Ⓗ

後半38分、ベンチに下がるとき、ペットボトルを投げつけたジェイに対して審判が警告処分。

勝ち点と規律、どちらを取るかと言われたら規律を取る。自分の言動も含めて、なにが正しくて、なにがまちがっているかをはっきりさせなければ、このクラブの未来はない。名波は次節のメンバーからジェイをはずした。

8月6日、２ｎｄステージ第7節。［●ジュビロ磐田２－３ＦＣ東京○］Ⓐ

前半を１－１で終了。後半7分にリードを奪ったが、逆転負け。降格圏の16位に後退。

8月13日、２ｎｄステージ第8節。［●ジュビロ磐田０－２ガンバ大阪○］Ⓗ

「まずは（小林）祐希に関して、大ブーイングのなかで送り出さなければならなくなってしまい、申し訳ない気持ちでいっぱいです」

エース・ストライカーのメンタルと、中心選手の移籍が引き金となって、チームのバランスは狂い始めた。

選手の補強で修正するという選択肢もあったが、強化部長の服部年宏と名波の考えは一致していた。伸びようとしている芽にふたをすることはやめよう、2、3年で白紙にもどってしまうようなチームづくりではなく、10年先を見て行動しよう。

うちには良い選手がいない、資金がないから強化できないという言い方が名波は好きではなかった。いまいる選手たちなら、指導者に覚悟があれば、もっとできる。たとえ結果が出なくても、貯金を使い果たすまで、いままでどおりやっていこうと決めた。

8月20日、2ndステージ第9節。ヤマハスタジアム。

2ndステージに入ってから第9節終了時まで4敗5分け、未勝利。リーグ15位。

試合前、名波はホワイトボードに書いた。

〈なにがあっても下を向かず、前に進んでいこう〉

後半アディショナルタイムに同点ゴール。

[△ジュビロ磐田1－1サガン鳥栖△]

8月24日、2ndステージ第10節。[○ジュビロ磐田3－2アビスパ福岡●]Ⓐ

先制し、逆転され、追いつき、突き放し、1stステージ最終節以来2カ月ぶりの勝利。

――2カ月間、勝利がなくて苦しかったと思いますが。

「ぼく自身もそうですし、選手もそうですけど、幹の部分はいっさいぶれていません。そういうチームこそが周りに後押しされて、どんどん浮上のきっかけをつかんで、良い流れになっていくのではないかと自分に言い聞かせてきたので、ここまで変な自問自答もなくやれてきたと思います」

9月22日、天皇杯3回戦。[●ジュビロ磐田0－5大宮アルディージャ○]Ⓐ

ナビスコカップ、天皇杯、リーグ戦を通して、ほかのクラブに移籍した選手を除く31人全員が公式戦出場を達成。目立たないが、選手にとっては大きな事実だった。

ジュビロ磐田の選手の契約はA契約とC契約に分かれており、ふたつは別世界だった。C契約の年俸の上限は480万円でA契約には上限がなかった。汗を流すとき、C契約の選手は1階のシャワーしか使えなかった。尾畑正人が予算の多くを注ぎこんだ2階の風呂に入るためには、J1で450分、J2で900分、公式戦に出場しなければならなかった。

Jリーグの監督の多くは選手を〝使える選手〟と〝使えない選手〟に、あるいは〝良い選手〟と〝悪い選手〟に仕分けた。〝使えない選手〟〝悪い選手〟のレッテルを貼られた選手は、よほどのことがない限り、出場機会を与えられなかった。加えて、多くの場合、仕分けが区別なのか差別なのか、はっきりしなかった。

名波は違った。すべての判断の基準は、どちらが良いかではなく、なにが正しいかに置かれていた。区別も差別も、どちらともつかないグレーゾーンもなかった。突き放すことはあっても、見捨てることはなかった。根底にあるのは、チーム一丸となってサッカーを突き詰めたいという純粋な欲だった。

選手を判断するとき、名波がもっとも重視したのは、仲間との協調性とクラブへの忠誠心だった。1、2週間の態度ではなく、継続的な姿勢でなければならなかった。フィジカルやスキル以前に人間性を見られているという緊張感、つねに見てもらえているという信頼感、そして2階の風呂場の入り口はすべての選手に等しく開かれているという事実は、チームの結束をより強めていった。

「監督を見ていると、やさしいというのはこういうことなのかと思います」

不思議そうな顔で名波は藤原志織に言った。

「おれはべつにやさしくはないよ」

「その人がどのようなことを考えているのか。その人にこういう言葉を投げかけたら、どうなのか。相手の内面を想像することが、わたしはやさしさだと思うんです」

「全然、そんなことないよ。妄想はするけれど」

9月25日、2ndステージ第13節。［△ジュビロ磐田0－0湘南ベルマーレ△］Ⓗ

10月1日、2ndステージ第14節。［●ジュビロ磐田1－2アルビレックス新潟○］Ⓗ

後半44分に決勝ゴールを奪われ、敗戦。年間順位13位。勝ち点32。降格圏のチームとの勝ち点差は4。

「この2試合の結果は、おれのマネージメントミスだ」。名波は選手たちに言った。「もう1回、おれについてきてほしい」

『名波じゃ、だめなんじゃないか』

インターネットの世界で名波批判が沸き起こっていることを知った強化部長の服部年宏がスタッフに言った。

「もう1回J2リーグに落ちたとしても、名波をやめさせることはぜったいにありません」

リーグは日本代表のワールドカップ・アジア最終予選のために3週間の中断期間に入った。

名波はフィジカルコーチの菅野淳に頼んだ。

「2、3人壊れる覚悟で、選手を追いこんでください」

これを乗り越えられなければ、残り3試合の残留を賭けたプレッシャーに打ち勝つことはできない。試合を戦う権利を得るのは、乗り越えた選手だけだ。最初の2週間、連日2試合分に相当する16〜18キロの走りこみを実施。全員が名波と菅野の期待に応え、走りきった。

残り1週間を戦術確認に充て、仕上げに御殿場高原時之栖《ときのすみか》でミニキャンプを張った。2泊3日、全員相部屋。ヘッドコーチの鈴木秀人、コーチの中森大介が名波のルームメイトになった。

名波は言った。

「サッカーの話をさせようと相部屋にしたわけじゃない。飯の時間だとか、そろそろ寝ようぜだとか、そういう会話が大事なんだ。ふつうの会話が重なっていけば、自然にサッカーの話が生まれてくる」

練習初日、松井大輔が選手全員を前に言った。

「せっかくこういう機会をつくってもらえたんだ。もう1回、おれたち、ひとつになろうぜ」

チームの雰囲気は前向きで明るかった。選手全員がキャンプに集合、怪我人は黙々とリハビリに取り組んだ。勝ち点32、16位。状況は厳しかったが、藤原の頭に降格の2文字が浮かぶことはなかった。

中断明けの2ndステージ第15節に臨むジュビロ磐田は、ここまで年間順位13位、勝ち点32。対戦相手の名古屋グランパスは勝ち点29、年間順位15位だったが、13節、14節と連勝していた。

10月22日、2ndステージ第15節。[△ジュビロ磐田1-1名古屋グランパス△]Ⓐ

3週間の中断期間は残留争いのライバルに正反対の影響を及ぼした。名古屋グランパスの勢いを削ぎ、ジュビロ磐田に立て直す猶予を与えた。

10月29日、2ndステージ第16節。[●ジュビロ磐田0－1浦和レッズ○]Ⓗ

J2に降格する3チームのうち2チーム（湘南ベルマーレ、アビスパ福岡）はすでに決定。残るはあと1チーム。

最終節を前に、降格の可能性を残すのは、13位のジュビロ磐田（勝ち点33）、14位ヴァンフォーレ甲府（勝ち点31）、15位アルビレックス新潟（勝ち点30）、16位名古屋グランパス（勝ち点30）の4クラブ。引き分けで自力残留を決められるのはジュビロ磐田のみ。

数字上の条件はわれわれが圧倒的に有利だ。守備的に試合を進めて、最低でも勝ち点1を取って残留を確定させよう。名波はそう思い、プランを実行するためのメンバーを選んだ。

最終節、降格の可能性があるチームのなかで唯一アウェイのジュビロ磐田は、前々日に仙台に入った。

試合前日、名波はチームから離れ、走り始めた。遠征先での前日練習は、コーチに任せることに決めていた。

なにを自分らしくないことを考えているんだ？　走りながら名波は頭のなかのメンバー表を破り捨てた。ここでおれが守りに入ってどうするんだ。いままでどおり、前に出て戦おう。あきらめず、さぼらず、切らさず、勝ち点3を取りにいこう。

11月3日、2ndステージ第17節。[○ジュビロ磐田1－0ベガルタ仙台●]

ノータイムを迎えた名波は、選手たちに初めて胸の内を明かした。

「髪の毛が抜けようが、白髪が生えようが、お腹が出てこようが、睡眠が取れなかろうが、なにがあっても逃げ出さないと覚悟していた。そういう意味で男として最低限のことはできた」

２０１６Ｊリーグディビジョン１
13位　８勝14敗12分け　勝ち点36　得点37失点50
１ｓｔステージ　６勝６敗５分け　勝ち点23　得点21失点23
２ｎｄステージ　２勝８敗７分け　勝ち点13　得点16失点27

総入場者数は24万８３８１人。１試合平均の入場者数は４５７０人増の１万４６１１人。前年ばかりでなく、２００９年から２０１４年までの５年間を上まわる数字だった。

目先の勝ち点欲しさにわれわれのサッカーを変えることなく、最後まで戦い抜くことができた。服部年宏はシーズンをふり返り、思った。途中から勝ち点が35か36あれば残留できると読んでいたが、失点50は多すぎた。Ｊ２での２年間に染みついた甘さが抜けきれていなかったということか。

２０１７

1月8日、横浜F・マリノスの公式ウェブサイトが、キャプテン中村俊輔のジュビロ磐田への移籍を伝えた。

〈中村俊輔選手 ジュビロ磐田へ完全移籍のお知らせ〉

――横浜F・マリノス所属の中村俊輔選手が、２０１７シーズンよりジュビロ磐田へ完全移籍することが決まりましたので、コメントと併せてお知らせいたします。

中村がプロサッカー選手としてのキャリアをスタートさせ、通算15年間在籍した横浜F・マリノスを離れることを決断した理由は、つづく本人の言葉に明らかだった。

――（中略）２０１６シーズンに至ってはいろいろなことがありました。社長をはじめ、強化部長、ほかが変わり、現場でもさまざまな変化がありました。キャプテンとして、マリノスの一員として、ひとりの人間として、いろいろなことに向き合って来ました。

スポーツ、サッカーの本質であるべきもの、たとえば楽しさ、喜び、信頼、感謝などを持ち、プレイすることが、自分はなによりも大切だと思っています。自分の魂であるサッカーと、現役を退くその最後の瞬間まで、真摯に、そしてなによりも喜びと楽しさを持って向き合うため、懊悩煩悶の末、マリノスを離れる決断に至りました。

同日、横浜F・マリノスは事態を釈明する一文を公式ウェブサイトに追加した。

——弊クラブは、中村選手に現役生活を最後までF・マリノスで送り、その後も中村選手との関係を継続していきたいという思いと共に話し合いを重ねてまいりましたが、此度、中村選手の意思を尊重し、本人の決断を受け入れることといたしました。

この決定は、横浜F・マリノスに関わるすべての皆さま、そしてなによりもファン・サポーターの皆さまにとって非常に残念なことであり、多大なるご心配と不安をおかけすることとなりますが、中村選手のこれまでの弊クラブへの多大なる貢献に深く敬意を表すると共に、これからのサッカー人生が実り多きものとなることを願ってやみません。

2014年、イギリスの国際的なサッカー事業グループ、シティ・フットボール・グループ（CFG）と日産自動車がグローバルパートナーシップを締結。横浜F・マリノスのフロントの主導権を握ったCFGは、チームの刷新に乗り出した。

ベテラン選手の大減棒、長年、チームを支えた選手の移籍。人や歴史に対する配慮を欠いた強引なCFGのやり方は、不信感を生み、チームの歯車を狂わせ、成績は降下。キャプテンの中村俊輔は、何度もフロントと直談判したが流れは変わらず、2016シーズンは10位、2009年以来のふた桁順位に沈んでいた。

大切なものを失いたくない。ふつうのサッカーがしたい。追いこまれ、行き場を求めた中村に名波は言った。「トップ下を空けている」「人間性を重視する」「年齢は関係ない」。望むもののすべてがそこにあった。中村は年俸1億２０００万円を提示した横浜F・マリノスから８０００万円のジュビロ磐田への移籍を決めた。

1月13日、ヤマハスタジアムでジュビロ磐田の２０１７シーズンに向けた新体制発表記者会見が行われた。

「背番号10番、マリノスから移籍してきました中村俊輔です。38歳というむずかしい年齢、そして決断でしたが、ジュビロはすごく魅力のあるクラブですし、服部さんや名波さんが門を開けて待ってくれているという状態になっていて、自分も挑戦してみようと決断いたしました。期待だったりいろいろなことは十分わかっているので、あとはグラウンドで示すのが一番だと思っています。ジュビロのファンの方々にも『あいつをとってまちがいなかったな』と思ってもらえるように、勝ち点をひとつでも積み上げられるように、精いっぱいプレイしたいと思っています。よろしくお願いします」

記者会見の席上、名波は言った。

「番記者の方は、ぼくと毎日コミュニケーションをとっているなかで、感じているところももしかするとあるかもしれないですが、今シーズン、やっと自分が就任してから〝競争〟というフレーズを言ってもおかしくないのかなと、そういうレベルに達することができるのかなと思っています」

〝番記者〟を記者会見の場に引っ張り出したのは、ジュビロ磐田の歴代の監督のなかで、名波が初めてだった。

1月14日、チーム始動。小雪舞うグラウンドに約７００人の見学客が集まった。

このシーズン、名波が設定した目標は得失点差プラスマイナスゼロ。このミニマムな目標を達成すれば、J

1リーグ18チームの上位9チームのなかに入ることができるだろうと考えていた。

強化部長、服部年宏もほぼ同じ考えだった。上位4、5チームは力のあるチーム、資金のあるチームに占められる。そこに割りこみたい気持ちはもちろんあるが、現実的な目標ではない。それ以外のチームのなかで、中位より上に位置できるチームになることを第一に考えたい。

「こういうサッカー、やりたいんだよね」

スタッフルームでモニターを見つめている名波にフィジカルコーチの菅野淳がうなずいた。名波が監督室にいることはほとんどなかった。

「だったら、トレーニングをちょっと変えたほうがいいんじゃないかな」

スタッフがひとりまたひとり、ドアの向こうから姿を現した。監督、コーチ、分析担当テクニカルスタッフ、フィジカルコーチ、アスレティックトレーナー、フィジカル・セラピスト、マネージャー、通訳、育成の監督とコーチ、普及のコーチ。ジュビロ磐田は、ひとりもスタッフが代わることなく、新しいシーズンを迎えていた。

「今日の練習、ちょっとやりすぎたかな」

「そんなことないと思うよ」

「ただ、さいしょの部分は、ちょっと変えたほうがいいんじゃないかな」

同じ時代を過ごし、考えや言葉を共有しているので、ひと言、ふた言で思いが全員に伝わった。誤差も誤解もなかった。

「いま、この選手を追いかけているんだけど」

「それ、おれも、いいと思っていたんだ」

「こっちもいいよ、なかなか」

「そうかなぁ」

すべてのカードは、だれもが手が届くところに置かれていた。自分の手柄にしようと、隠れてものごとを進める人間はいなかった。


このシーズンから名波は、ゲーム形式の練習を行うとき、笛を手に立つ場所をサイドラインの外からピッチの中心に移した。

サイドラインの外に立つと、選手ひとり一人とコミュニケーションを取ることはむずかしかった。逆サイドの選手に声が届きにくく、のど飴が欠かせなかった。

中央に立つと、たとえば右前方にボールがあるとき、左後ろのプレイヤーの動きを確認して「3メートル下がれ」「すぐスライド」と、リアルタイムで声をかけることができた。ボールから遠く離れた選手の動きも見逃さなかった。背中を向けている名波に声をかけられた選手は、驚いたようにアクションを起こした。

高度なコーチングだったが、現役だったとき、いつもいた場所だったから、むしろ居心地が良かった。ピッチ全面を使っての練習では、ドローンから見下ろしているようにゲームを見ることができた。半面にすると、ボールの動きはかなりめまぐるしくなったが、顔を振る3秒前に見た絵が頭に残っているので、ミスが起きたとき、どこに原因があったのか判断に迷うことはなかった。

「監督と俊輔って仲いいの？」

サポーターズマガジンのスタッフ、藤原志織は何人かの記者にそう聞かれたが、ふたりの関係は仲が良い悪いという枠には収まらないように思えた。互いにやりたいことを持っていて、それが完全に重なり合うわけではないことを理解し、認め合った上で接しているように感じられた。

中村は選手たちに対して、自分の考えを押しつけようとすることはなかった。どうしてこんなことができないのだと、苛立ちを見せることもなかった。いつも自分から階段を下りていって、コミュニケーションを取った。

そんな中村を、名波は、少し離れたところから見ていた。ふたりがピッチで話しこむことはなかったが、深いところでつながっているように感じられた。おとなとおとなの関係というのはこういうことなのかと藤原は思った。

全体練習が終わると、名波はかならずグラウンドに残ってフォワードにボールを出しつづけ、中村は自分のテーマに取り組んだ。

「毎日、俊輔さんのフリーキックを見られて、おれたち幸せだな」

若手は声をはずませ、ベテランが居残り練習に参加するようになり、やがて名波の仕事がひとつ増えた。

「俊輔、今日はもう終わるぞ！」

1リーグ制となった2017年のシーズンが始まった。

2月25日、第1節。［△ジュビロ磐田0－0セレッソ大阪△］Ⓐ

ジュビロ磐田でのデビュー戦を終えた中村は言った。

「自分自身、やっぱりまだまだ得るものがありますし、自分の力がまだ足りないということに気づけたりします。もちろん味方にも気づかされますし、名波さんの何気ない言葉からもです。良い時間を過ごせていると思います」

中村の古巣、横浜F・マリノスとの対戦を4日後に控えた4月4日、名波は選手たちに問いかけた。

「34試合のうちのいくつかは『こいつのために』と思って戦ってもいいんじゃないか？」

4月8日、第6節。［●ジュビロ磐田1－2横浜F・マリノス○］Ⓐ

――横浜F・マリノスのサポーターからブーイングが上がっていましたが。

「言いたいことだって黙ってジュビロに来たし、ここで言ったら意味がなくなるから」

試合後、記者の質問を受け流した中村は、サポーターズマガジンのインタビューで胸の内を明かした。

「2013年にリーグ優勝を逃した最後の試合も悔しかったですが、そのつぎくらいに悔しい試合でした」

4月16日、第7節。［○ジュビロ磐田2－1サガン鳥栖●］Ⓗ

後半43分に失点したが、直後の44分に同点に追いつき、アディショナルタイムに追加点をあげて逆転勝利。

名波は記者たちに言った。

「44歳にもなって、こんなに感動する日々を送れるなんて幸せだなと。選手たちに、ただただ感謝したいと思います」

4月22日、第8節。［○ジュビロ磐田3－0鹿島アントラーズ●］Ⓐ

2－0で折り返し、後半34分にだめ押しのゴール。

「あの3点目が生まれて、このカシマスタジアムでアントラーズの心を折ったなというゲームになったと思います」

どのようにしてチームに溶けこんでいくのだろうか。中村がとった行動は、名波の予想とは正反対だった。『ぼくを見てくれ、ぼくに合わせてくれ』ではなく、選手ひとり一人の特徴を観察することから始まった。

変化は急激ではなかったが、納得ずくだった。4月中、平均で40回前後、もっとも多いときで65回ほどだった中村のボールタッチ回数は、5月に入ると70回を超えた。

5月14日、第11節。［●ジュビロ磐田0－2川崎フロンターレ○］Ⓗ

5月20日、第12節。［●ジュビロ磐田0－2柏レイソル○］Ⓗ

鹿島アントラーズ、川崎フロンターレ、浦和レッズ、ガンバ大阪、FC東京、柏レイソル、この6チームで優勝は争われることになるだろう。シーズン前、名波が予想したトップグループとの2連戦。結果は連敗。第8節終了時のリーグ6位から10位に後退することになったが、いずれも力の差を見せつけられた敗戦ではなかった。試合をふり返り、名波は思った。守備的にならず、前から積極的にアプローチを仕掛けることができた。人もボールも動くサッカーの手応えが残り、悔しいと思える敗戦だった。あたりまえのことをやれていない選手がめだつようになったことも、大きな収穫だった。

中村俊輔のボールタッチ回数は、停滞することなく上がっていった。6月に入ると90回前後になり、時折100回を超え、110回を数えた。

6月4日、第14節。［○ジュビロ磐田3－0ガンバ大阪●］Ⓗ

5月は無得点で2敗2分け。とりわけ苦しんでいたフォワードが2ゴールを奪う快勝。

――2トップの評価は？

「いずれ点を取れると思っていたのですが、本人たちの気持ちが陰に入っていたので、楽にしてやりたいなという気持ちが一番強くて。それはけっして（スターティングメンバーから）はずすということではなくて、信頼は不変だということを伝えるためにも、出しつづけて、シュートを打たせつづけて、トレーニングをつづけさせなくてはいけないと思っていました」

「名波さん、ちょっとしっくりこない部分があるんです。できれば、もう一度やってみたいんですが」

「わかった、前後半でシステムを変えてくらべてみよう」

6月24日、中村の提案を受け、試合前日にはあまりやらない紅白戦を実施。コーチは後半のシステムを、中村俊輔をはじめ選手たちは前半のシステムを支持。それぞれの意見を聞いた上で、名波は前半のシステムで戦うことに決めた。

6月25日、第16節。［○ジュビロ磐田2－0FC東京●］Ⓗ

J1での3連勝は5年ぶり。名波が〝茨の道〟と呼んだ第11節からの6試合を3勝2敗1分けと勝ち越しで通過。
6月27日、クラブは2016シーズンの決算を発表。
営業収入2億9960万円→3億7千万円
営業費用29億4300万円→32億6300万円
純利益4800万円→6200万円
経費削減によって黒字を出すのではなく、投資しながら実現した純利益28・9パーセント増だった。開幕からここまでヤマハスタジアムで行われた7試合中6試合でチケット完売。第8代ジュビロ代表取締役、木村稔は、ホーム入場者数を前期の27万人から3万人増の30万人に設定。約3億円の増収を、戦力の補強、下部組織の充実をはじめ、チーム強化に投資すると言明した。

7月29日、第19節。[○ジュビロ磐田5－2川崎フロンターレ●]Ⓐ
13年ぶりのリーグ6連勝。天皇杯を含めると8連勝。2カ月間負けなしでリーグ4位に浮上。
──監督としての6連勝と、選手として戦った6連勝は意味が違うと思いますが、それぞれの意味合いは？
「選手のときは100パーセントに近い確率でぼくのおかげだと思いますけど」。笑顔を浮かべ、名波はつづけた。「監督になってからは100パーセント選手のおかげだと思っています」

学校が夏休みに入ると、いつものように大久保グラウンドは、目を輝かせてやってくる子どもたちの教室になった。

　名波は子どもたちといっしょに芝の上を走り、ボールの蹴り方を教え、授業が終わると、ひとり一人に選手たちのトレーディングカードを手渡し、クラスの集合写真を撮った。

　このシーズンからトップチームのコーチになった田中誠は、主に、まだ試合に出場できない若手を受け持っていた。

　なにより驚いたのはコミュニケーションが乏しいことだった。パスがずれても「なぜ？」も「ごめん」もなかった。自分の世界に入ってしまうことが多く、相手の気持ちを考えたプレイが苦手だった。

　田中が入団してから黄金期にかけて、イメージするパスがこなかったとき、不満を口にするのは当然のことだった。反論が返ってくることはしょっちゅうで、勢い口調は激しくなったが、すべてはより良いサッカーを求めるなかでのコミュニケーションだった。

　プロなのだから、もっと要求し合えと、口で言って変わるような問題ではなかった。ふだんからいっしょに食事をするというところから始めることが、遠いようで一番の近道なのかもしれないと田中は思った。

　このシーズン、川口信男はU―14の19人の中学2年生を受け持っていた。本人たちに言ったことはなかったが、ひとり一人が可愛くて仕方がなかった。全員ユースチームに上がれるわけではないが、いつまでもサッカーが好きでジュビロが好きでいてほしいと思った。

　日々の変化は、前年まで担当していたU―18の子どもたちよりも、めまぐるしかった。顔を合わせるたびに、話しかけ、表情を観察し、内面を想像した。どうして今日、あんな顔をしていたのだろう。いくら考えても理由が思い当たらないときは、落ち着かない1日を過ごすことになった。

川口は思った。ポゼッションという言葉がなかったぼくのころにくらべて、スローイングを除けば、プレイのレベルは格段に上がっている。以前は、2、3人のうまい子どもにチームが引っ張られていたが、いまはみんなうまい。

ぼくが中学生だったころ、やんちゃな子とそうじゃない子は、一目で見分けがついたけれど、いまの子どもはわかりにくい。仲が良くて、いつもいっしょで、言いたいことがあるときは全員が手をあげるか、だれもなにも言わない。時にはひとりで前に出て、自分を主張してほしい。

折りに触れて川口は子どもたちに言った。

「勝った負けた、シュートが入った入らなかったで試合を終わらせるのではなく、場面場面をみんなでふり返って、なにを考えていたのか、どうしたかったのか、話をするんだよ」

いつか名波から聞いた言葉だった。

8月26日、第24節。[○ジュビロ磐田2－1ヴィッセル神戸●]Ⓗ

勝ち点3を上乗せし、目安としていた40を超える42。ここまで24試合を戦い、12勝6敗6分け。得点37、失点22。得失点差＋15でリーグ6位。

できすぎだ。強化部長、服部年宏は思った。チームが変わりつつあることは感じていた。アントラーズ戦（3－0）のようなそれまでになかった勝ち方や6連勝、負けはしたが手応えが残る試合があったが、ここまで上がれるとは想像することもできなかった。

10月21日、第30節。［△ジュビロ磐田２－２アルビレックス新潟△］Ⓗ

後半49分に同点に追いつき、ノータイム。

ロッカールームにもどった名波は選手、スタッフ全員の前で、ボールを無駄にこねて奪われ、失点の原因となった中村俊輔を怒鳴りつけた。同じピッチに立っていたら、あんなプレイはさせなかったというプレイヤーズ・マインドから噴き出した怒りだった。

「おまえもだっ！　堅碁」

名波の目の前に立っていたエース・ストライカーの川又堅碁の長身がびくりと動いた。１－２で負けているにもかかわらず、ゲームを止めない、足を止めない、相手を休ませないというチームの約束を守らず、相手のゴールキーパーに時間稼ぎを許したからだった。

「足が痛いのなら、つぎからぜったいに使わないからな。そのままオフまでリハビリしておけ！」

ロッカールームを出た名波は、記者会見に臨み、言った。

「もうわれわれは５戦負けなしで喜ぶようなクラブではなくなりつつあるので、選手にも言いましたが、そんな小さなことで納得や満足はせずに、一から出直すような気持ちを持ってやらなくてはいけないと思っています」

「驚かさないでくれよ」。記者が帰ったあと、代表取締役の木村稔が名波に言った。「あのふたりにあんなに切れたら、さすがにびっくりするよ」

シーズン終盤、ベンチからはずしたベテラン選手に名波は言った。「その歳になってもすごく伸びていることは認める」。伸びている点を具体的に説明し、それからはずす原因となったふたつの試合をあげた。「同じミスを犯し、両方とも失点につながった。わかるだろう？」

ベテラン選手は不満そうな顔で、チームのひとりの名前を挙げた。

「あいつだって、そうじゃないですか」

「おれはおまえのことを言っているんだ。おまえがそこに向き合っているかどうかが大事なんだ。もうひとつ言っておく」。名波はベテラン選手の心から手を離さず、つづけた。「監督、コーチに壁をつくるな。かならずすき間から匂いが漏れ出て、一気にチーム全体に広がる。ぜったいに壁をつくるな」

最後の2週間、チームを包む緊張感、プレイの精度は高まる一方だった。

いつも同業者と話をしながら練習を見ている番記者が、押し黙り、練習に見入った。

終わるのがもったいない。名波は思った。あと3カ月、シーズンがつづいてほしい。

12月2日、第34節。［△ジュビロ磐田0‐0鹿島アントラーズ△］Ⓗ

前半27分、ジュビロ磐田のフリーキック。中村がもっとも好きな距離、好きな角度だったが、クロスバーをオーバー。

セカンドボールを拾えなくなった後半、押しこまれる時間が増えたが、鹿島アントラーズの優勝をリーグ戦通算14回目の完封で阻止。シーズン通算30失点はリーグ最小、同時にジュビロ磐田の2006年度以降の最小失点だった。

試合後のセレモニーで名波は、スタンドに向かって言った。

「2017シーズン、ジュビロ磐田に関わるみなさん、感謝の言葉しかありません。本当にありがとうございます。おれの息子たちはどうでしたか？　みなさんへのお願いはひとつだけです。来季もおれについてこい」

すべてが終わり、クラブハウスの風呂で中村俊輔といっしょになった名波が言った。

「あのフリーキック、惜しかったな」

「全然だめです、罰金ものですよ」

「つぎだよ、つぎ。来年決めればいいよ」

2017Jリーグディビジョン1
6位　16勝8敗10分け　勝ち点58　得点50失点30

翌日、名波が大久保グラウンドに行くと、フリーキックを蹴る中村の姿があった。個人練習は朝8時に始まり、2時間つづいた。前日の鹿島アントラーズ戦、先発した22人のなかで、もっとも走行距離が長かったのは中村だった。

フィジカルコーチ、菅野淳は思った。黄金期を経験し、外の世界も見てきたが、いまが一番やりやすい。なにより揺るぎない信頼関係がある。ふり返れば黄金期もいいことばかりではなかった。しがらみや摩擦があったが、いまはストレスがまったくといっていいほどない。フロントが現場を理解してくれていて、チームが一枚岩になっている。任され、責任を負える喜びを感じられる。もう必要ないと言われるまでがんばりたい。

アウェイの鹿島アントラーズ戦で3点取り、川崎フロンターレから5点取った。このシーズン、歴史をふり返ってもそうはないことをこのチームはやった。既存の選手と新戦力がうまく融合して、チームがどんどん膨らんできているが、しかしリーグ優勝はそう簡単ではない。本当の強さを身につけるためには、厳しい挫折を経験することが必要だろう。

チームワークだけではトップレベルに勝つことはできない。黄金期、ACLに出るとき、ぼくたちはまず代表選手の人数をくらべた。『向こうは3人、こっちは6人。行けるんじゃないか』と。あのころのジュビロは日本代表生産工場のようだった。

黄金期は、いまもぼくの心のなかにある。練習を見ても、試合を見ても、あのときとくらべている自分がいる。フィジカル・トレーニングを、あそこまでやれる選手は何人かいるが、チームとしてはまだ黄金期の域には達していない。

チーフアスレティックトレーナー、佐々木達也はリーグ6位を喜び、恐れた。状況が良くなると、おれはこうしたい、おれのほうが正しいと、往々にして我欲が顔を出すものだ。低迷していたときは、忙しくて体はきつかったが、毎日一所懸命やるだけだった。道に迷うことはなかったが、これから先は、落とし穴に落ちる危険がきっと出てくる。

J2降格の悔しさを味わった人間こそ、謙虚にがんばらなければならない。紆余曲折を経て、いまの幸せがあるということを肝に銘じて働かなければならない。

Jリーグ、チャンピオンシップ、天皇杯、ナビスコカップ、アジアクラブ選手権の決勝、J2降格、あらゆる勝ち、あらゆる負けに立ち会ってきた。ぼくがなによりやらなければならないことは、その経験を未来につなぐことだ。

頭のいい人間、うまく立ちまわれる人間はたくさんいるが、心からチームを思い、自分を犠牲にして、死にものぐるいで働くことができる人間はそうはいない。ひとりでも多くそういうスタッフを育て、ぼくの経験を手渡したい。途切れることなく経験が継承され、50年、100年という歴史になったとき、ジュビロは真のビッグクラブになるのだと思う。


サッカースクール、地域のサッカー教室、運動教室、幼稚園の巡回教室、土を耕し、種を植え、木を育てる普及部のスケジュール表に、空白を見つけることはむずかしかった。

37年前、Jリーグ発足よりも13年早く、ジュビロのサッカースクールはスタートした。そのときの生徒が父親になり、その子どもたちがサッカースクールに通うようになった。普及部を預かる尾畑正人は思った。これから20年後、スクールの1期生が孫を見に来てくれるようになったとき、ようやく、サッカー文化という果実が実ったと言えるのだろう。


こんなに自分はがまん強かったのかと驚いたが、それにしてもがまんの限界だった。あと少し名波さんが来るのが遅かったら、まちがいなくジュビロを飛び出していた。時折、2014年のできごとが、ヘッドコーチの鈴木秀人の頭に浮かんだ。

シャムスカがなにも言わないから、ぼくが選手に厳しく言った。引きつづき同じ役割を担うことになるのかと思っていたら、名波さんはけっこう厳しくものを言う人だった。ふたりが口をそろえたら、選手がいやになってしまうと思い、選手を励ます側にまわったりもした。おかげで、ずいぶん人当たりが柔らかくなった。

毎日、くりかえし言いつづけ、忘れたころにまた落としこむ。名波さんの辛抱強さには本当に感心させられた。4箇条と3つの約束は、いまでは外国人選手がすらすら言えてしまうほどチームに浸透している。

スターティングメンバーの11人だけではなく、ベンチを含む18人でもなく、チームが一体感を持って勝利に向かっていく姿勢を、シーズンを通して出せるようになってきた。2014年とはくらべものにならないほど良くなっているが、前向きと勢いまかせは紙一重だ。一歩まちがえれば降格の可能性はいまもある。うちの強みを忘れず、判断に慎重さを失わないよう自分に言い聞かせながら、これからも進んでいきたい。


強化部長、服部年宏の頭のなかで、黄金期はいつも、灯台のように進むべき道を照らしていた。あのころ、勝利は前提だった。追い求めたのは美学だった。自分たちのスタイルを貫き通して勝つことをいつも考えていた。勝つためだけに、パワープレイをしようとしたことはほとんどなかった。

強化部長としてジュビロにもどり、久しぶりに間近に見たチームは、美学を口に出せるような状態ではなかった。ゲームの組み立てもできず、どこから手をつけていいのかわからなかった。

あれから4シーズン、チームの雰囲気は大きく変わった。けっきょくは、積み重ねこそが力なのだ、黄金期も積み重ねの結果だったのだとつくづく思う。

「ジュビロという船を率いる船長としては？」

藤原志織の質問に応えて、名波が言った。

「とにかく練習の質が、いまは本当に高いので、逆に、だれが見ても『この選手、乗れていないな』というのが、すぐにわかるし、選手はそうならないようにがんばらなければいけない。いまはそういう空気感になっています」

約1時間のインタビューの最後に藤原は聞いた。

「名波監督率いるジュビロの物語は、いま、どれくらい進んでいますか？」

「富士山でたとえると、まだ5合目くらいじゃないでしょうか。車で行けるぎりぎりくらい。ここから先は濃霧でもどらなければならないとか、そういうこともあるだろうし、それを言うなら、よくここまで一度ももどらずに来たなと思います。あの2014年のJ1昇格プレイオフで、相手ゴールキーパーにヘディングシュートを決められたところからの道のりをふり返ると、酒なんて飲まなくても感慨深くなるのですが、本当によくここまで来たなと。

だけどそれも、自分のすべてを見ているスタッフや選手たち、そしてジュビロの社員も含めて、『しょうがねぇなあ』と思われながらも、信用、信頼してもらい、クラブの目標に向かって前だけを見て、進ませてもらっている結果だと思っています」

2018

空は真っ青に晴れ渡り、木枯らしがピッチを吹き抜けていた。

2018年12月8日、J1参入プレイオフ決定戦、ジュビロ磐田とJ2の東京ヴェルディの一戦。ヤマハスタジアムは、サックスブルーに〝12〟が白くプリントされたコレオで埋め尽くされていた。

ジュビロ磐田は前年の6位から大きく順位を下げ、16位でレギュラーシーズンを終了。一方、シーズン6位だった東京ヴェルディは、プレイオフ1回戦で5位大宮アルディージャを、2回戦で3位横浜FCを、それぞれ1－0で下し、11年ぶりのJ1に手が届くところまで駆け上がってきていた。

発表されたジュビロ磐田のスターティングメンバーには、中心選手の川又堅碁、中村俊輔の名前がなかった。川又は肉離れの再発、中村は捻挫によるもので、ともにこの週に起きたアクシデントだった。

沸き起こった名波浩のチャントが、選手への声援を上まわり、木枯らしを圧倒した。この日、スタンドには、ヤマハ発動機から、名波の現役時代からのサポーターが勝利を後押ししようと大勢駆けつけていた。

14時4分、キックオフ。ジュビロ磐田のJ1残留の条件は勝利もしくは引き分け。

ジュビロ磐田は前線からのプレスを徹底、序盤から、プランどおりに試合を進めていった。危険なシーンが2回あったが、想定を上まわるできごとではなかった。

前半41分、山田大記の縦パスに応えて裏に抜け出た小川航基と、東京ヴェルディのゴールキーパー上福元直人がペナルティエリアで交錯。審判の判定は上福元のファウル。小川航基の右足がゴール左を揺らした。

東京ヴェルディのミゲル・アンヘル・ロティーナは、豊富な経験を持ち、相手を観察しながら思いきりの良い手を打つ監督だった。動くとすればいつ、どのように？　名波は選手ひとり一人の動きをチェックしながら、ロティーナのつぎの手を想定し、それに対応するための方法をシミュレートした。先制点を取ってから、心は落ち着きを取りもどし、リーグ戦と同じように采配を考えることができるようになっていた。

後半33分、ペナルティエリア手前からシュートを打とうとした小川航基がファウルを受けてフリーキックを獲得。その2分後、田口泰士の右足から放たれたボールは、壁の中で身を沈めた上原力也の上の、ほんのわずかな空間を通り、ゴール左隅に突き刺さった。

2－0。残り10分。負けを心配する必要は消えた。これがラストゲームなのかという思いが、名波の頭に浮かび、消えた。

後半44分、ジュビロ磐田のサポーターの声援が一段と熱を帯びるなか、アディショナルタイム5分が発表された。

後半49分、左足を引きずっている山田大記に代えてムサエフを投入しようとした名波は、思い直して、中村俊輔を呼び寄せた。スタジアムの雰囲気を、サックスブルーで徹底的に塗りつぶそうと思ったからだった。

約2分後、名波がテクニカルエリアの角で腕時計を見た直後、ノータイムの笛が鳴り、ジュビロ磐田のJ1残留が確定した。東京ヴェルディが放ったシュートは2本。力の差を強く印象に残す勝利だった。

ふり返った名波は、ひとかけらの感情も見せず、ヘッドコーチの鈴木秀人に右手を差し出した。ふつうとは言えないい表情が、水面下でふつうではないことが起こっていることを想像させた。

スタッフとのハイタッチを終えた名波は、東京ヴェルディのベンチに歩み寄ってロティーナ監督に握手を求め、通路に姿を消した。

2018Jリーグディビジョン1
16位　10勝13敗11分け　勝ち点41　得点35失点48

「今日は質問なしでお願いします」。ノータイムから約20分後、記者会見場にやってきた名波は言った。「その代わり、時系列で、みなさんが欲しているであろうことを、すべて、話すつもりでいるので、ちょっと長くなるかもしれないですけど、よろしくお願いします」

記者会見の会場は熱気が充満していた。この日、ヤマハスタジアムには記者とテレビ関係者合わせて約160人が押し寄せていた。

東京ヴェルディの戦い方をどう分析していたのか。どのように準備を進めてきたのか。なぜこの1週間、練習を完全非公開にしたのか。この日の戦いぶりをどう総括しているのか。レギュラーシーズンの16位という成績をどうとらえているのか。時折、手もとのメモ用紙に視線を落としながら、名波は、いつものように明快な口調で話を進め、最後に自身の進退に触れて言った。

「このゲームに至った責任が、すべてぼくにあることは、それはもう事実なので。現状、そこまでしか話せないかなということです。以上です」

名波は記者会見という場をジュビロ磐田というチームを世の中に理解してもらうための大切な機会だと考えていた。「一所懸命がんばります」「熱い戦いをします」といったありふれた言葉を排除し、できる限り具体的に話したいと、いつも思っていた。

どこまで事実を口にするのか。名波は全体の8割までと決めていた。ほとんどの監督が多くを語ろうとしないことを思えば、8割は、驚くほど高い数字だった。自信のない人間ほどものごとを隠そうとするという原則にあてはめれば、けた外れの自信家だとも言えた。

この日、名波は大きくふたつの事実を2割の側に封印した。

ひとつは非公開の理由だった。

「完全非公開だったので、少しびっくりした方もいるかもしれませんが、川又が週明けから足の調子があまり良くなくて、また（中村）俊輔が水曜日に思いきり捻挫しまして、このあたりがメンバーを少しいじらなくてはいけなかった理由のひとつ。もうひとつは、あまり大きな声では言えないんですけど、ぼくが怪我をして昨日まで松葉杖だったので、その辺も踏まえて非公開でやらせてもらいました」

川又と中村の怪我と、名波が原因不明の右足の痛みで歩けなくなったことは事実だったが、それが非公開の理由ではなかった。本当の理由は一部のメディアに、築き上げてきた信頼関係を踏みにじられたことにあった。サポーターには公開したかったが、現場でサポーターとメディアを区別することはむずかしく、中途半端な規制は良くないという意見に従い、やむなく完全非公開に踏みきったのだった。

もうひとつの事実は進退についてだった。実際は、リーグ最終節の川崎フロンターレ戦に負けたとき、プレイオフに勝っても負けても退任することを決意、強化部長の服部年宏に伝えていた。チームを16位にした監督が留任する理由があるとは考えられなかった。

試合終了から記者会見の会場にやってくるまでの20分間、退任を思い止まらせようとする服部に向かって、名波は言った。チームのまとめ方、練習の方法やリズムはコーチやスタッフがもう十分理解している。選手ひとり一人が複数のポジションをできるようになったし、相手や状況に応じてシステムを変えられるようになった。なにより、規律やモラルについて問題が起きそうになると、選手たち自身が原因を探し出し、解決できるようになった。ここから先は勝てる監督を呼んできたほうがいい。

約9分間、3000文字余りの記者会見を終え、会場を出た名波は思った。とりあえず風呂に入ろう。

悪い予感が当たってしまうことが少なくない名波にとって、2018シーズンはその典型とも言える展開となった。

3月18日、第4節。ミッドフィールダーながら前年8得点をあげたアダイウトンが右ひざ前十字靭帯断裂及び外側半月板損傷。トレーニング合流まで6カ月の見こみ。

3月27日、ウズベキスタン代表に選ばれたミッドフィールダー、ムサエフがモロッコ代表戦で負傷。右ひざ前十字靭帯及び外側半月板損傷。トレーニング合流までの見こみ6カ月。

5月2日、第12節。新加入のギレルメ（ブラジル）が暴力行為で退場。10日後、クラブは契約を解除。

3月に左大腿筋肉離れ、4月に左ひらめ筋肉離れと、故障がつづいていた中村が、5月のワールドカップ・ロシア大会のためのリーグ中断期に、右足関節前方インピンジメント症候群及び滑膜炎の手術を決断。トレーニング合流まで6週間の見こみ。

中断期を迎えた時点で、6勝6敗3分け。勝ち点21で8位。チームは上位を見上げていたが、名波は足下を見ていた。

9位柏レイソル、11位鹿島アントラーズ、14位浦和レッズ、18位名古屋グランパス。資金力のあるチームが、シーズン終了までおとなしくしているはずがない。最後は混戦になり、ジュビロが飲みこまれる可能性は十分にある。

中断期に行ったミニキャンプのスタッフミーティングで名波は言った。「残留争いを一番に考えておいてほしい」。うなずいたのはヘッドコーチの鈴木秀人だけだった。ほかのスタッフの顔には、なにをそんなに心配しているのだろう？　という疑問符が浮かんでいた。

中断期明けの第16節から4試合連続引き分け。4試合目のガンバ大阪戦で、新加入ながら、空中戦の強さでレギュラーに定着していたディフェンダーの新里亮が左足関節三角靭帯損傷、脛腓《けいひ》靭帯損傷、腓骨骨折。トレーニング合流まで5カ月の見こみ。

勝つことによって得られる自信は、引き分けを積み上げて得られる自信より数倍大きい。4試合のうち、ひとつでも勝たせていれば景色は大きく変わっていたはずだ。このときを境に、名波は霧の中に迷いこんでいった。

11月3日、第31節に勝ち点40に到達。リーグ順位12位。

従来、勝ち点40を取ればJ1残留は確実だと見なされていたが、2018シーズンの混戦は通例をも飲みこんだ。

このシーズンのレギュレーションでは、Ｊ２リーグへ自動降格となるのは最終順位17位、18位のチーム。16位のチームはＪ１、Ｊ２の入れ替え戦に相当するＪ１参入プレイオフ決定戦にまわることになっていた。

最終節を前に、すでに柏レイソルとＶ・ファーレン長崎の降格が決定。16位に沈む可能性を残しているのは、勝ち点41の横浜Ｆ・マリノス、ジュビロ磐田及び勝ち点40の湘南ベルマーレ、サガン鳥栖、名古屋グランパスの５チーム。

12月１日、リーグ最終節。等々力陸上競技場。13位のジュビロ磐田のプレイオフ回避の条件は引き分け以上。対戦相手は第32節にリーグ２連覇を達成した川崎フロンターレ。

空は晴れ渡っていた。冬の低い太陽が川崎フロンターレのサポーター席を真正面から照らし、ジュビロ磐田のサポーター席は影に沈んでいた。

真っ白に伸びるサイドラインをまたいだ名波は、右足のかかとでポンポンとピッチを叩き、かがみこんだ。前日まで松葉杖を必要としていた右ひざの痛みは、鎮痛剤で押さえこまれていた。

手のひらで芝をなで、フィジカルコーチの菅野淳から受け取ったボールを弾ませると、テクニカルエリアに向かい、並べられていたペットボトルの位置を、いつものようにセンチ単位で修正した。

14時３分、キックオフ。ジュビロ磐田の気持ちのこもった守備が、川崎フロンターレのアタックを封じ、０－０で前半を終了。

後半に入り、川崎フロンターレの圧力に押され始めたジュビロ磐田だったが、後半33分、大久保嘉人が松本昌也の右サイドからのクロスを頭で合わせて先制ゴール。［１－０］。

後半38分、川崎フロンターレがコーナーキックから追撃のゴール。［1－1］。名波が警戒していたセットプレイからの得点だった。

表示されたアディショナルタイムは4分。全員、自陣に下がり、守備に徹するジュビロ磐田。サポーターの声援が一段と熱を帯び、影の中から差し上げられた無数の手のひらが、夕方の柔らかな光に照らし出された。

アディショナルタイム4分、ペナルティエリア深く切れこんだ川崎フロンターレ、グラウンダーのクロスがジュビロ磐田のオウンゴールを誘発。［1－2］。

直後、ジュビロ磐田のリーグ16位を決定づける笛が鳴り響いた。テクニカルエリアの片隅でうずくまるように左ひざをついた名波は、右手で顔の下半分を覆い、動きを止めた。その視線は目の前の現実に向けられているようにも、遠く深いどこかに向けられているようにも見えた。

2014年、シーズン途中に監督としてジュビロ磐田にもどってきたとき、黄金期の面影はおろか、黎明期に築き上げられた土台のかけらも見当たらなかった。荒れはて、人の温もりが感じられなかった。たまたま同じ場所に居合わせただけの、個人事業主のような選手たちを見て名波は思った。いったいなにが楽しいんだ？　そんな生き方でいいのか？

なによりジュビロ磐田のDNAが薄れていた。2002年、完全優勝を成し遂げたとき、ジュビロ磐田ひと筋、ほかのチームでプレイしたことのない『生え抜き』の選手は25人。外に出てほかのチームでプレイしてから『復帰』した選手は、ヴェネツィアFC（イタリア）からもどってきた名波ひとり。全選手数32人の8割を超える26人がDNAの継承者であり、この数字は、しのぎを削る鹿島アントラーズの19人（生え抜き18人、復帰1人）を大きく上まわっていた。

それから12年後のこの年、鹿島アントラーズは19人（生え抜き17人、復帰2人）がDNAを受け継いでいたが、ジュビロ磐田は10人（生え抜き8人、復帰2人）と黄金期の4割を切っていた。

名波は現役だったときにいっしょにプレイした選手たちのなかに、チームづくりの新たな土台となるパーツを探した。

ひとり一人と話をすると、奥底にDNAが垣間見えたが、本人たちはそれに気づいていなかった。このままではいけないと思いながら、どうしていいのかわからず、それぞれがそれぞれにもがいていた。

みんな、あのころはまだ若かったから、ジュビロ磐田のDNAを理解できなかったのだろう。名波は思った。クラブのレジェンドは黄金期の選手たちではない。J2に落ち、明日が見えないなかで、こうしてもがき、がまんを重ねてきた選手たちなのだ。

低迷の最大の原因は、サッカー以前のところにあった。規律やモラルの欠如がシロアリのように土台を食い尽くしていた。名波はなにが正しくて、なにがまちがっているのかを整理し、並行して、シロアリの駆除にエネルギーを注いだ。

迷いはなかった。コーチ経験も監督経験もなかったが、人を束ね、方向を示す自信はあった。

規律を守れず、モラルに欠ける選手は、たとえ優秀なストライカーでもメンバーからはずした。同じチームの仲間にストレスを感じることほど、よけいで無駄なことはなかった。なにより問題なのは、高い意識を持つ選手が、足を引っ張られつづけることに嫌気がさして、チームから出たいと思うようになってしまうことだった。

マネージャーの尾畑正人の声が昨日のことのように名波の耳に残っていた。「ソックス、短パン、シャツ、きちんと表に返して洗濯に出せよ」「ゴミをまとめておくんだぞ」

現役だったときに見た、強豪チームのロッカールームは、どこも驚くほどきれいだった。FCバイエルン・ミュンヘンもACミランのロッカールームも、ショールームのようだった。スパイクやユニフォームはすべて定規で計ったように並べられていて、脱いだ私服にも乱れはなかった。

整理整頓をはじめ、規律を守るというあたりまえのことがあたりまえにできない選手は往々にしてプレイの波が激しく、放っておくとチーム全体に悪影響を及ぼす恐れがあった。一方、無意識のうちに、あたりまえのことができる選手は、メンタル面の波が小さかった。調子が悪くなっても、悪いなりに安定感を保つことができた。グラウンドの中だけではなく、私生活においても、テーマをつくり、1年間守り通すことができる選手は、苦しいときでもぶれることがなかった。

更地にひとつ一つパーツを積み重ねていく一方、かつてジュビロ磐田にいた指導者、選手に声をかけた。限られた予算、限られた時間のなかで新たなチームを組み上げるには、ジュビロのエンブレムの重みを知る人間の力が必要だった。

監督になってから約1年半後、2017年のシーズンに入ってまもなく、チームは本のページをめくるように変わった。

4月22日、第8節。[○ジュビロ磐田3－0鹿島アントラーズ●]Ⓐ

試合終了のホイッスルが鳴った瞬間、名波は固く握った両手を突き上げ、空を見上げながら思った。このカシマスタジアムでアントラーズの心を折った。

第14節から、２００4年以来14年ぶりの6連勝を記録し、最終順位を6位まで押し上げた２０１７年。そのオフのある日、懇意にしている代理人から電話がかかってきた。

「名波？　ちょっと驚くようなやつが横にいるんだ、いま、代わるから」

「もしもし、おれです。あのときは、本当にすみませんでした」

更地の原因になったひとりだった。

「自分がなにをしたのか、わかるようになりました。まだピッチの中でも外でも、いらいらすることがあるんですけど、あのときのことを思い出して、がまんができるようになりました。いまはレギュラーじゃないんですけど、18人には選んでもらっています。ふて腐れずにがんばっていこうと思います」


リーグ16位、J2降格の瀬戸際に追いつめられた２０１８年、チームを出ていく選手が続出しても不思議ではない状況だったが、移籍はなかった。クラブからの0円提示もなく、34人の経験はそのまま２０１９年に継続されることになった。優勝チームの主力選手が当然のように移籍していく時代にあって、このできごとは、めだたないが大きな事実であり、チームビルディングのたしかな手応えを名波に残した。

かつて、黄金期のころは、ひとつのクラブで選手生活をまっとうすることが美学だった。10年間、クラブから契約を継続してもらえれば一流、15年プレイをつづけることができたら、たとえ日本代表に選ばれなくても超一流だと見なされた。

だが時代は変わった。個人の夢や、より高い年俸を求める傾向が、この先、ますます強くなっていくことは明らかだった。こうした現実をどう受けとめるべきか、名波と強化部長の服部年宏の考えは一致していた。日本代表を強くするためにJリーグは生まれた。在籍年数3年、4年でヨーロッパに移籍されることは、クラブにとっては望ましいことではないが、日本サッカーにとっては喜ばしいことだ。来る者は拒まず、去る者は追わず。いつか成果を手に、ジュビロ磐田にもどってくることを願って、快く送り出そう。

将来に向けて高校、大学に在学中の選手を数人、継続的にマークしていたが、ほかのクラブにより良い条件が提示され、逆転される可能性は大いにあった。潤沢な資金を持つクラブではないから、その場合はいさぎよくあきらめるしかなかったが、それ以前に、名波と服部は、契約金や移籍の条件を前面に押し出して選手を誘うことはやめようと決めていた。本当にサックスブルーのユニフォームを着たいと思う選手に入ってほしかったし、そう思ってもらえるようなクラブになることを強く望んでいた。

資金が潤沢にあれば、すぐれた才能を集め、強さをつくることはできる。記録を残すチームになれるかもしれないが、かならずしも記憶に残るチームになれるとは限らない。名波は思った。黄金期をつくったのは、才能以上に、チームに尽くす気持ちだった。努力を惜しまず、互いに競い合う意志だった。

「もう一度、サックスブルーを着させてください」「チームにもどって力になりたいです」。ジュビロ磐田への復帰を望む声は年を追って増えていった。

2019年を迎えたジュビロ磐田のDNAの継承者は17人(生え抜き11人、復帰6人)。鹿島アントラーズ(生え抜き14人、復帰3人)と並んで、J1最多となった。

名波に退任を思い止まらせたのは、プレイオフの記者会見のあと、風呂場でいっしょになった選手たちの屈託のない笑顔だった。
——みんなと、もっとサッカーをやりたい。
ジュビロ磐田は名波にそう思わせるチームになろうとしていた。

・・・あとがき・・・

ジュビロ《歓喜》へ

物語の1ページ目はヤマハ発動機磐田工場の片隅で始まった。

やがて〝東海の暴れん坊〟に成長したヤマハ発動機サッカー部は、発足が決まったJリーグに名乗りをあげたが、実績を十分に積み重ねていたにもかかわらず、ホームタウンの規模を理由に参入を見送られた。消えかかった火をかきたて、再挑戦へと後押ししたのはサポーターの身近で温かい声援だった。遅れてJリーグ参入を果たしたジュビロ磐田は、自分たちが心から楽しいと思えるサッカーを作り上げ、頂点に駆け上がった。

この物語は、約半世紀にわたる道の途上で、クラブを思い、行動した人々――フロント、選手、スタッフ、サポーター、メディア――の目に映った光景の点描であり、『サクセスストーリー』や『失敗の物語』とは成り立ちが異なる。

『サクセスストーリー』や『失敗の物語』は、到達点（あるいは到達できないと判断した地点）で振り返ったときに見える一本道であり、道を切り開き、前に進もうとしている人々に物語の結末が見えるはずもない。

2019年6月30日、ヤマハスタジアム。第17節。

［●ジュビロ磐田1－2川崎フロンターレ○］

3勝9敗5分け、勝ち点14で、リーグ最下位に降下。

試合終了のホイッスルが鳴ると、監督の名波浩はブーイングが沸き起こるサポーター席に向かった。

Jリーグでは数少ない自社所有のスタジアム、ヤマハスタジアム。収容人数1万5165人は、Jリーグでもっとも少ない数字だった。最多は横浜市が所有する日産スタジアムで、7万2327人。次いで埼玉県が所有するさいたまスタジアムで、6万3700人。

ホームタウン、磐田市の人口は、2005年の市町村合併でほぼ倍増したが、それでもJ1リーグ18チーム中17番目の約17万人。トップはFC東京の東京都で約1378万人。以下、名古屋グランパスの愛知県、約752万人、コンサドーレ札幌の北海道、約537万人。この3チームを含め、100万人を超えるホームタウンは12を数えた。

Jリーグに昇格した25年前と同じように、ジュビロ磐田は、小さな町の小さなクラブだった。声援はいつも家族のように温かく、ブーイングにも突き放すような冷たさはなかった。

「おれは責任を取って辞めるけれど、これからもジュビロの応援をよろしく頼む」

名波はサポーターに向かって頭を下げ、大勢のマスコミが待ち受ける記者会見会場に向かった。

2014年のシーズン、ジュビロ磐田は球団史上はじめてJ2に降格。その年のシーズン途中、名波はシャムスカの後を受けて監督に就任。2016年にJ1復帰を果たし、以後のリーグ順位は、13位、6位、16位。足かけ6シーズンの在任期間は、クラブ史上最長だった。

「今日のゲームに関しては、もう勝とうが負けようがここで辞任することは決めていました。まず、チームの成績が上がっていないこと、それから同じ方向性は向いているとは思うのですが、選手たちに気持ちよくサッカーをさせてあげられていない、というところです。この1年間の成績、この1年間なので昨年の夏くらいからですが、成績をトータルしてチームとしてもサポーター、クラブとしても苦しかった時期に楽しそうにサッカーをやらせてあげられなかった、そのけじめを自分自身つけなくてはいけないなと思っています」

ジュビロ磐田の練習をはじめて間近に見たのは、2000年3月22日。真っ青な空がどこまでもつづく日だった。

1日の平均乗降者数8000人余りのJR東海道本線磐田駅から北へ約6キロ、住宅地を通り過ぎ、ゆるやかな坂を上ったところにヤマハ大久保グラウンドは広がっていた。かつて野球場だったグラウンドには、外野フェンスやダグアウトがそのまま残されていて、まだクラブハウスは建てられていなかった。恵まれた環境とは言えなかったが、短く刈り揃えられた芝の上は熱と緊張に満ちていた。

「ここだ!」「危ない!」「出せ!」「ちがう!」。きびしく、遠慮のないコールが途切れることなく飛び交い、ボールは一瞬のためらいも見せず、生き物のように動きつづけていた。

のちに黄金期と呼ばれる6年間のまっただ中にいたチームは、強かったが強いだけではなかった。うまかったがうまいだけではなかった。藤田俊哉、名波浩、服部年宏、鈴木秀人、田中誠といった生え抜きの選手たちが血肉となって〝ジュビロ磐田〟というひとつの意志を作り上げ、その背骨を中山雅史が貫いていた。

〝ジュビロ磐田〟は、欲という才能に満ちていた。勝利は前提だった。美しく、心から楽しいと思えるサッカーを求め続けていた。どんなに強く主張し、ぶつかりあっても、強く純粋なチーム愛があったから、めざす方向がぶれることはなかった。

「まず、サポーターには常日ごろから背中を押していただいて、それから声援を送っていただいて、ましで監督個人のチャントまで毎試合のように歌っていただいて、非常に感謝していますし、成績が伴わなかった自分自身の力の無さを痛感しています。これを真摯に受け止めたいと思いますし、それから一所懸命応援してくれているみなさんには申し訳ない気持ちでいっぱいだと、そういま感じています」

「それから、一番はやっぱり選手たちへの思いが非常に強いので、かけがえのない選手たち、彼らが世界に出ていくために、代表選手になるために、もちろん国内リーグで活躍するために、いろいろな努力をしてきましたが、力足らずで申し訳なかったなと。ただ、彼らのサッカー選手としての生活や時間はまだまだ終わらないですし、たとえJ2に落ちたとしても、このクラブも、それから本人たちも消滅するわけではないので、真摯にサッカーと向き合いながら、それから先ほどから何度も言っている、楽しくサッカーをする姿を、サポーターに見せてくれればいいなと思っています」

どこまでもつづくかと思われた黄金期が揺らいだのは、Jリーグに昇格してから10年目、2003年のシーズンに入ってからだった。かすかに走った亀裂はみるみる深くなり、枝分かれし、やがて原因とは関係なく増殖し、チーム全体に広がっていった。

中山雅史にチームの状況について話を聞いたのは、2005年6月の半ば、試合中にボールが行き場を失い、立ちすくむようになったころだった。

——チームになにが起こっているのでしょうか？

「うーん」。中山は軽くうなり、すこしあいだを置いてから答えた。「ずっと同じメンバーでやってきて、それをいま、壊そうとしている部分もあると思います。だけど試合に出ていた選手と出ていなかった選手に温度差があって、ぎくしゃくしてしまっているということは言えるのかなと」

——世代交代、永遠の課題ですね。

「これからチームをどう再生していくのか。監督の考え次第ですが、必要とされる人間でありつづけたいし、このチームにいつづけたいと思っています」

いつものように即答も断定もなかった。訥々とこぼれ出てくるのは自問自答というフィルターを通過した言葉だけだった。

——第12節を終わった時点で5勝4敗3分け、リーグ5位。1位鹿島との勝ち点差は11。数字上は、優勝は不可能ではないと思いますが。

約1時間のインタビューの最後にそう聞くと、一瞬にして訥々が不敵に入れ替わった。

「ここからでしょう！」

だが中山の思いはかなわなかった。シーズン途中の監督交代がつづき、黄金期を知る選手たちはつぎつぎに姿を消し、中山の退団から4年後の2014年、ジュビロ磐田はJ2に降格した。

Jリーグの風景は大きく変わろうとしていた。開幕後に生まれ、恵まれた環境しか知らない世代がピッチに押し寄せていた。移籍はあたりまえのこととなり、選手がより大きくより豊かなクラブに向かう流れは国境を越えて広がり、勢いを増していた。明日、だれかが移籍していくかもしれない日々のなかで、クラブ愛のような費用対効果がはっきりしないものに力を注ぐことは、それが大切なことだとわかっていても、むずかしくなっていた。

――選手たちには、このことをどう伝えましたか？

「ぼくを慕って入ってくれたり、慕ってもどってくれたりする選手がいて、このクラブを２０１２年、２０１３年のようなボロボロ、バラバラなクラブから立ち直らせようという、そういう同志がどんどん集まってくれたので、そういう思いに対して、これからもそれを思いつづけてほしいし、より良いクラブ、より強いクラブにできなかった申し訳なさがあるよということを伝えました」

――いまの気持ちとして、やりきったという部分があるのでしょうか、それとも心残りの部分が。

「やりきったなんていっさい思っていないですが、自分が監督として就任させてもらってから、なにごとにも変えがたいサッカーの日常というか、そういう充実感がものすごくあったので、苦しい時期ももちろんありましたけど、選手とともに、チームを良くしよう、強くしようと思えた時間は、歴代ジュビロ監督の中では一番だと自負しています」

Ｊ２降格１年目のシーズン途中監督に就任した名波は、変わりゆく時代に挑んだ。補強に頼ろうとしなかったのは、マネーゲームではビッグクラブに対抗できないという現実的な判断ももちろんあったが、それ以上に、クラブ愛という求心力でチームを立て直し、選手たちに心から楽しいと思えるサッカーをしてもらいたい、その楽しさをサポーターと分かちあいたいと思ったからだった。

挑戦の第一歩は、あたりまえのことをあたりまえにすることだった。「スパイクを脱ぎ散らかすな」「洗濯物を裏返しのまま出すな」。時代の流れに逆行するかのような試みだったが、名波は驚くほど辛抱強かった。

やがてチームの内面に起こった変化は、日を追ってたしかなものとなっていったが、成績が周囲の理解を得られるものではないことを受けとめ、名波は辞任を決めた。

――2014年からスタートして、初めての監督キャリアでしたが、5年間を振り返って、名波浩という監督をご自身でどう評価されますか。そしてどういう監督だったと思いますか?

「チームマネジメントは非常に自分自身も自信を持っていますし、コミュニケーションというところでも、ほかの監督と比べると、自分が見学をさせていただいたとか、現役の時の監督とか、代表チームの監督とか、比較対象がそれくらいしかないとしても、その辺は悪くなかったんじゃなくて、良かったと自分では思っています。ただ、昨年末に服部強化本部長や当時の木村社長にも言いましたけど、勝たせる監督ではなかったなと。そこが自分の今後の課題だなと思っています」

この記者会見は、いわゆる辞任会見ではなかった。ピリオドではなく継承の場だった。

仮にピリオドだとするならば、振り返ったときに見えるできごとは「モラルにこだわったから失敗した」「積極的な補強をしなかったから失敗した」というように「～だから失敗した」でくくられることになる。『失敗の物語』あるいは『サクセスストーリー』とはそのようなものだ。

坂道を転がるようにJ2に降格。強さ、うまさが消え去り、すべてが失われたかに思われた荒地に、クラブ愛は、かすかだが途切れることなく息づいていた。監督に就任し、それらを呼び集めた名波は、点描のひと区切りとなったこの日、そこに自らのクラブ愛を重ね、未来に託した。最後の言葉となった「勝たせる監督ではなかった」は、単なる敗戦の弁ではなく、「勝たせることだけがジュビロ磐田の監督の仕事ではないはずだ」というメッセージだった。

名波の後を継いで鈴木秀人が監督に就任。7月に入り、5人が他チームに移籍し、新たに5人が加入。横浜F・マリノスというビッククラブからジュビロ磐田にやってきて横浜FCへの移籍を決めた中村俊輔は言った。「練習場でもファンの方があれだけいっぱい来るのは初めて見たし、ホームでの雰囲気は本当によかったです」

8月15日、鈴木秀人がわずか1カ月半で辞任。小林稔ヘッドコーチの暫定的な指揮を経て、8月19日、フェルナンド・フベロ（スペイン）の就任が決定。光景はめまぐるしく変化したが、新たなページは、つねにこれまでのページの延長にある。小さな町の小さなクラブの物語は、そこに関わる人々の愛でサッカーを包みながら、歓喜に向かってつづく。時代の流れのなかで失われつつある大切なものは、きっと守り通される。

ジュビロ磐田がジュビロ磐田である限り。

年表・1994～2019

年	代表取締役	監督	J1リーグ	ヤマザキナビスコカップ	天皇杯・その他
1994	塩川信夫	マリウス・ヨハン・オフト	サントリーシリーズ7位 NICOSシリーズ7位 年間順位8位	準優勝	1回戦敗退
1995	塩川信夫 →荒田忠典	マリウス・ヨハン・オフト	サントリーシリーズ5位 NICOSシリーズ9位 年間順位6位		2回戦敗退
1996	荒田忠典	マリウス・ヨハン・オフト	4位	予選敗退	3回戦敗退
1997	荒田忠典	ルイス・フェリペ・スコラーリ →桑原隆（監督代行）	1stステージ6位 2ndステージ優勝 年間順位優勝	準優勝	ベスト4 サントリーチャンピオンシップ優勝
1998	荒田忠典	バウミール・ロールス	1stステージ優勝 2ndステージ2位 年間順位2位	優勝	ベスト8
1999	荒田忠典	桑原隆	1stステージ優勝 2ndステージ12位 年間順位優勝	ベスト8	ベスト8・第18回アジアクラブ選手権優勝 第5回アジアスーパーカップ優勝 サントリーチャンピオンシップ優勝
2000	荒田忠典	ギョギッツァ・ハジェヴスキー →鈴木政一	1stステージ5位 2ndステージ3位 年間順位4位	ベスト8	ベスト8・第19回アジアクラブ選手権準優勝 ゼロックススーパーカップ優勝
2001	荒田忠典 →松崎孝紀	鈴木政一	1stステージ優勝 2ndステージ2位 年間順位2位	準優勝	ベスト8・第20回アジアクラブ選手権準優勝
2002	松崎孝紀	鈴木政一	1stステージ優勝 2ndステージ優勝 年間順位優勝	ベスト8	ベスト8
2003	松崎孝紀	柳下正明	1stステージ2位 2ndステージ3位 年間順位2位	ベスト4	優勝・ゼロックススーパーカップ優勝

2004	松崎孝紀	桑原隆→鈴木政一→山本昌邦	1stステージ2位 2ndステージ13位 年間順位5位	予選敗退	準優勝・ゼロックススーパーカップ優勝 AFCチャンピオンズリーグ予選敗退
2005	右近弘	山本昌邦	6位	予選敗退	ベスト8・AFCチャンピオンズリーグ予選敗退
2006	右近弘	山本昌邦→アジウソン・ディアス・バティスタ	5位	ベスト8	ベスト8
2007	右近弘	アジウソン・ディアス・バティスタ→内山篤	9位	予選敗退	ベスト16
2008	右近弘→馬淵喜勇	内山篤→マリウス・ヨハン・オフト	16位	予選敗退	ベスト16
2009	吉野博行	柳下正明	11位	予選敗退	ベスト16
2010	吉野博行	柳下正明	11位	優勝	ベスト16
2011	吉野博行	柳下正明	8位	ベスト8	3回戦敗退
2012	吉野博行	森下仁志	12位	予選敗退	ベスト16
2013	吉野博行→高比良慶朗	森下仁志→長澤徹（暫定）→関塚隆	17位	予選敗退	3回戦敗退

年	代表取締役	監督	J2リーグ		天皇杯
2014	高比良慶朗	ペリクレス・ライムンド・オリヴェイラ・シャムスカ→名波浩	4位		ベスト16
2015	高比良慶朗→木村稔	名波浩	2位		2回戦敗退

年	代表取締役	監督	J1リーグ	ヤマザキナビスコカップ 2017〜ルヴァンカップ	天皇杯・その他
2016	木村稔	名波浩	13位	予選敗退	3回戦敗退
2017	木村稔	名波浩	6位	予選敗退	ベスト8
2018	木村稔	名波浩	16位	プレイオフステージ敗退	ベスト8
2019	小野勝	名波浩→鈴木秀人→小林稔（暫定）→フェルナンド・フベロ			

〈参考文献〉
『礎・清水FCと堀田哲爾が刻んだ日本サッカー五〇年史』梅田明宏（現代書館）
『男は勝負　ゼロからの出発（スタート）』杉山隆一（講談社）
『サッカーのある生活』松森亮（シンコー・ミュージック）
『サッカーのある場所』松森亮（ぴあ）
『サッカーのある言葉』松森亮（ぴあ）
『最強への道程』ジュビロ磐田（ジュビロ磐田）
『ジュビロ磐田サポーターズマガジン』ジュビロ磐田（ジュビロ磐田）
『ジュビロ磐田　Jリーグ昇格20周年記念誌』ジュビロ磐田（ジュビロ磐田）
『育てることと勝つことと』鈴木政一（叢文社）
『日本サッカーに捧げた両足』木之元興三（ヨシモトブックス）

本書は書き下ろしです。原稿枚数744枚（400字詰め）。